吉金羽光

——洛阳出土商周青铜器线图集

洛阳市文物考古研究院 编

陈谊 赵晓军 主编

陕西新华出版传媒集团
三秦出版社

图书在版编目(CIP)数据

吉金羽光:洛阳出土商周青铜器线图集 / 洛阳市文物考古研究院编;陈谊,赵晓军主编. — 西安:三秦出版社,2022.9

ISBN 978-7-5518-2713-3

Ⅰ.①吉… Ⅱ.①洛… ②陈… ③赵… Ⅲ.①青铜器(考古)-洛阳-商周时代-图集 Ⅳ.①K876.412

中国版本图书馆CIP数据核字(2022)第185293号

吉金羽光——洛阳出土商周青铜器线图集

洛阳市文物考古研究院 编
陈谊 赵晓军 主编

出版发行 陕西新华出版传媒集团 三秦出版社
社 址 西安市雁塔区曲江新区登高路1388号
电 话 (029)81205236
邮政编码 710061
印 刷 洛阳市森美印刷有限公司
开 本 880㎜×1230㎜ 1/16
印 张 17.5
字 数 54千字
版 次 2022年9月第1版
印 次 2022年9月第1次印刷
标准书号 ISBN 978-7-5518-2713-3
印 数 1—1000
定 价 399.00元

网 址 http://www.sqcbs.cn

吉金羽光——洛阳出土商周青铜器线图集

主　编　陈　谊　赵晓军
副主编　胡　瑞　高向楠　周淑平　焦婧文

前言

PREFACE

中国古代的青铜器艺术，经历了夏、商、西周和春秋战国千余年的发展，形成了独具特色的青铜文化。夏代是青铜器艺术的初步发展期，商周则是青铜艺术发展的高峰期，尤其是商晚期至西周早期，青铜艺术已发展至顶峰。此时的青铜器器型多样，造型浑厚凝重，铭文逐渐加长，纹饰繁缛富丽。

洛阳是夏、商、西周、东周几个青铜王朝的国都所在，长期以来出土了大量的青铜器，尤以商代晚期到东周时期的为多。这些青铜器器型多样，纹饰丰富，是研究当时社会政治、经济，以及青铜工艺、思想意识和审美艺术的重要资料。洛阳商周青铜器上的纹饰多有动物纹、几何纹等。动物纹主要有饕餮纹、夔龙纹、凤鸟纹、蟠螭纹等，几何纹主要有云雷纹、重环纹、窃曲纹、环带纹等。这些纹饰形象不同，蕴含着不同的意义。如饕餮纹，也称兽面纹。饕餮是天地的媒介、人神相通的使者，象征着权力。《吕氏春秋·先识览》曰："周鼎著饕餮，有首无身，食人未咽，害及其身，以言报更也。"先民装饰饕餮纹的目的，一种是以狞厉怪异的纹饰"辟邪免灾"，增强自身的安全感；另外也可能使人们知道贪吃必将害己，也暗含着人对猛兽恐惧万分、痛恨不已又无能为力而诅咒它们自食其果的感情成分。夔龙纹，图案表现传说中一种近似龙的动物——夔，多为一角一足，口张开，尾上卷，主要在饕餮纹两旁，或有时作为主要纹样。凤鸟纹，头有华冠，有的有角，尾羽纷披，常用于主要的装饰面，商晚期至西周时期流行长尾的鸟纹和小鸟纹，多用于装饰带或作辅助性纹饰。窃曲纹，由鸟纹、龙纹衍化而来，是动物形象的简化和抽象化。环带纹，是一种宽大而流畅的曲线纹饰，形象活泼而流畅，环带曲折如波浪起伏，因而又称波浪纹。云雷纹，是以连续的回旋形线条构成的几何图形，用以烘托主题纹饰。

这些青铜器上的繁缛纹饰，充分反映了商周先民的思想意识，主要表达了先民对自然力的崇敬和支配其欲望的主观意识。商周青铜器上的纹饰，是与当时生活中的动物及人与动物之间的关系分不开的，即"远取诸物，近取诸身"而来。其作用或为祖先、神灵或图腾崇拜，或为辟邪或装饰作用。《左传·宣公三年》说："昔夏之方有德也，远方图物，贡金九牧，铸鼎象物，百物而为之备，使民知神奸。故民入川泽山林，不逢不若。螭魅罔两，莫能逢之。用能协于上下，以承天休。"铸鼎，制作青铜器不仅用来盛装和调剂牺牲等给祖先奉献的礼物，还有一个重要作用是“象物”，也就是在铜器外表刻画“物”的图像。通常所说铜器纹饰实质就是图物象物。“物者，方物、神物也。”“物”也就是人们所崇拜的神灵，或者视之为自己祖先所由来的神物，类于西方所谓“图腾”。傅斯年先生即认为“物即图腾”。凤鸟纹在商代应有祖先崇拜的作用。《诗·商颂》中有“天命玄鸟，降而生商”之说，《说文》也说：“凤，神鸟也。”即神之使者。龙纹在夏代则为先祖英雄的伴侣，如夏后启与两龙的关系，《山海经》说：“启宾天有两龙为伴。”龙在夏代应主要为图腾崇拜。饕餮纹则主要是神灵崇拜之用。云雷纹、涡纹和水波纹等纹饰曾被普遍用作填满所要装饰的环形装饰带及大面积的“地子”上，又被称为“地纹”，主要起装饰作用。

商周青铜器的纹饰与王权、神权的结合尤为突出，其神秘、独特、璀璨的艺术特征延续了十多个世纪，并营造了中国早期文明极浓厚的神秘氛围。从商代中晚期至西周初期，青铜器动物纹饰呈现出高昂的情绪、狠戾的动感，总体呈现出“狞厉”的美学特点。而到西周中晚期，其纹饰的凌厉之感渐弱，纹样趋向呆板和固定化，其所表现出的恐怖感以及神秘感也渐趋褪化。部分动物纹饰消失，文字成为新的图案加入进来。具体表现在纹饰形态上，即为窃曲纹、环带纹、蟠螭纹和几何纹等逐渐取代了以兽面纹为主体的动物纹，呈现出抽象化和线条化的趋向。青铜器的纹饰则由庄重的饕餮纹、夔纹到富有韵律的窃曲纹、环带纹，再发展为清新的蟠螭纹、宴乐纹、攻战纹等，其间动物纹饰狰狞的超自然魔力逐渐减弱，直至丧失。这种纹饰的变化不仅仅是因为制造工艺或者人们审美水平的提高引起的，同时与人类生产力的提高及社会的变革也存在一定的联系。

本书以线图的形式将洛阳地区数百件商周青铜器上的纹饰呈现出来，对于深入研究商周青铜器的纹饰特征、审美艺术、青铜冶铸，研究先民的思想意识，乃至当时社会的政治、经济和文化特征，都具有重要的参考价值。

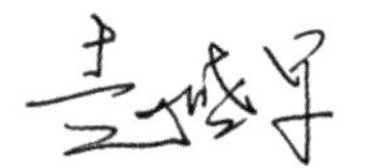

2022 年 7 月 6 日

目录
CATALOGUE

章壹·商

CHAPTER I SHANG DYNASTY

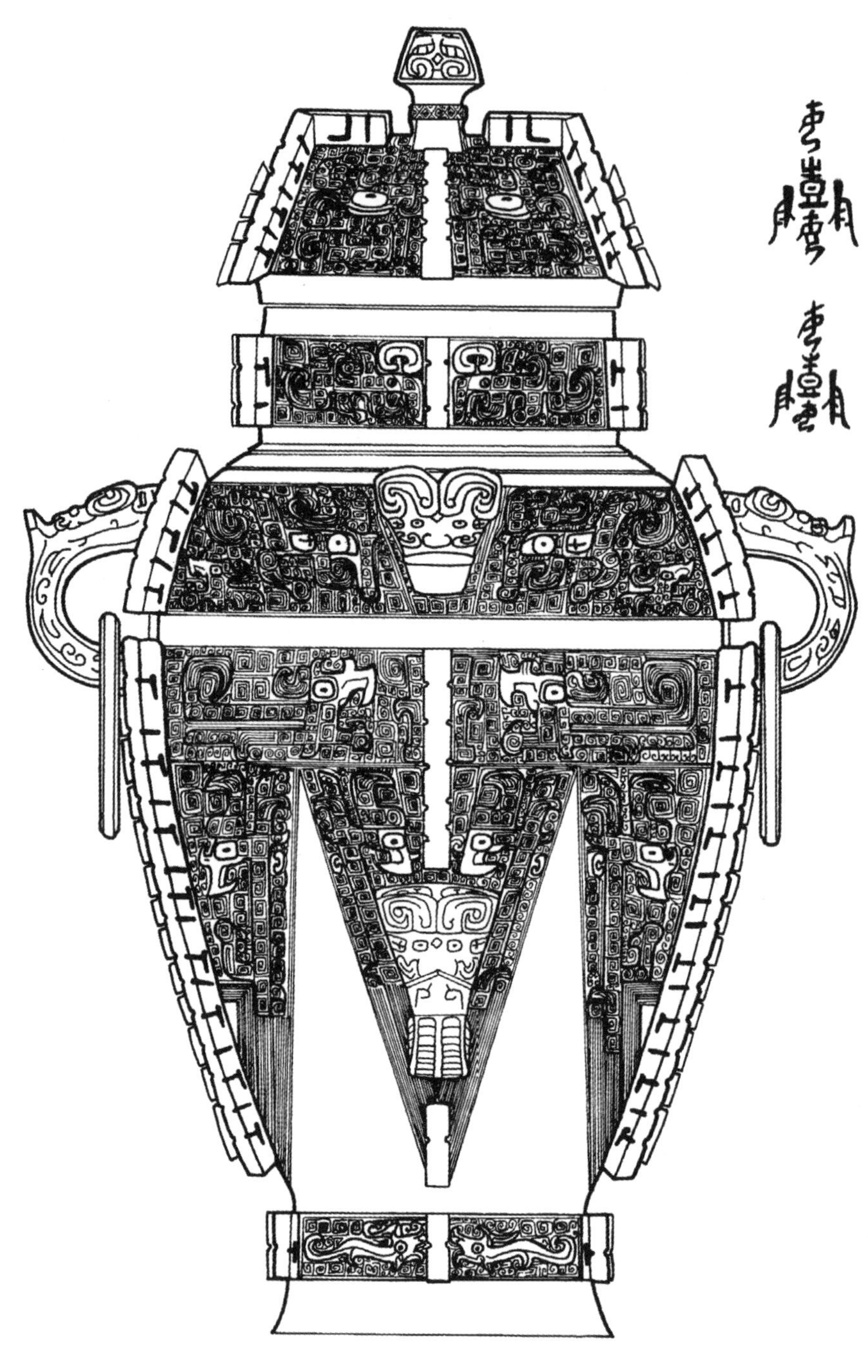

正视图

母嫢铜方罍（M6：1）【商代晚期】

肩部两侧有对称的套环兽头环纽，正背面有浮雕兽头；下腹正背面有兽头半环纽，身盖四角和每面正中有扉棱。盖纽饰云雷饕餮纹，下腹饰三角形夔纹，其余盖坡、颈肩、上腹和圈足均饰夔纹，夔纹或曲身或歧身，均以云雷纹铺地。

洛阳市文物工作队：《洛阳北窑西周墓》，文物出版社，1999年4月。

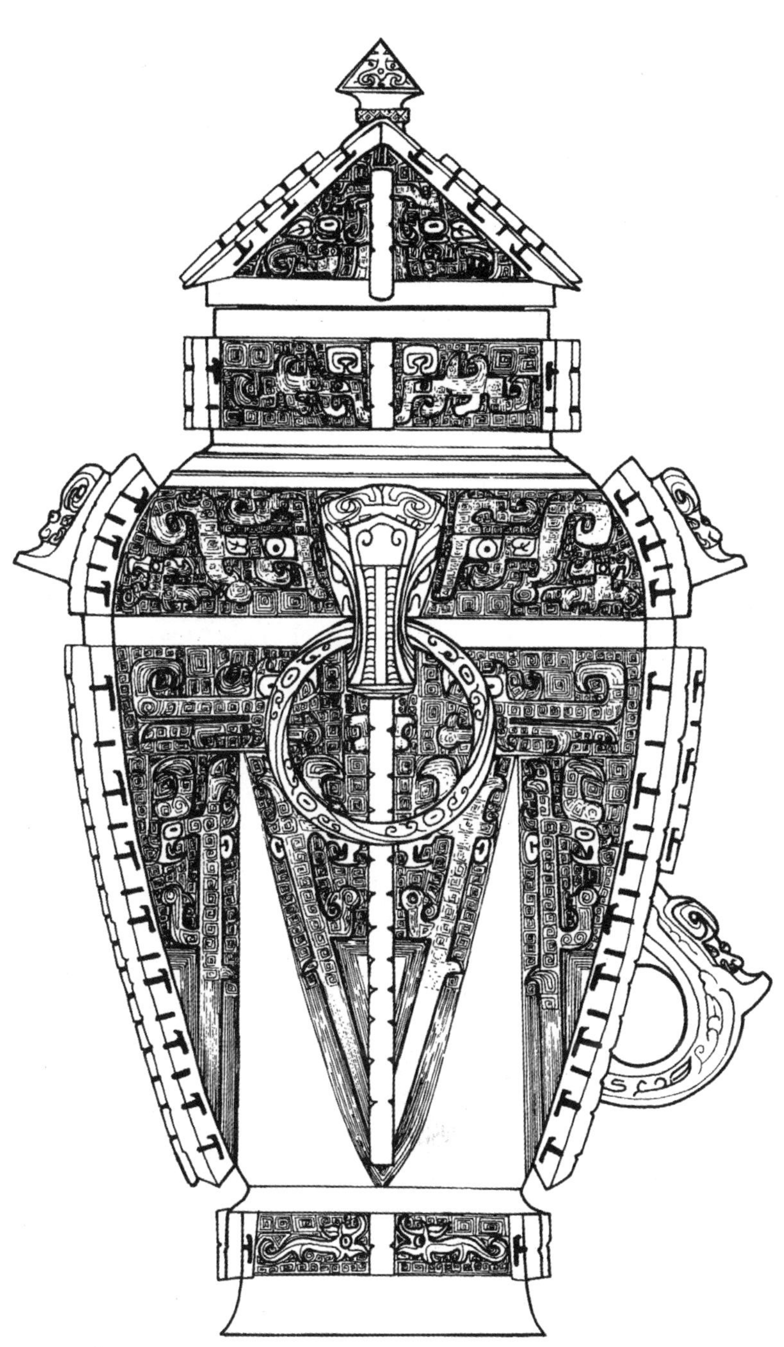

（M6:1）侧视图

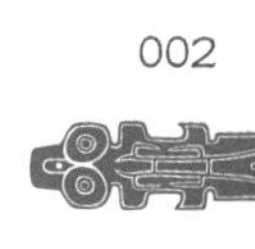

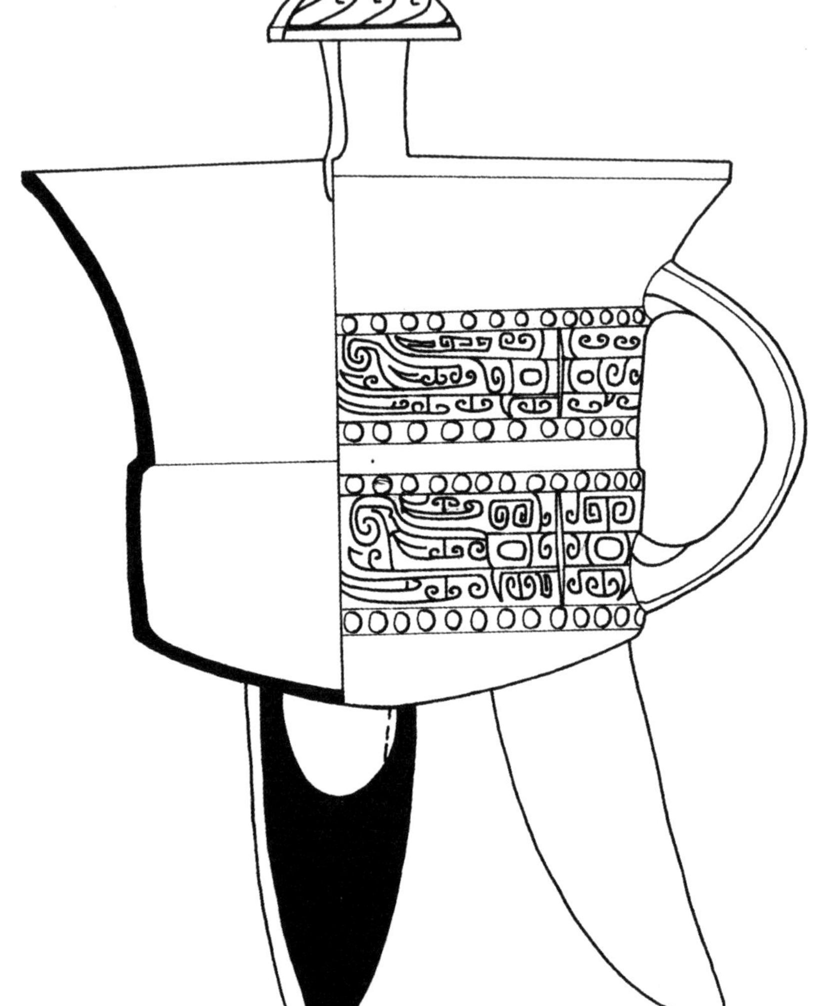

饕餮纹铜斝【商代晚期】

菌状柱帽上的涡纹呈卷丝状，上下腹部均饰有三组连续小圆圈纹夹饕餮纹。

程永建：《介绍几件商代青铜器、玉器》，《文物》2009年第2期。

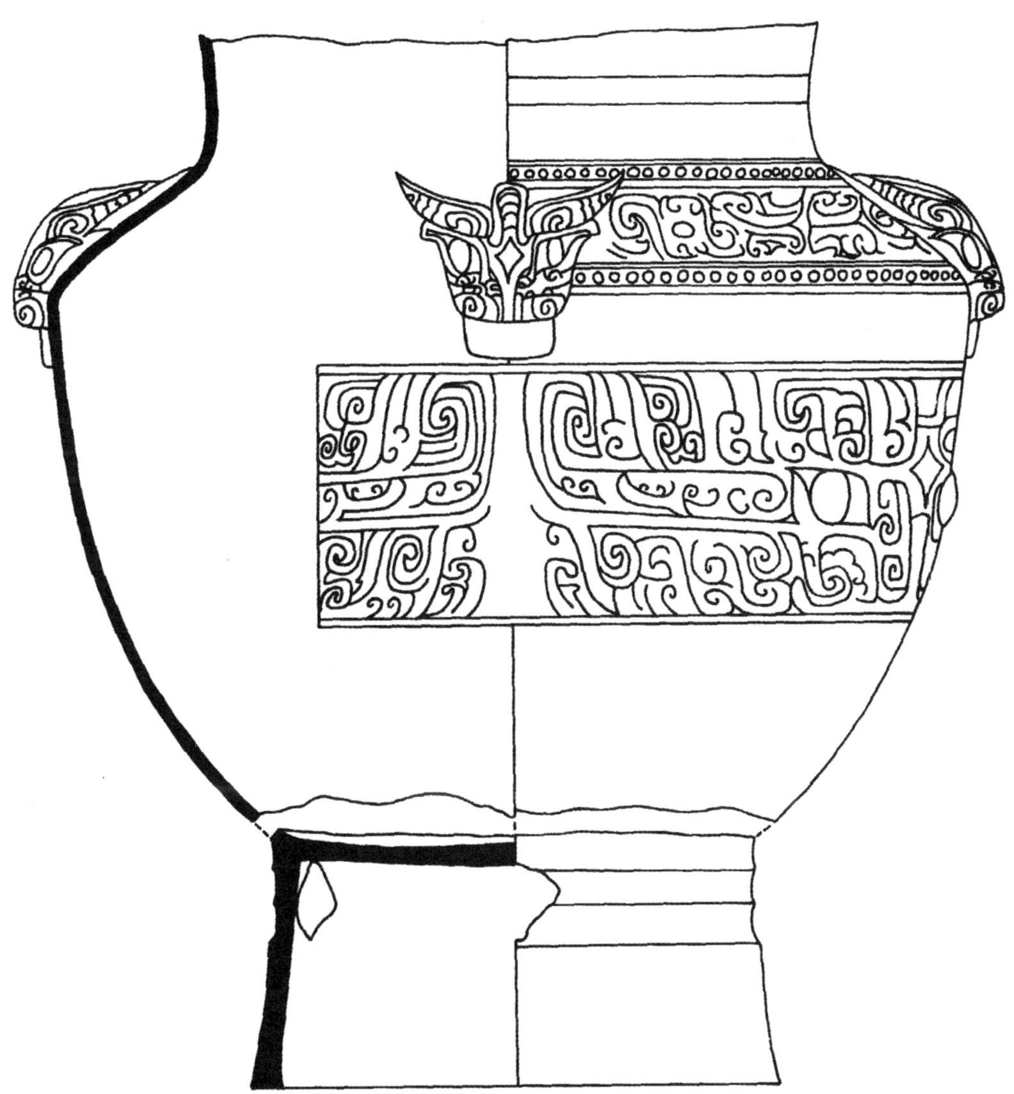

饕餮纹铜尊【商代晚期】

颈部饰两周细弦纹，肩部饰三个浮雕牛头，牛头粗角大口。肩部上下各饰一周双弦纹夹连续小圆圈纹，中间饰窃曲纹。腹部饰三组饕餮纹，每组饰于牛头之间。圈足上部饰三周弦纹，且有三个不甚规则的“亞”字形镂孔，“亞”字形镂孔与肩部牛头相对应。

程永建：《介绍几件商代青铜器、玉器》，《文物》2009年第2期。

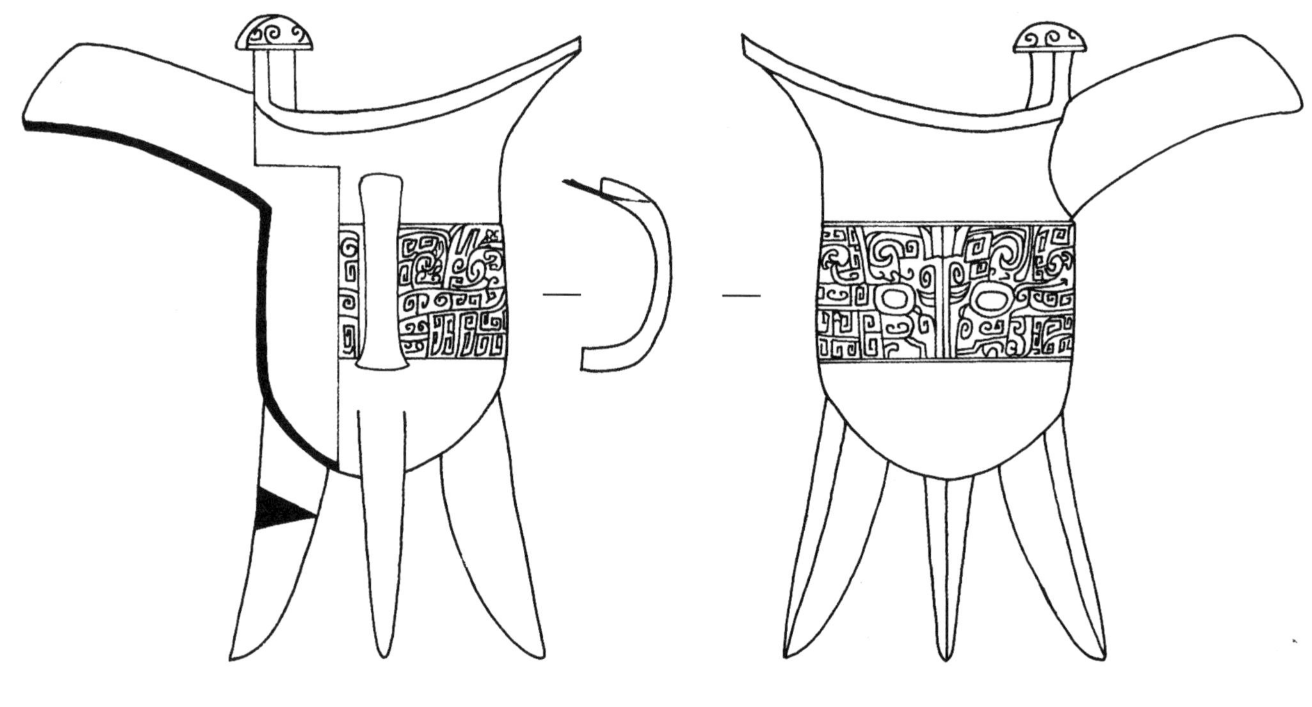

饕餮纹铜爵【商代晚期】

柱帽上饰涡纹，腹部一侧有鋬。腹部饰两组直鼻饕餮纹。

程永建：《介绍几件商代青铜器、玉器》，《文物》2009年第2期。

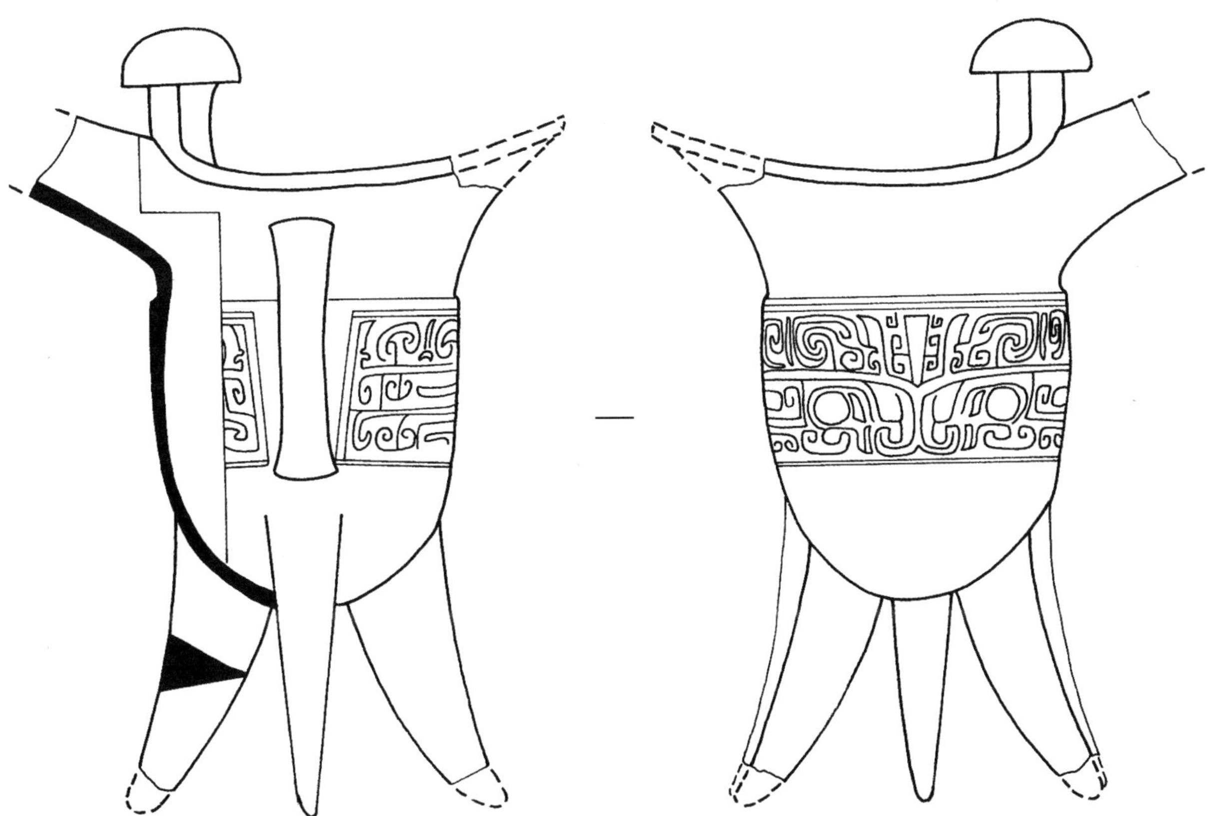

饕餮纹铜爵【商代晚期】

腹部饰两组饕餮纹。

程永建:《介绍几件商代青铜器、玉器》,《文物》2009年第2期。

章贰·西周

CHAPTER II WESTERN ZHOU DYNASTY

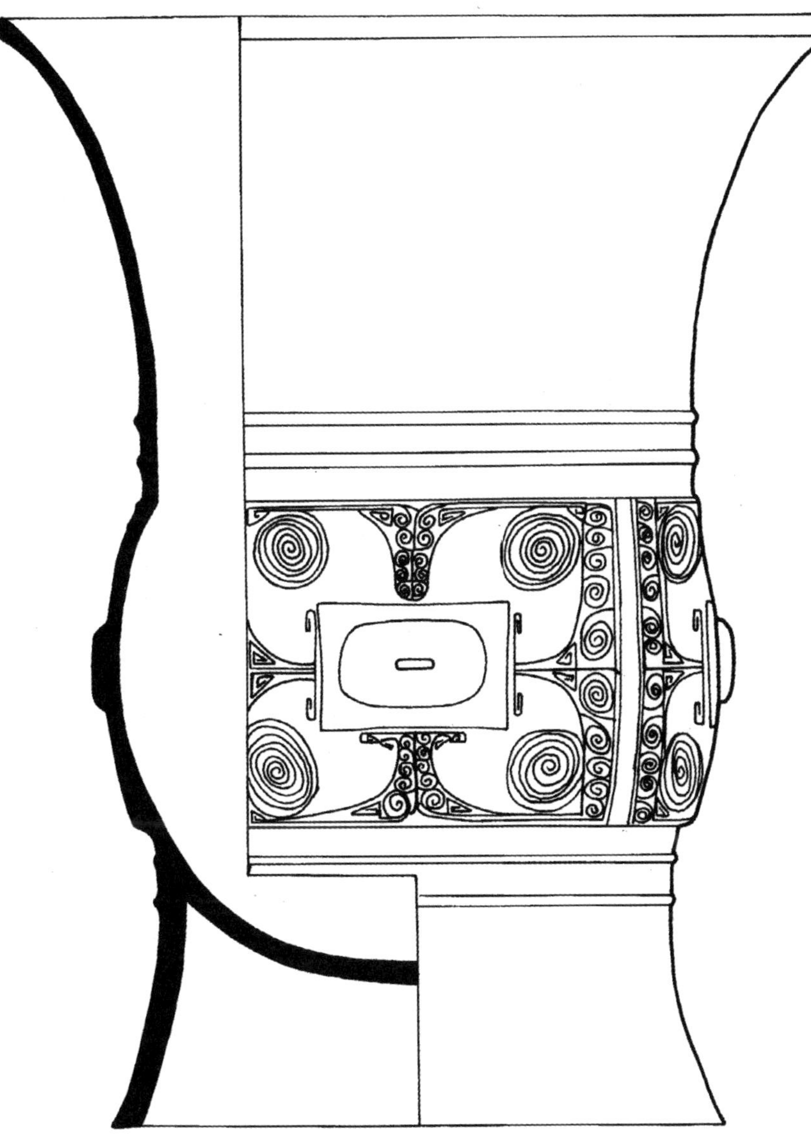

饕餮纹铜尊（C2M130：7）【西周早期】

颈与圈足上各饰两周凸弦纹，腹部饰四组由云纹组成的变形饕餮纹，中间以竖棱相隔。

洛阳市文物工作队：《洛阳老城北大街西周墓》，《文物》2010 年第 8 期。

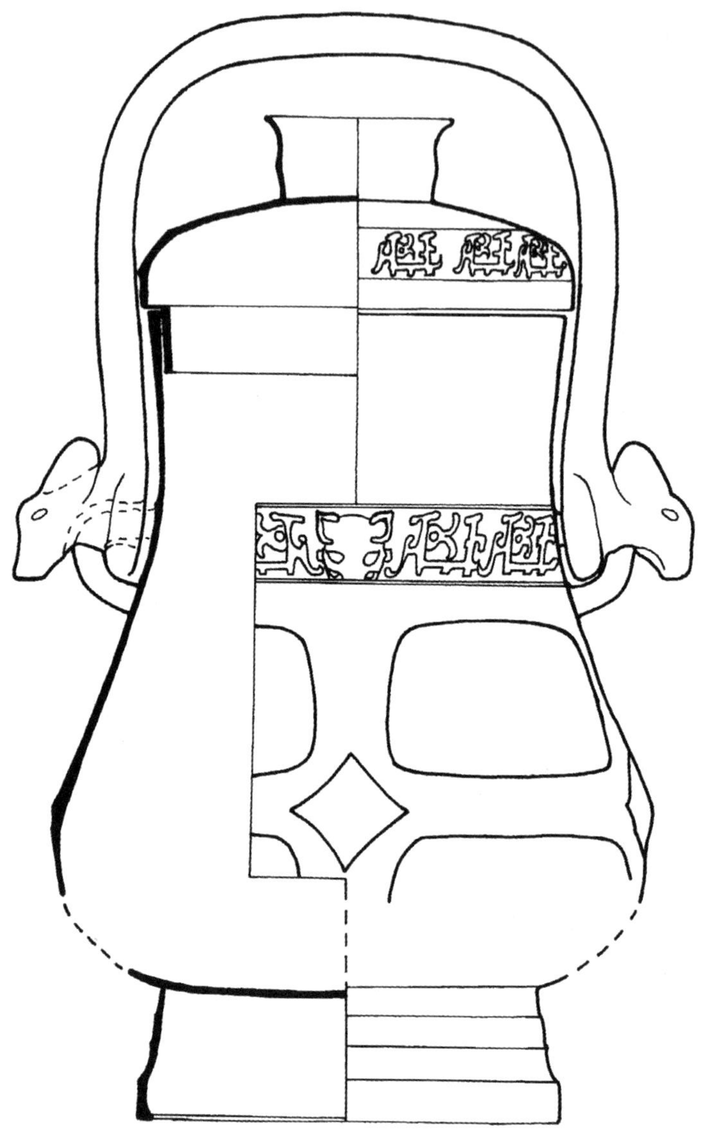

夔纹铜提梁卣（C2M130：8）【西周早期】

身两侧有兽首连接提梁。口下饰一周夔纹，间饰二对称的牛首，圈足饰三周凸弦纹，提梁饰夔纹。盖近沿部饰一周夔纹。

洛阳市文物工作队：《洛阳老城北大街西周墓》，《文物》2010年第8期。

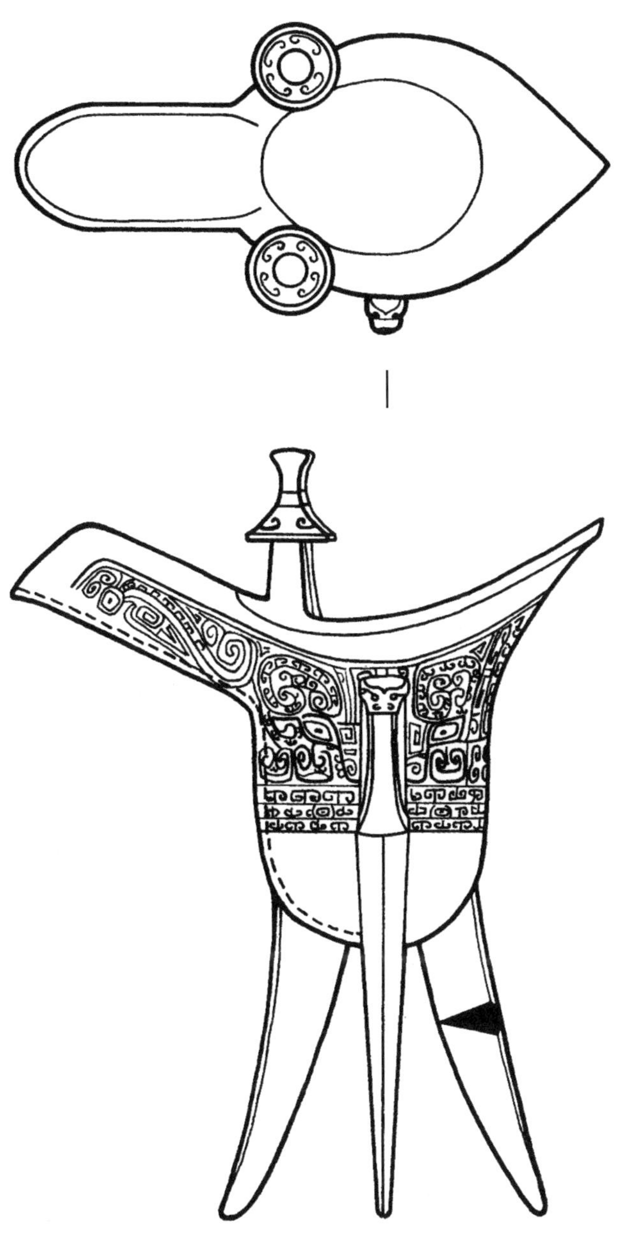

饕餮纹铜爵（C2M130：9）【西周早期】

流较宽，下有一对对称的乳钉纹，流与口间有两个伞状柱，柱顶饰云纹。尖尾，兽首形鋬，腹部主体纹饰为饕餮纹，身与流下饰云纹。

洛阳市文物工作队：《洛阳老城北大街西周墓》，《文物》2010年第8期。

云纹铜戈（C2M130：10）【西周早期】

援中后部饰云纹，前部有四道线纹聚于前锋。内部有二周细凹线纹。

洛阳市文物工作队：《洛阳老城北大街西周墓》，《文物》2010年第8期。

兽首铜辖軎（K5：1）【西周早期】

辖首作兽首形。

洛阳市文物工作队：《洛阳北窑西周车马坑发掘简报》，《文物》2011年第8期。

龙形铜车饰（K5：22）【西周早期】

正面为一盘龙形。

洛阳市文物工作队：《洛阳北窑西周车马坑发掘简报》，《文物》2011年第8期。

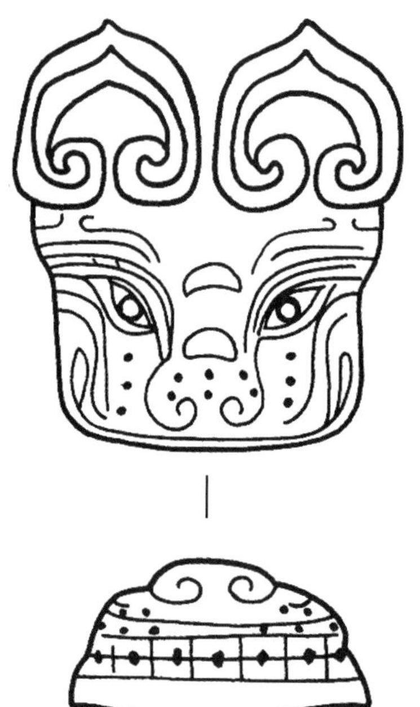

兽面铜泡（K5：150）【西周早期】

正面半浮雕兽面，兽面粗眉大眼，眼珠凸出，顶部为尖状桃形大耳。

洛阳市文物工作队：《洛阳北窑西周车马坑发掘简报》，《文物》2011年第8期。

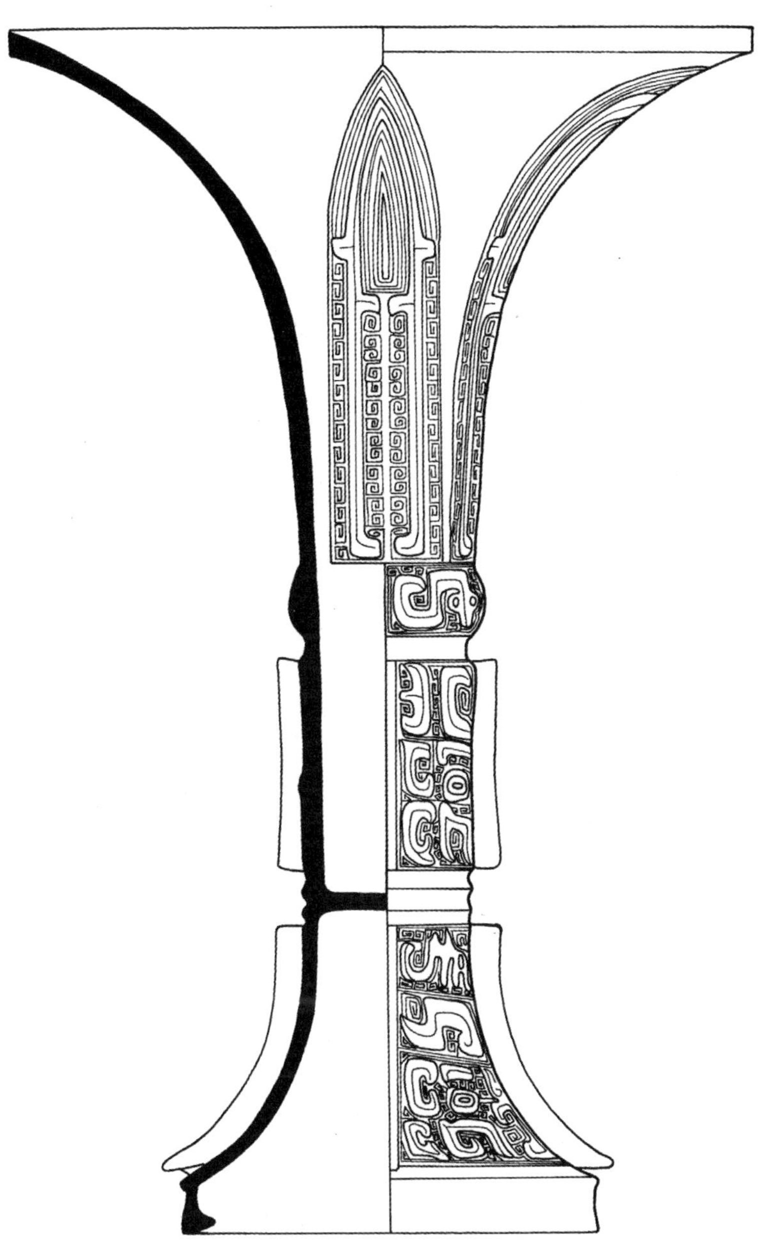

蕉叶兽面纹铜觚（M567：12）【西周早期】

纹饰由上到下分为四段，第一段饰蕉叶纹，内填云雷纹；第二段两弦纹间饰两组相对的夔龙纹，云雷纹衬地；第三段两弦纹间饰四扉棱将兽面等分为四部分，每两部分相对构成一组兽面纹；第四段亦被四扉棱等分为四部分，各部分又被弦纹隔为两部分。上部为夔龙纹，两两相对，下部为两组兽面纹，云雷纹衬地；另在第三、四段之间有弦纹两周。

洛阳市文物工作队：《洛阳东车站两周墓发掘简报》，《文物》2003年第12期。

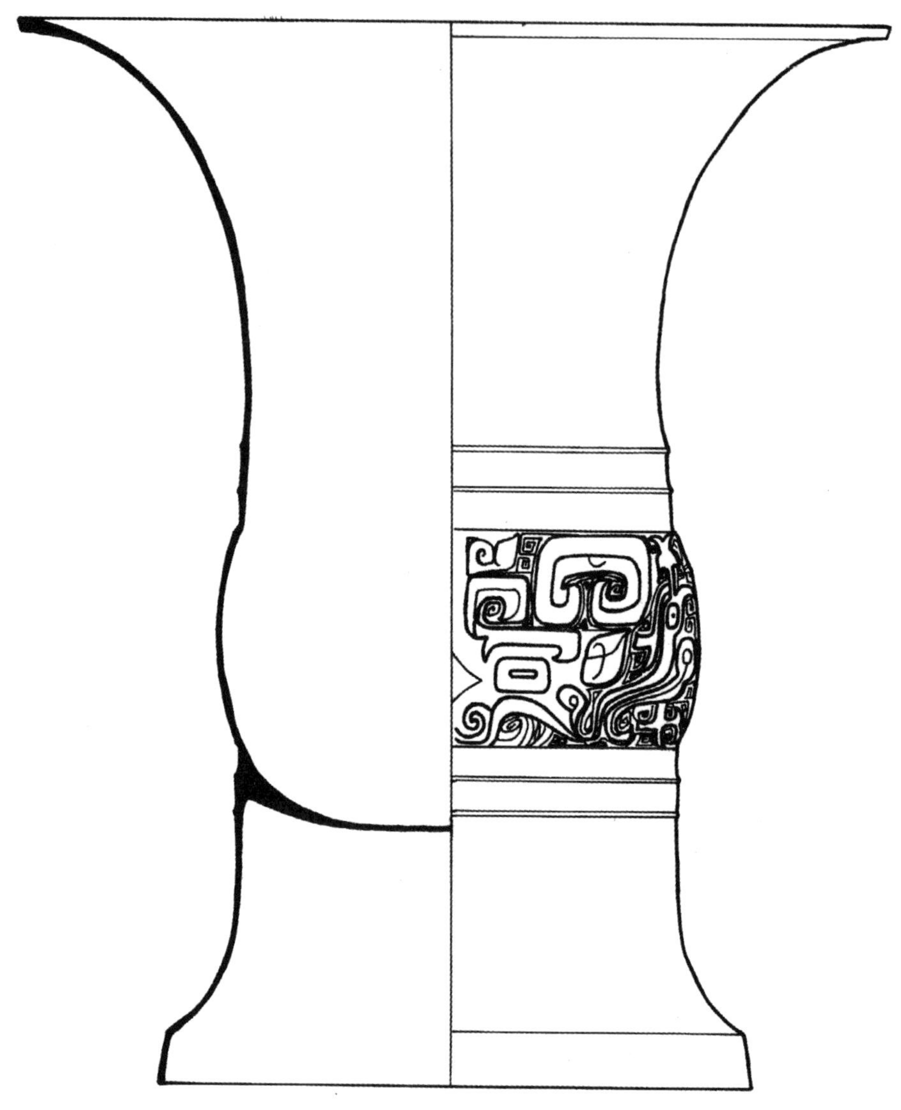

兽面纹铜尊（M567：14）【西周早期】

下腹部饰两组兽面纹，云雷纹衬地，兽面纹上下各饰凸弦纹两道。

洛阳市文物工作队：《洛阳东车站两周墓发掘简报》，《文物》2003 年第 12 期。

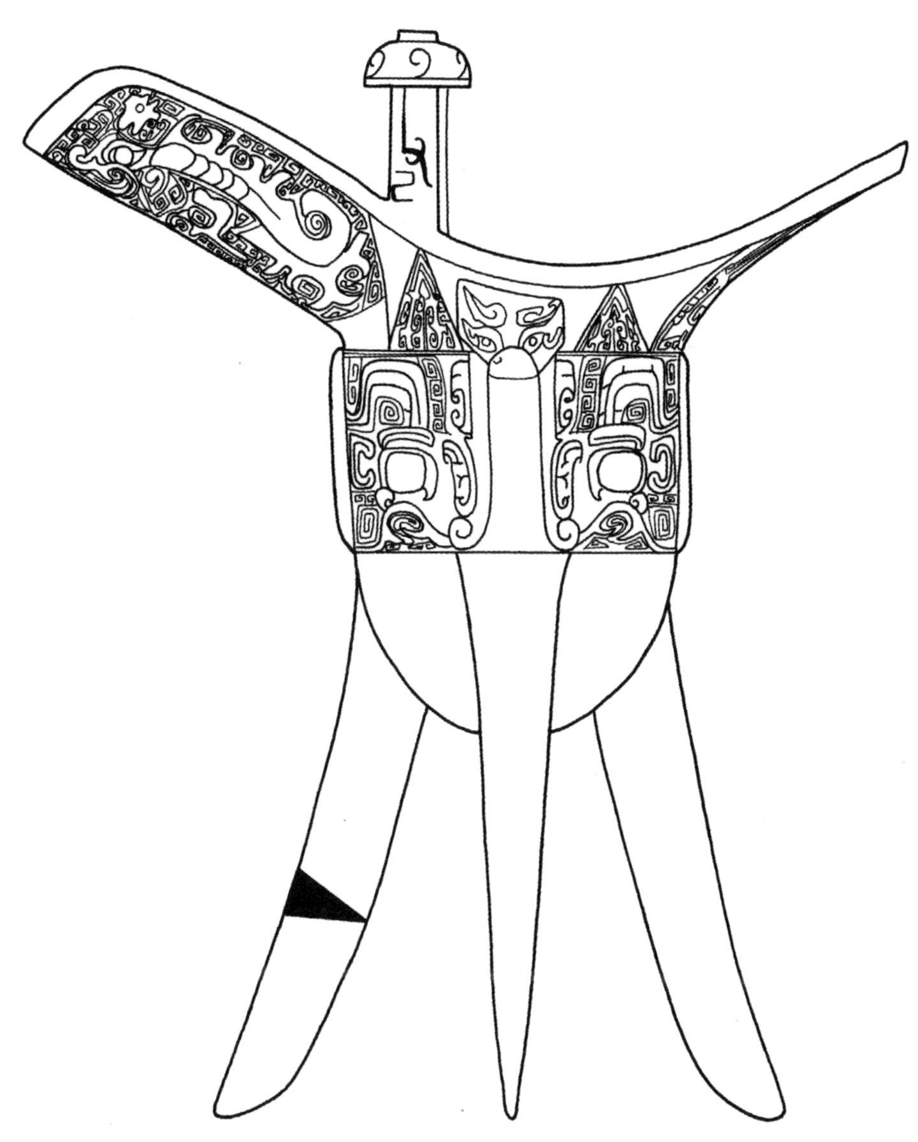

兽面纹铜爵（M567：18）【西周早期】

柱帽顶部饰云纹，器身上部为龙纹和变体龙纹。其中一对龙纹饰于流下，六对变体龙纹分别饰于尾下和流尾间的蕉叶形纹饰内，龙纹间以云雷纹衬地；下部为两组兽面纹，间有鋬和三道扉棱，鋬上饰牛首。

洛阳市文物工作队：《洛阳东车站两周墓发掘简报》，《文物》2003 年第 12 期。

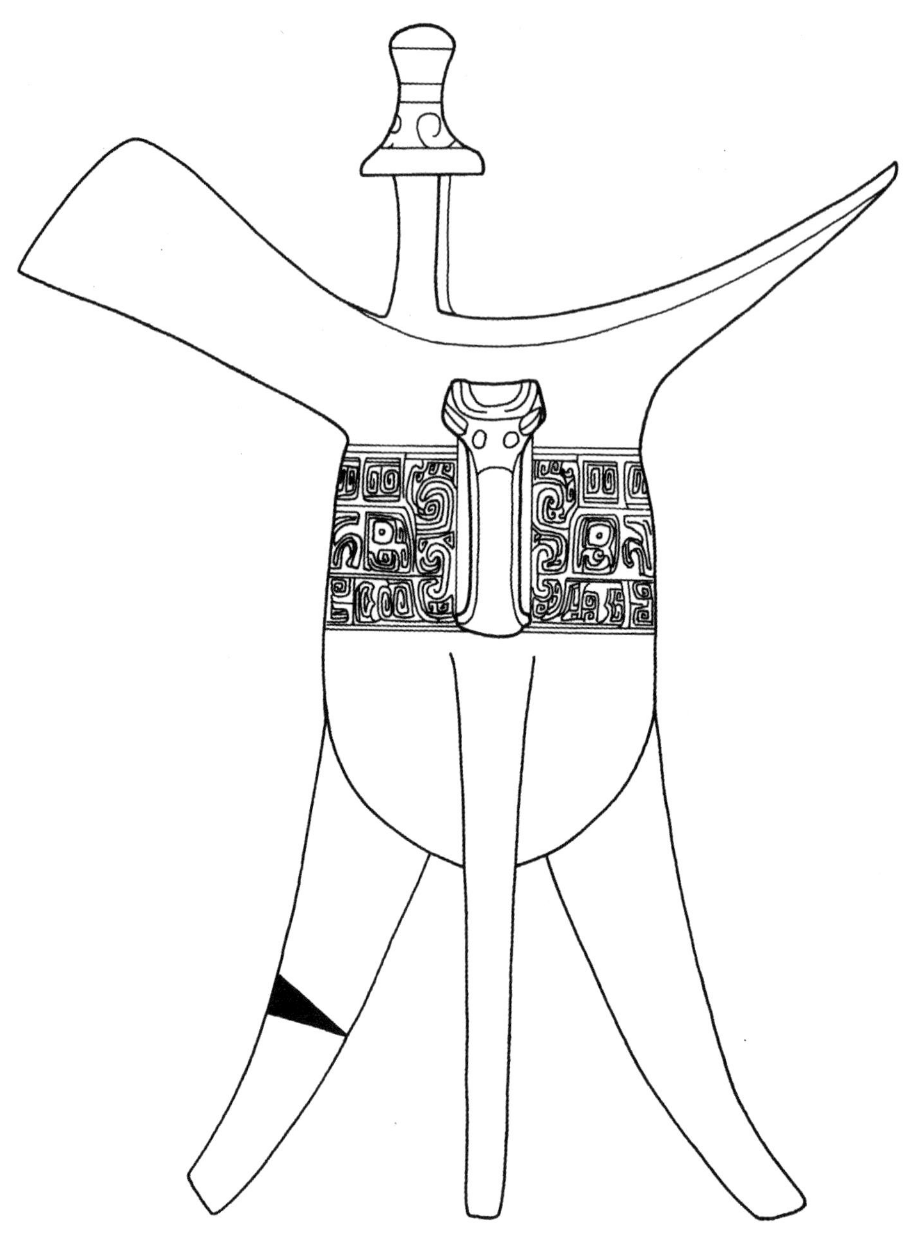

兽面纹铜爵（M567：19）【西周早期】

鋬上饰牛首，器身中部以鋬为界饰两组兽面纹，云雷纹衬地。

洛阳市文物工作队：《洛阳东车站两周墓发掘简报》，《文物》2003 年第 12 期。

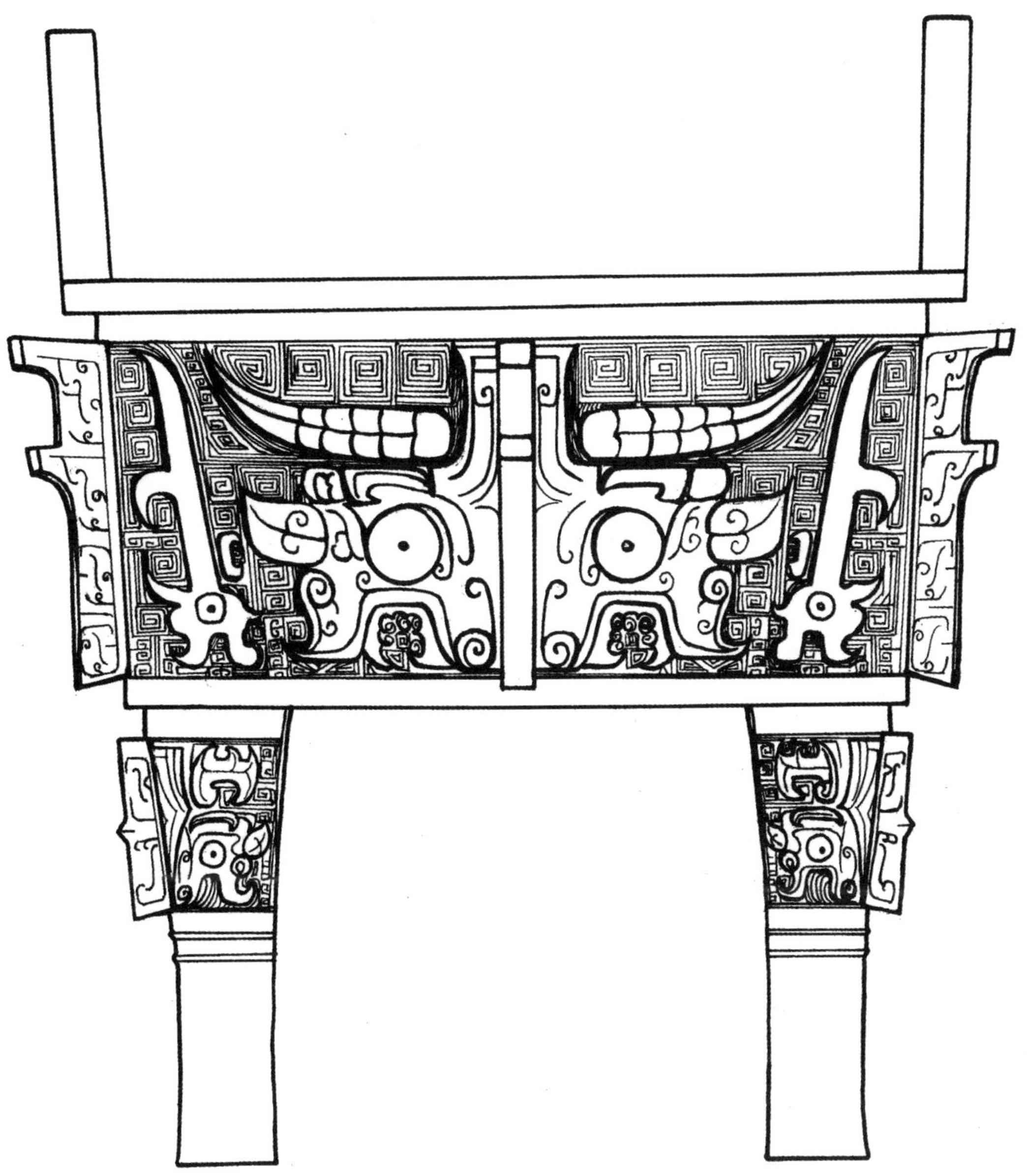

饕餮纹铜方鼎（M686：1）【西周早期】

器身四面饰饕餮纹。四角饰扉棱。饕餮纹都以云雷纹为地，以扉棱为中心，兽面双目圆突，牛角形粗眉。腹前后面饕餮纹两侧对饰一组倒立的夔纹，而左右面饕餮纹的两侧省略倒立夔纹。

洛阳市文物工作队：《洛阳北窑西周墓》，文物出版社，1999 年 4 月。

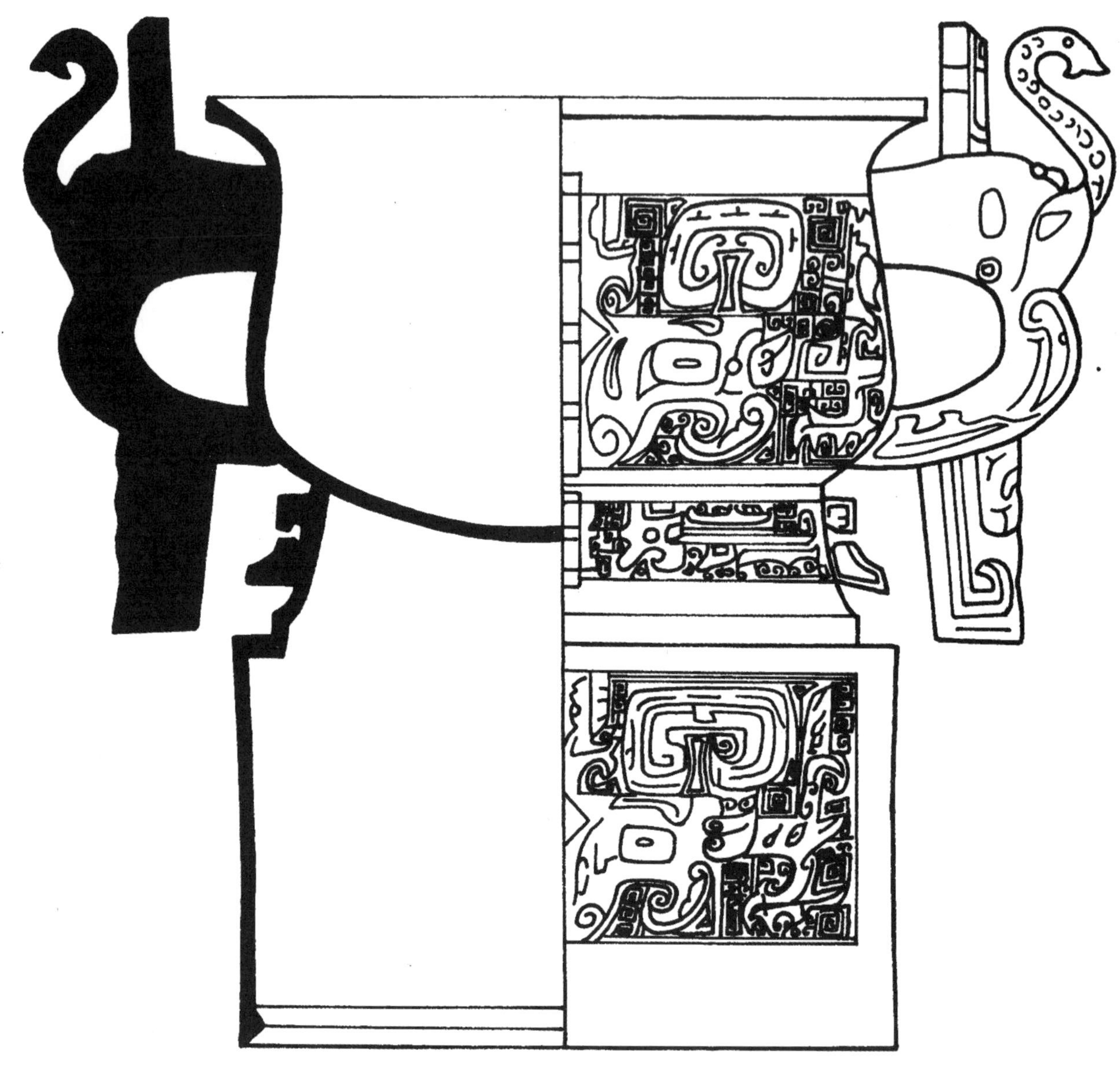

正视图

饕餮纹铜方座簋（M686：2）【西周早期】

腹圈两侧和方座的四面均饰饕餮纹。腹、座饕餮纹以云雷纹为地，脸部两侧有倒立的夔纹，圈足上饕餮纹由歧身夔纹组成。

洛阳市文物工作队：《洛阳北窑西周墓》，文物出版社，1999年4月。

（M686:2）侧视图

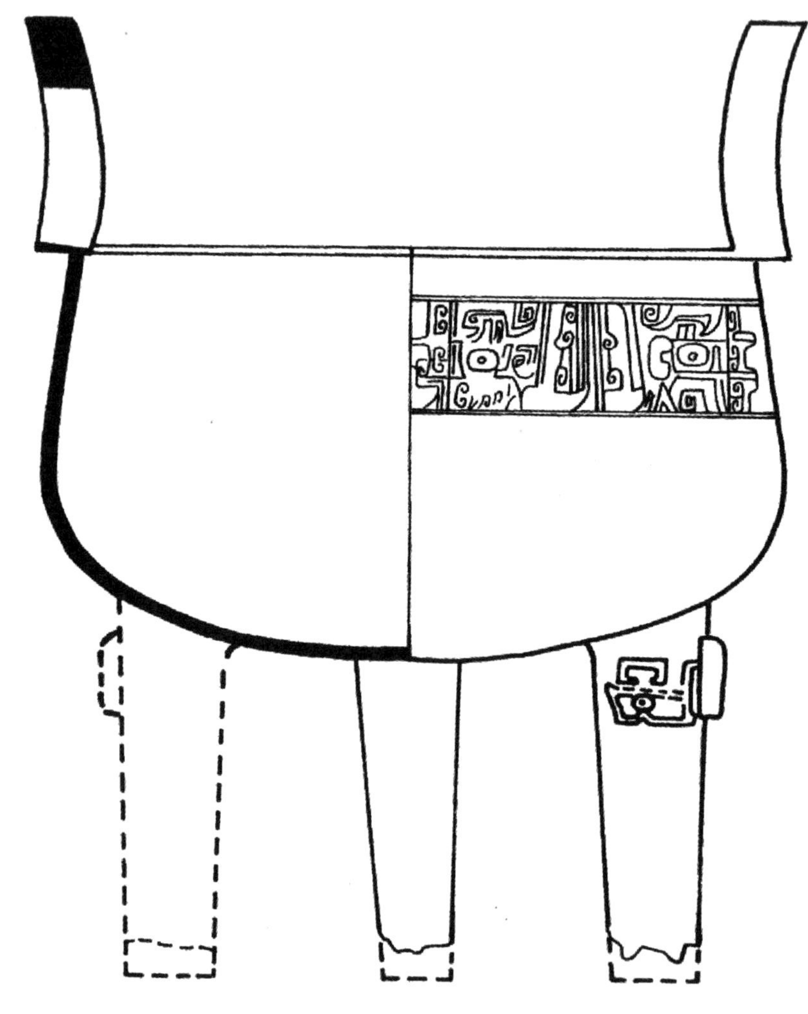

饕餮纹铜鼎（M1：3）【西周早期】

颈饰六组带状饕餮纹，以云雷纹衬地，三足根部各饰兽首纹一组。

洛阳市文物工作队：《洛阳北窑西周墓》，文物出版社，1999 年 4 月。

饕餮纹铜簋（M1：2）【西周早期】

腹两面饰饕餮纹，其两眉间增饰一浮雕牺首纹。圈足饰夔纹。

洛阳市文物工作队：《洛阳北窑西周墓》，文物出版社，1999 年 4 月。

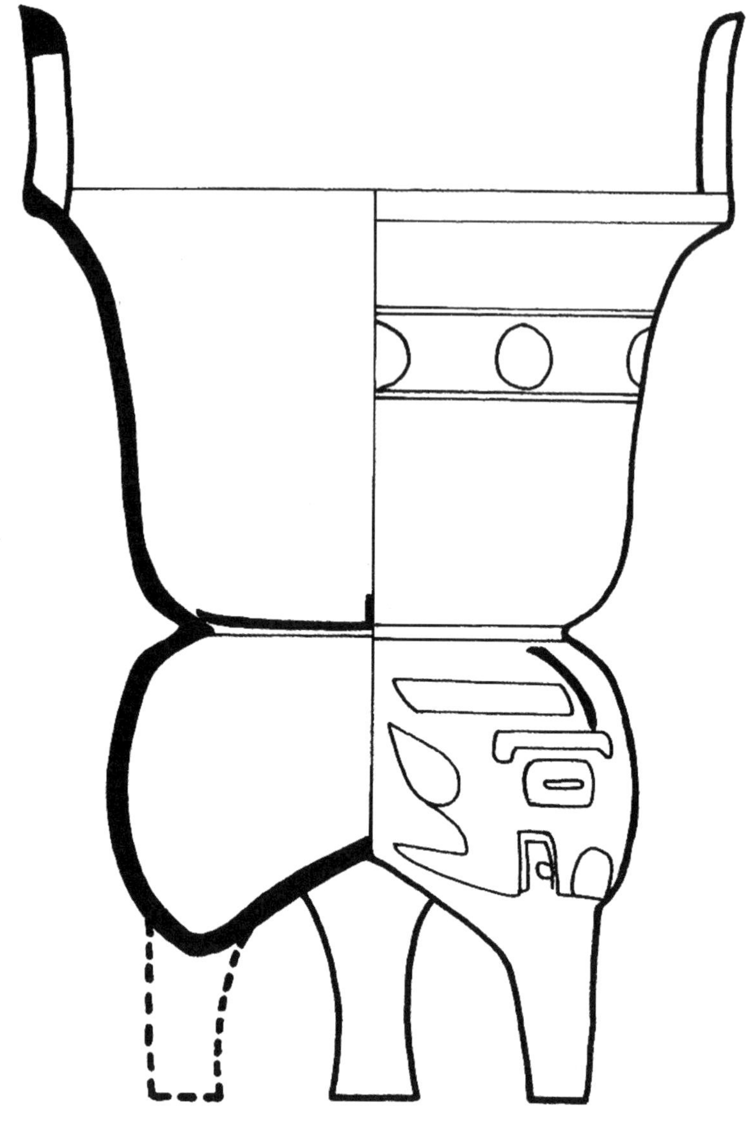

饕餮纹铜甗（M1：1）【西周早期】

上腹外壁饰两周弦纹，间以饼状纹。三柱形足上部饰三组饕餮纹。

洛阳市文物工作队：《洛阳北窑西周墓》，文物出版社，1999年4月。

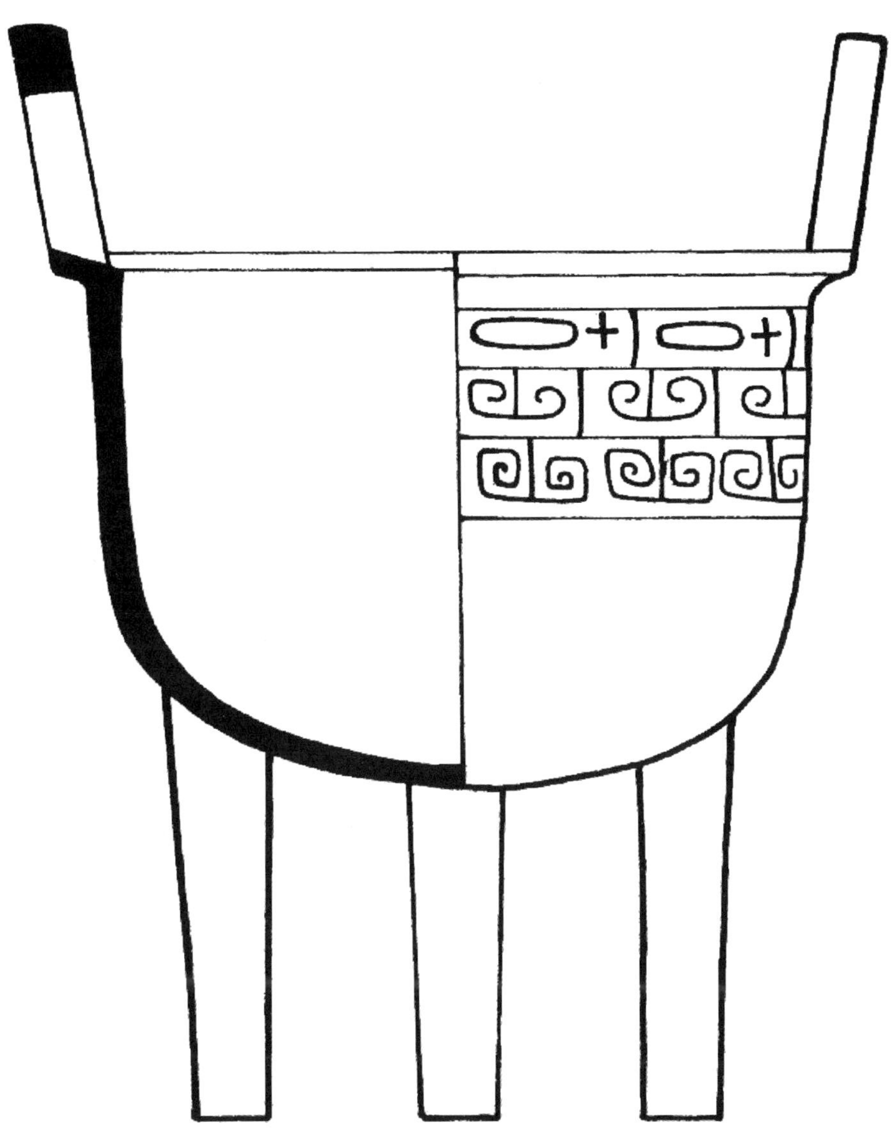

涡纹铜鼎（采：02）【西周早期】

颈部饰云形涡纹。

洛阳市文物工作队：《洛阳北窑西周墓》，文物出版社，1999 年 4 月。

饕餮纹铜簋（M37：3）【西周早期】

腹及圈足满饰阴线的饕餮纹，颈饰以牺首为中心的歧身夔纹，圈足上的饕餮纹与此相同，腹部饕餮纹两眼凸鼓，以云雷纹勾画眉鼻。

洛阳市文物工作队：《洛阳北窑西周墓》，文物出版社，1999年4月。

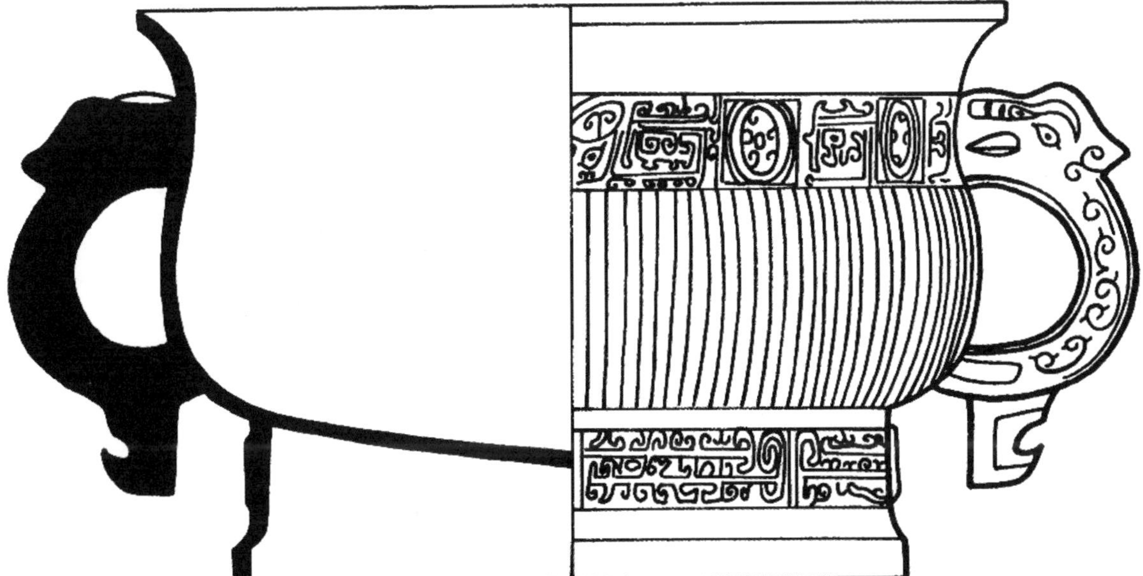

饕餮纹铜簋（M37：2）【西周早期】

颈饰带状饕餮纹，间以圆涡纹，腹饰竖条纹。

洛阳市文物工作队：《洛阳北窑西周墓》，文物出版社，1999 年 4 月。

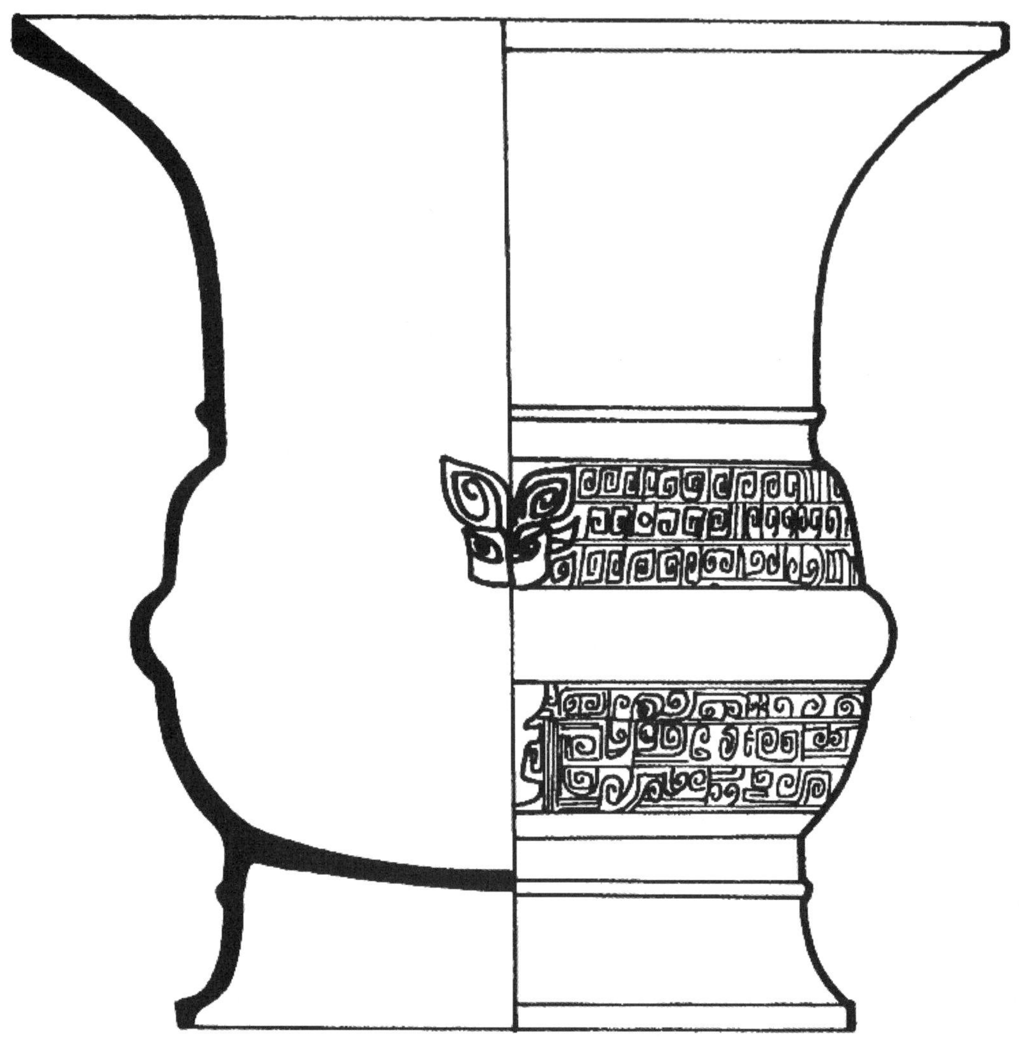

夔纹铜尊（M347：6）【西周早期】

颈与圈足上各饰一周凸弦纹。上、下腹两面各饰以浮雕牺首纹为中心的回首夔纹，以云雷纹衬地。

洛阳市文物工作队：《洛阳北窑西周墓》，文物出版社，1999年4月。

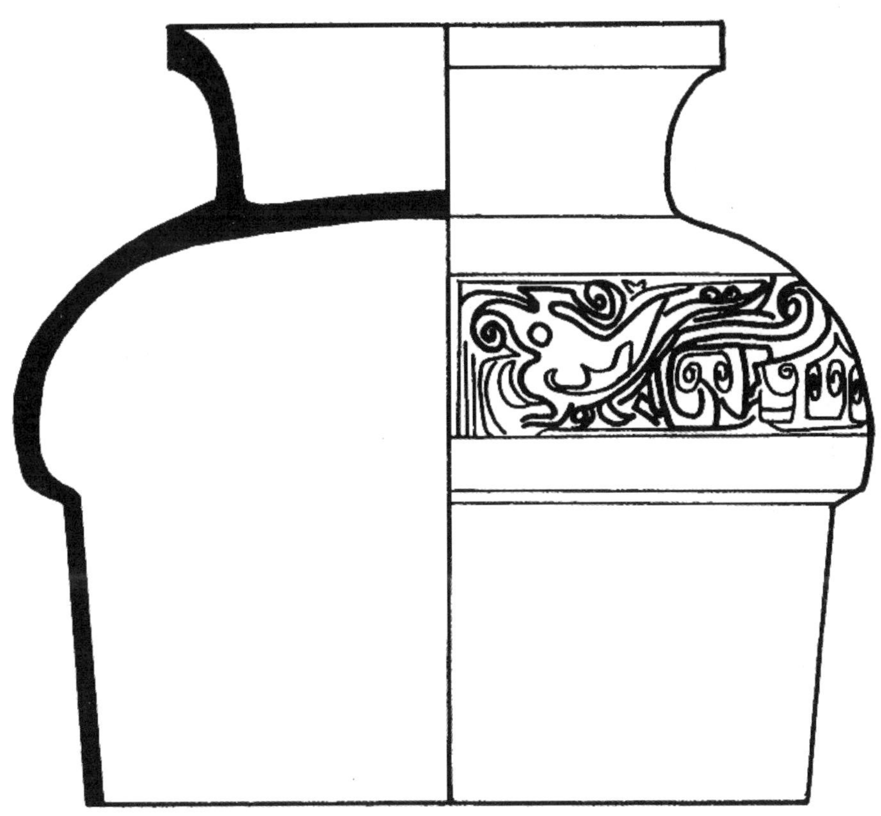

凤纹铜壶盖（M701：6）【西周早期】

盖沿饰四只两两相对的昂首分尾凤纹，以云雷纹衬地。

洛阳市文物工作队：《洛阳北窑西周墓》，文物出版社，1999年4月。

涡纹铜壶盖（M6：2）【西周早期】

捉手周围饰一周四瓣涡纹，下饰二周凸弦纹。在二道弦纹之间饰圆形涡纹及回首曲身夔纹。

洛阳市文物工作队：《洛阳北窑西周墓》，文物出版社，1999年4月。

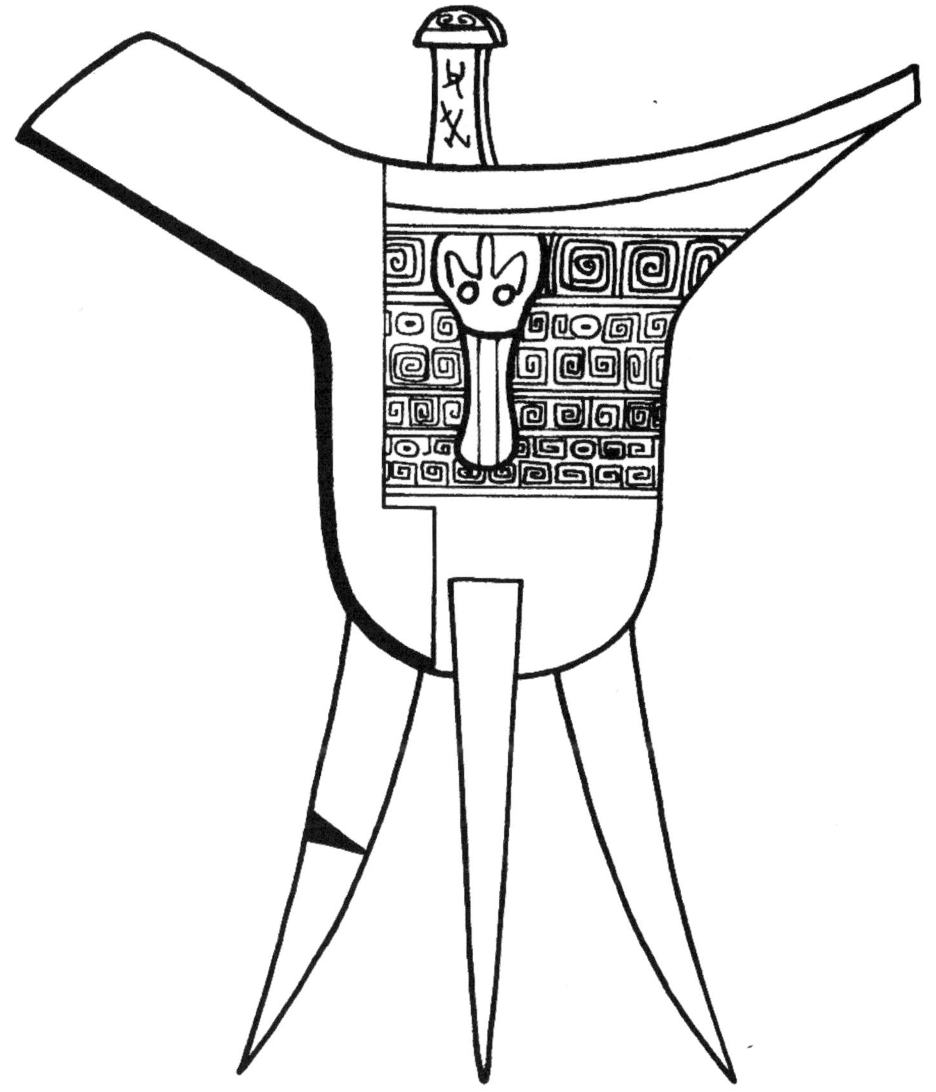

云雷纹铜爵（M418：25）【西周早期】

柱顶饰涡纹，錾部饰牛首纹，腹部和流尾下部均满饰云雷纹。

洛阳市文物工作队：《洛阳北窑西周墓》，文物出版社，1999 年 4 月。

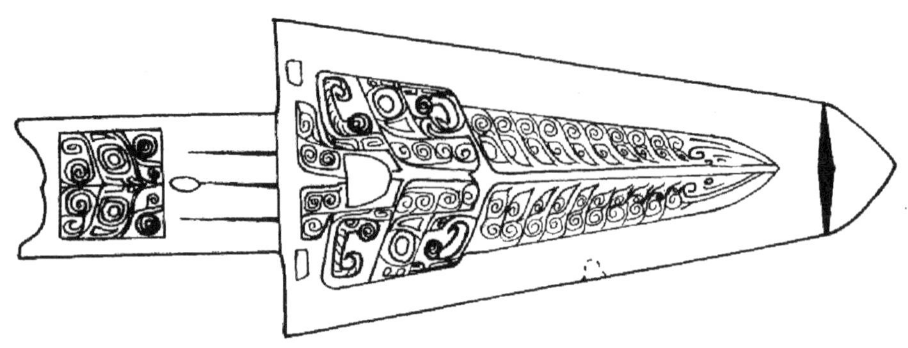

饕餮纹铜戈（M155：13-6）【西周早期】

援基饰饕餮纹面，其间以云雷纹填实，内上亦饰饕餮纹面。

洛阳市文物工作队：《洛阳北窑西周墓》，文物出版社，1999 年 4 月。

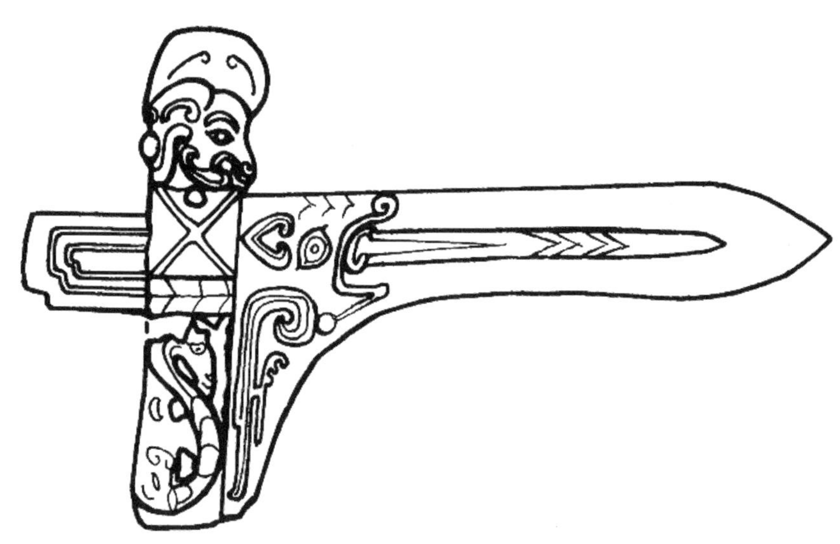

兽首饕餮纹有銎铜戈（M210：11）【西周早期】

援基饰一兽面，两面相合为一饕餮纹，上端封口突出，饰一双面兽头，沿边饰双线纹。

洛阳市文物工作队：《洛阳北窑西周墓》，文物出版社，1999 年 4 月。

牛头纹铜輨軎（M115：4）【西周早期】

管脊两侧各饰一夔纹，两头相对，舌板上饰一牛头纹。

洛阳市文物工作队：《洛阳北窑西周墓》，文物出版社，1999 年 4 月。

饕餮纹铜軎辖（M311：2）【西周早期】

管部与舌板各饰饕餮纹。

洛阳市文物工作队：《洛阳北窑西周墓》，文物出版社，1999年4月。

饕餮纹铜輨軎（M144：6）【西周早期】

两侧阳饰斜云纹，以目纹相间。舌板饰变形饕餮纹。

洛阳市文物工作队：《洛阳北窑西周墓》，文物出版社，1999 年 4 月。

饕餮纹铜軎辖（M203：40）【西周早期】

管与舌板上的饕餮纹头部相对。

洛阳市文物工作队：《洛阳北窑西周墓》，文物出版社，1999 年 4 月。

兽首铜辕饰（M308：2）【西周早期】

全形作兽首状，上部由前后两个兽首构成。

洛阳市文物工作队：《洛阳北窑西周墓》，文物出版社，1999 年 4 月。

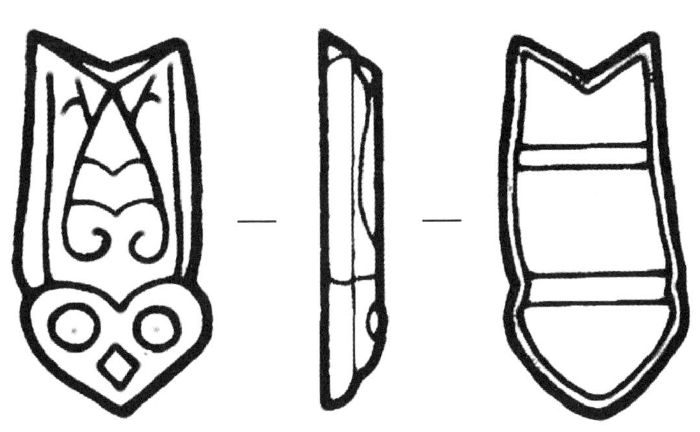

蝉形铜泡（M40：14）【西周早期】

整体作蝉形。

洛阳市文物工作队：《洛阳北窑西周墓》，文物出版社，1999 年 4 月。

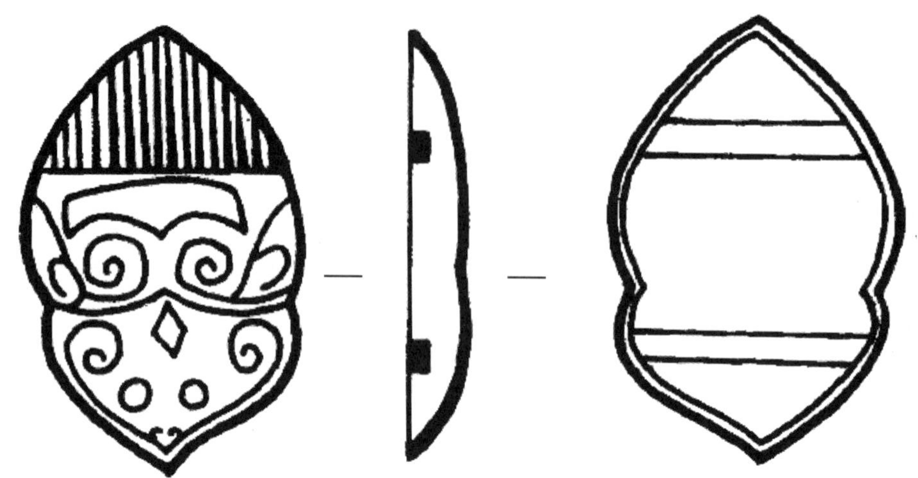

兽面铜泡（M308：4）【西周早期】

两端桃圆形。

洛阳市文物工作队：《洛阳北窑西周墓》，文物出版社，1999 年 4 月。

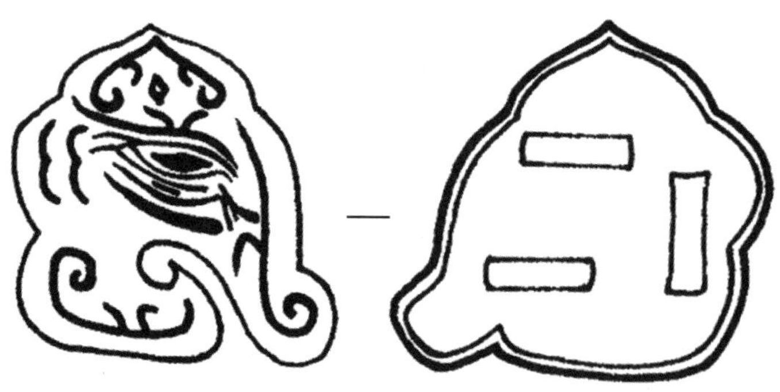

象头铜泡（标本：050）【西周早期】

象头形，长鼻上卷。

洛阳市文物工作队：《洛阳北窑西周墓》，文物出版社，1999 年 4 月。

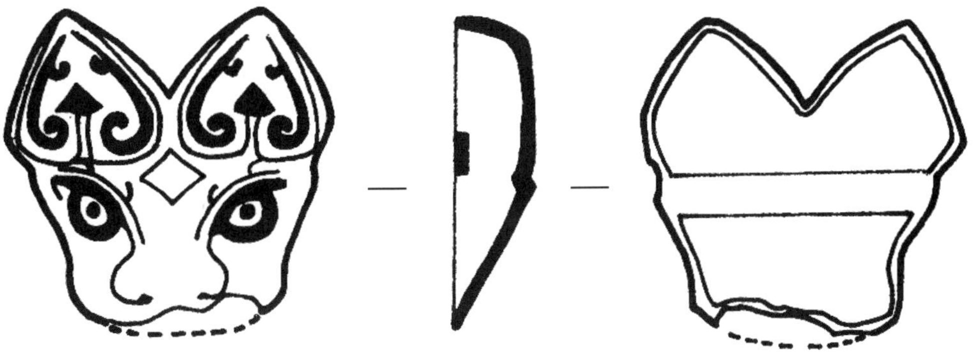

兽面铜泡（M216：23）【西周早期】

整体作兽面，粗眉大眼。

洛阳市文物工作队：《洛阳北窑西周墓》，文物出版社，1999 年 4 月。

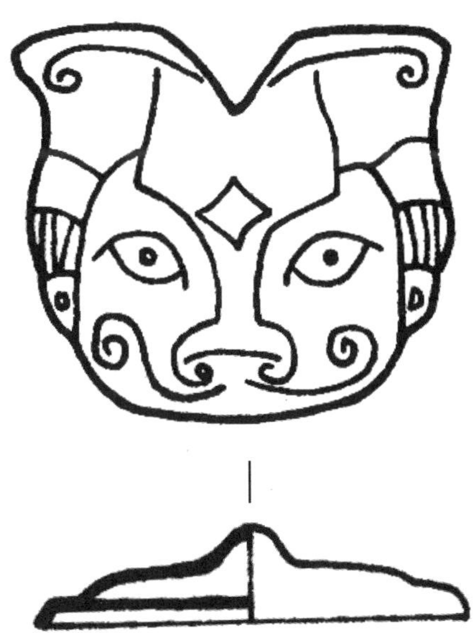

兽面铜泡（M188：17）【西周早期】

方头尖角，鼻梁高凸，脸侧两耳，嘴角胡须上卷。

洛阳市文物工作队：《洛阳北窑西周墓》，文物出版社，1999 年 4 月。

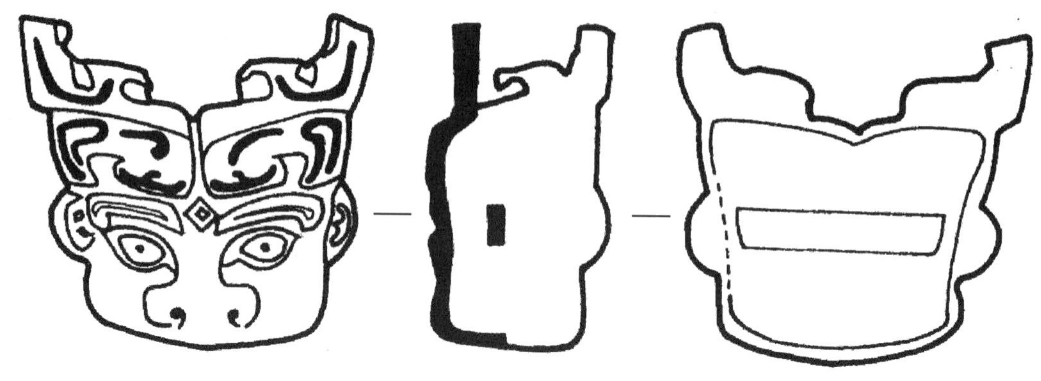

兽面铜泡（M215：17）【西周早期】

兽面形，粗眉，大耳，头上有歧角。

洛阳市文物工作队：《洛阳北窑西周墓》，文物出版社，1999年4月。

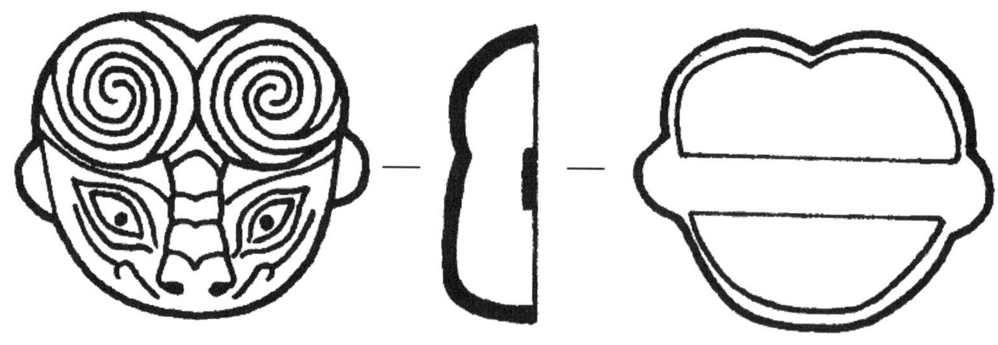

兽面铜泡（M78：4）【西周早期】

兽面形，头部有两个螺旋状卷发。

洛阳市文物工作队：《洛阳北窑西周墓》，文物出版社，1999年4月。

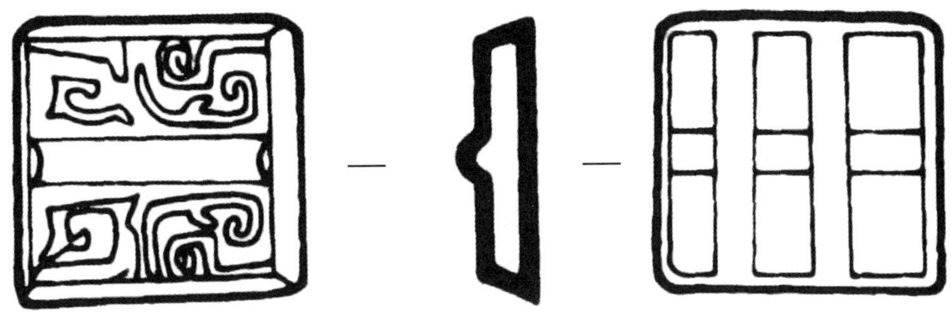

兽面铜泡（M278：8）【西周早期】

正面饰兽面纹。

洛阳市文物工作队：《洛阳北窑西周墓》，文物出版社，1999 年 4 月。

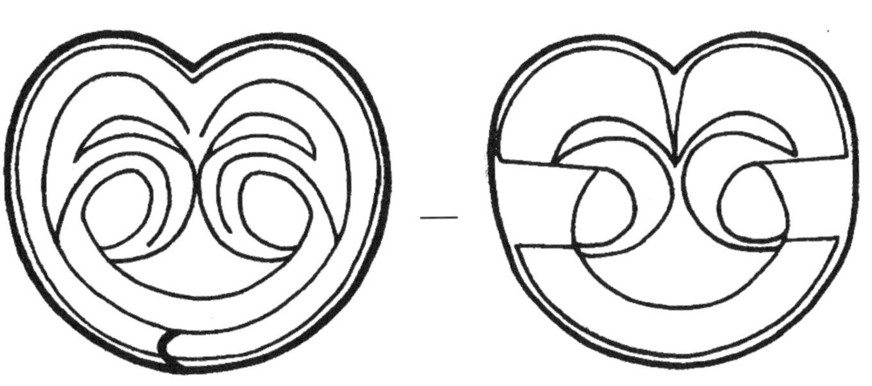

镂空兽面铜泡（M230：1）【西周早期】

圆形兽面，眼眉镂空。

洛阳市文物工作队：《洛阳北窑西周墓》，文物出版社，1999 年 4 月。

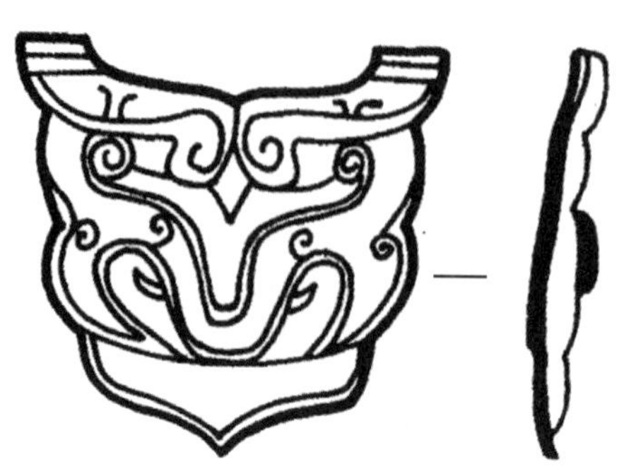

镂空兽面铜泡（M310：6）【西周早期】

兽面上有两角，下嘴尖形，中间鼻梁高凸。

洛阳市文物工作队：《洛阳北窑西周墓》，文物出版社，1999 年 4 月。

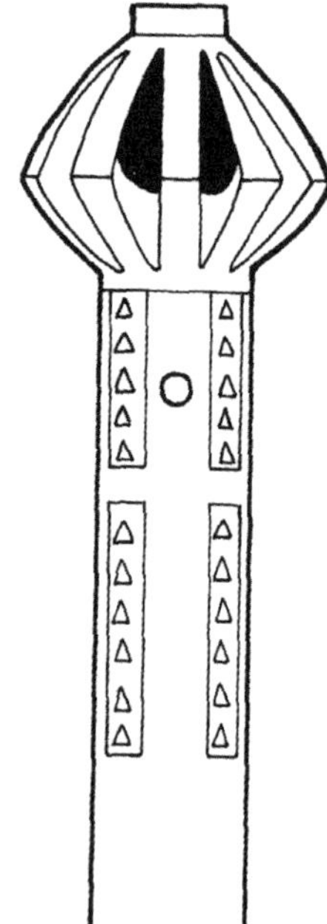

异形铜銮铃（M216：25）【西周早期】

铃头扁圆状，上下有六个镂孔。

洛阳市文物工作队：《洛阳北窑西周墓》，文物出版社，1999 年 4 月。

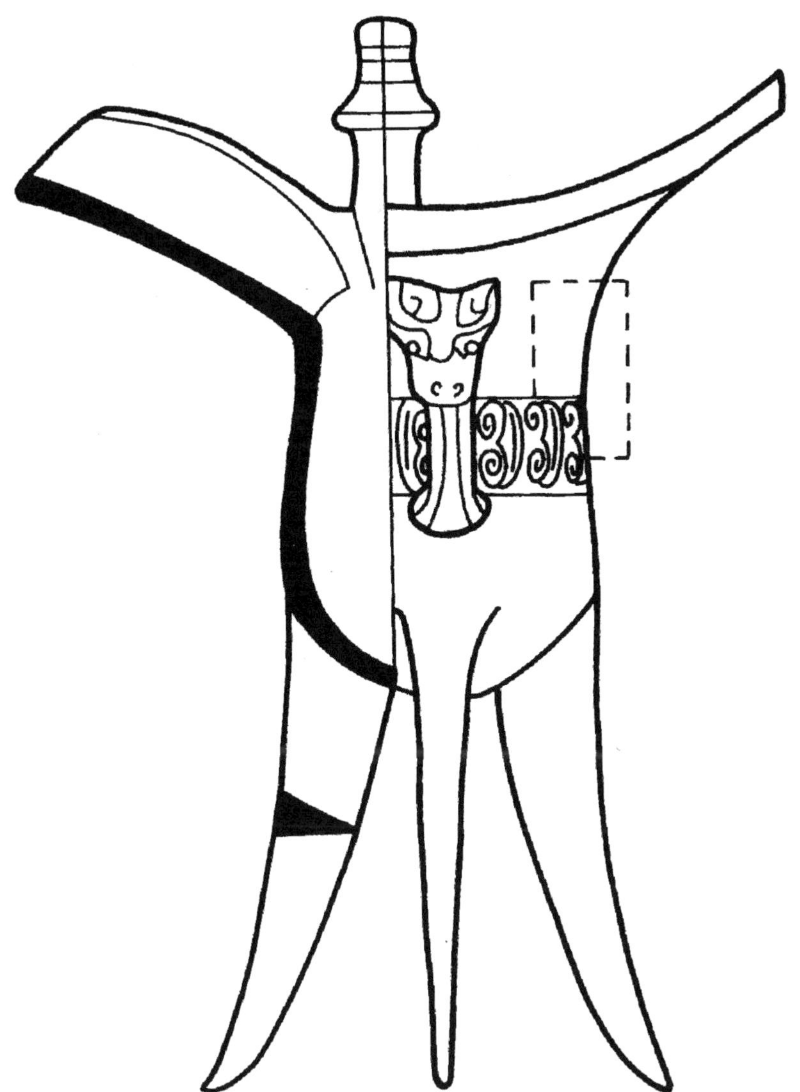

鳞纹铜爵（M368：4）【西周中期】

腹饰以云雷纹为地的鳞纹。

洛阳市文物工作队：《洛阳北窑西周墓》，文物出版社，1999 年 4 月。

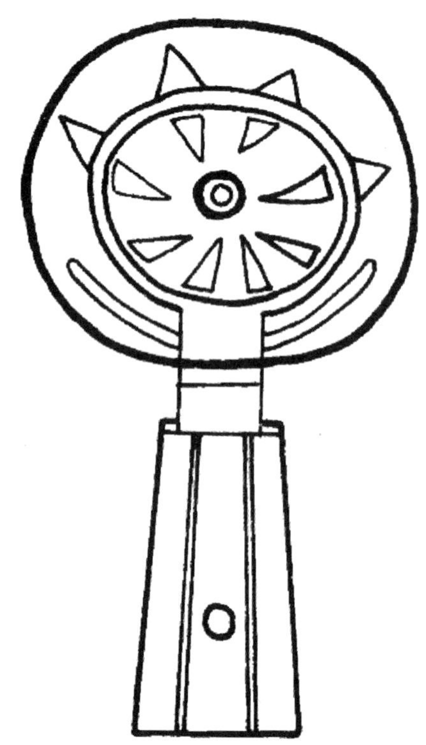

铜銮铃（M155：14-1）【西周早期】

圆铃中心有一圆孔，四周有八个呈辐射状的三角形镂孔；背面只有中心一孔。铃周上部还有四个桃形孔，下部两个弧形孔。颈部较短，呈阶梯形。铃身每面各有二条竖线，两侧底部有一对圆形钉孔。

洛阳市文物工作队:《洛阳北窑西周墓》,文物出版社,1999 年 4 月。

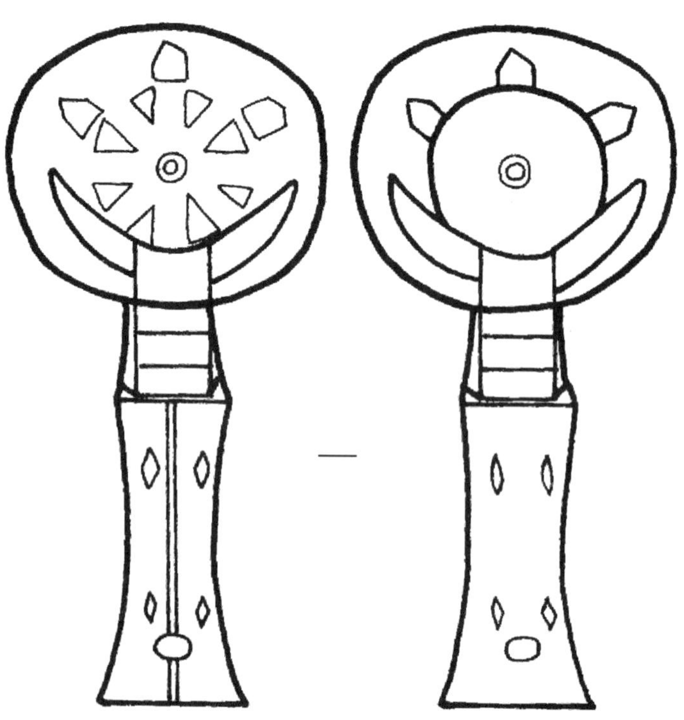

铜銮铃（M174：4）【西周早期】

铃身两侧的中部微向内凹，每面中间各有一道竖线，竖线两侧各有一对菱形凸饰。

洛阳市文物工作队：《洛阳北窑西周墓》，文物出版社，1999 年 4 月。

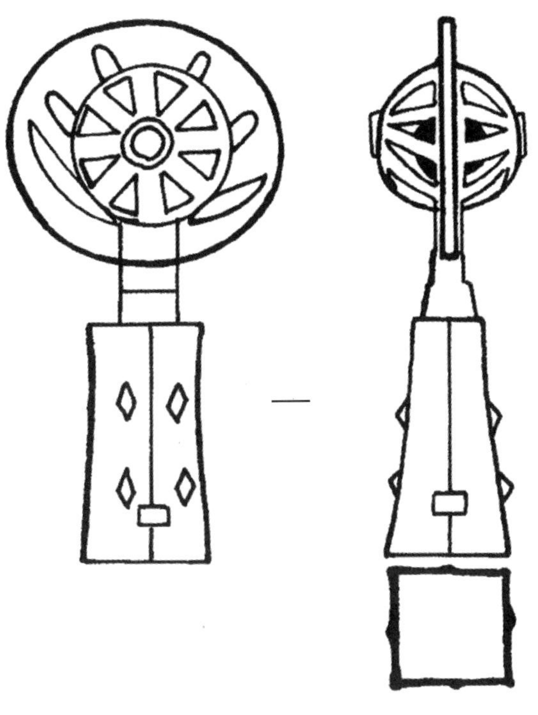

铜銮铃（M174：5）【西周早期】

铃部有八个三角形镂空。

洛阳市文物工作队：《洛阳北窑西周墓》，文物出版社，1999 年 4 月

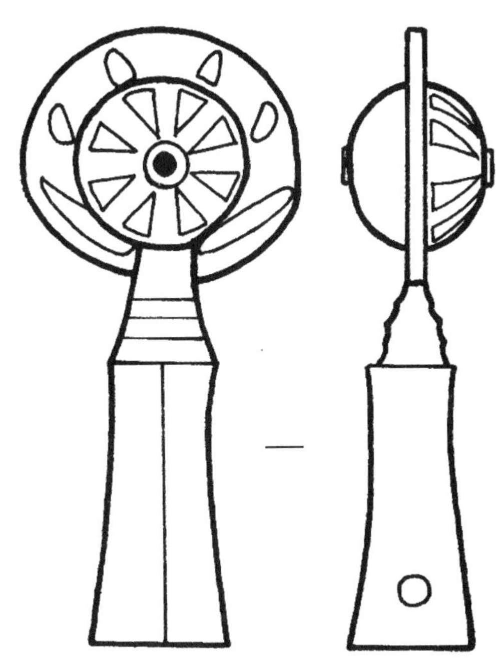

铜銮铃（M174：20）【西周早期】

铃部饰镂空三角形。铃身每面只饰一条竖线。两侧下各有一小圆孔。

洛阳市文物工作队：《洛阳北窑西周墓》，文物出版社，1999 年 4 月。

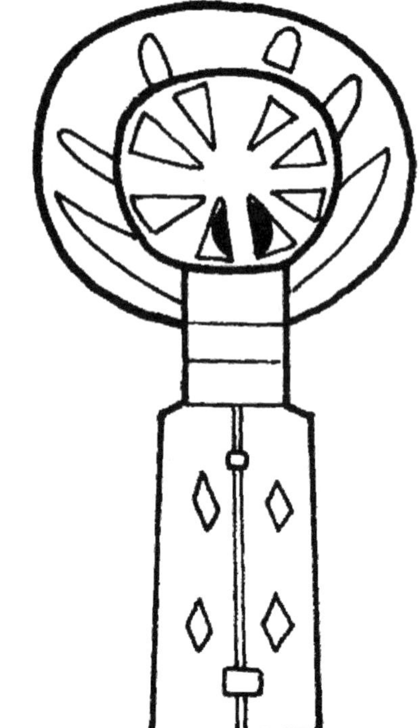

铜銮铃（M215：18）【西周早期】

铃身和銎部分饰三角形和菱形镂空。

洛阳市文物工作队：《洛阳北窑西周墓》，文物出版社，1999 年 4 月。

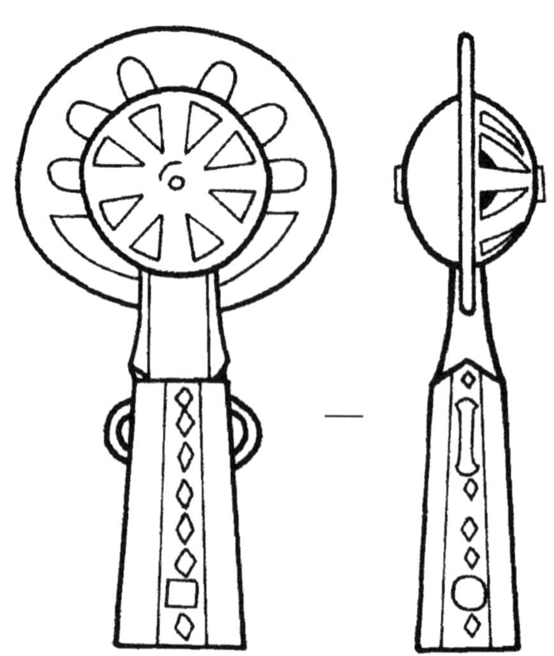

铜銮铃（M192：2）【西周早期】

铃身每面饰椭圆形点纹和两条竖线纹。

洛阳市文物工作队：《洛阳北窑西周墓》，文物出版社，1999 年 4 月。

饕餮纹铜尊（C3M230：4）【西周早期】

颈饰蕉叶纹，下加夔纹带，腹部饰饕餮纹，圈足饰夔纹。通体以云雷纹作地纹。

洛阳市文物工作队：《洛阳林校西周车马坑》，《文物》1999 年第 3 期。

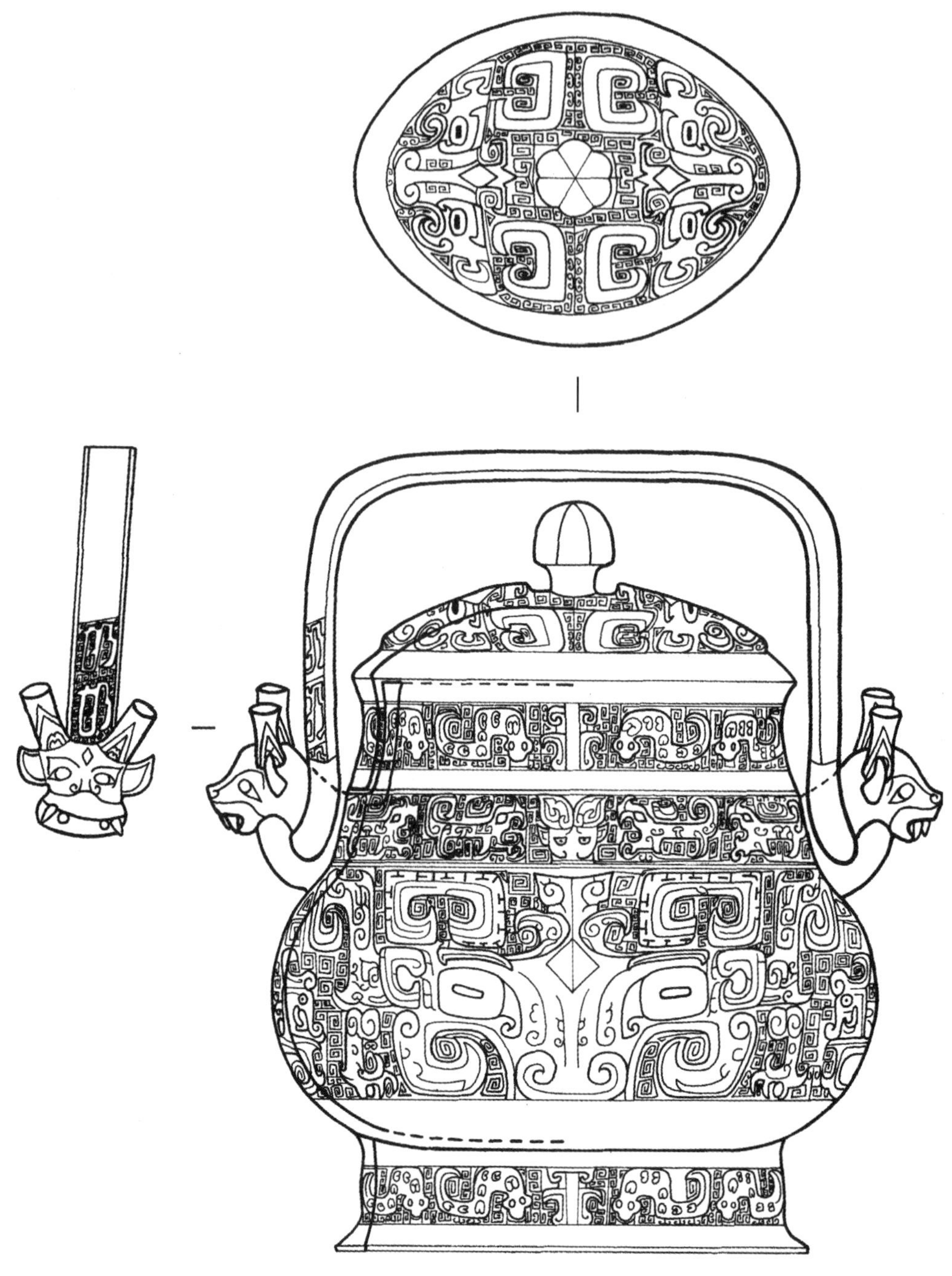

饕餮纹铜提梁卣（C3M230：5）【西周早期】

提梁上饰夔纹，两端饰龙首，盖面饰饕餮纹，缘饰蚕纹带。器口下饰夔纹带，间以小兽首，腹饰饕餮纹，圈足上饰与盖缘相同的蚕纹。通体以云雷纹作地纹。

洛阳市文物工作队：《洛阳林校西周车马坑》，《文物》1999年第3期。

人形铜四足器座（C3M230：8）【西周早期】

四角四管形，管下乳头状实心足，由十字连接臂相连，十字正中有一双面人，两耳宽大，鼻梁宽高，头顶似戴小圆帽或盘发，双手分别置于四足器座的连接臂上，作支撑状，四足的管壁上均饰阴刻线纹。

洛阳市文物工作队：《洛阳林校西周车马坑》，《文物》1999年第3期。

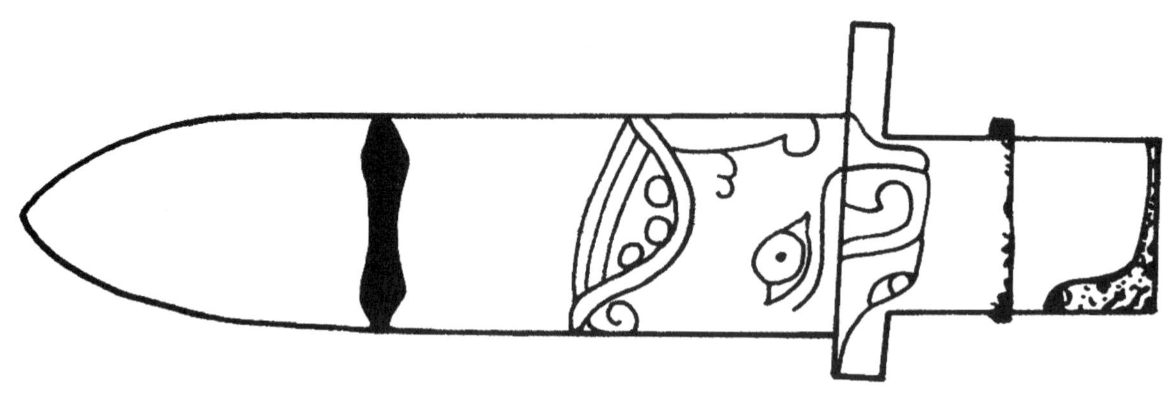

虎头纹直内铜戈（C3M230：114）【西周早期】

援后部近内处两侧饰虎头纹。

洛阳市文物工作队：《洛阳林校西周车马坑》，《文物》1999 年第 3 期。

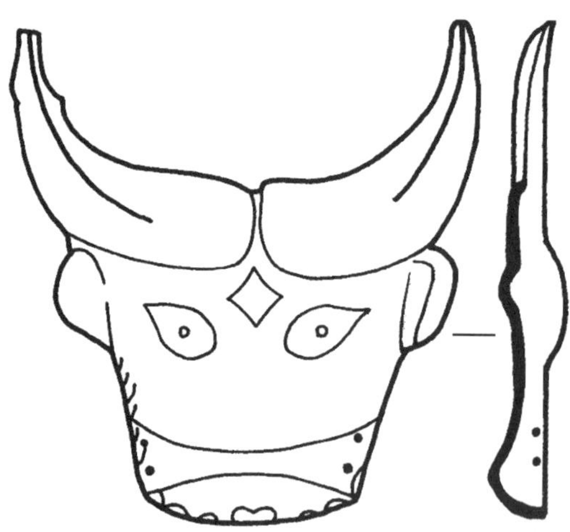

牛面形铜饰（C3M230：95）【西周早期】

牛面形，两角高立，耳作弧形，鼻部微鼓，眼珠凸出。

洛阳市文物工作队：《洛阳林校西周车马坑》，《文物》1999 年第 3 期。

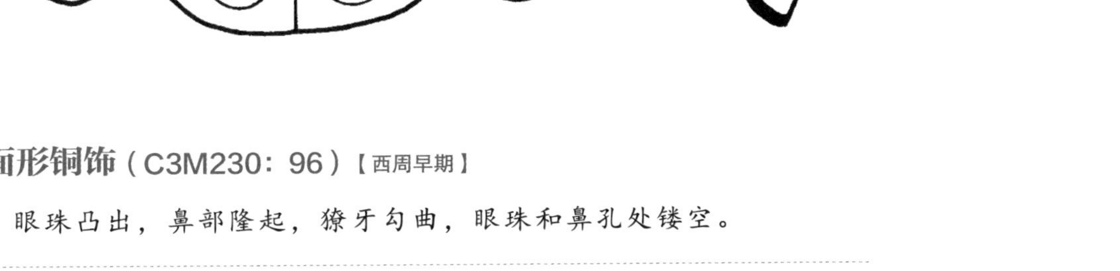

兽面形铜饰（C3M230：96）【西周早期】

眼珠凸出，鼻部隆起，獠牙勾曲，眼珠和鼻孔处镂空。

洛阳市文物工作队：《洛阳林校西周车马坑》，《文物》1999年第3期。

垂叶纹铜踵（C3M230：98）【西周早期】

面饰饕餮纹与垂叶纹。

洛阳市文物工作队：《洛阳林校西周车马坑》，《文物》1999年第3期。

饕餮纹铜輨軎（C3M230：110）【西周早期】

管与掩板均饰饕餮纹。

洛阳市文物工作队：《洛阳林校西周车马坑》，《文物》1999 年第 3 期。

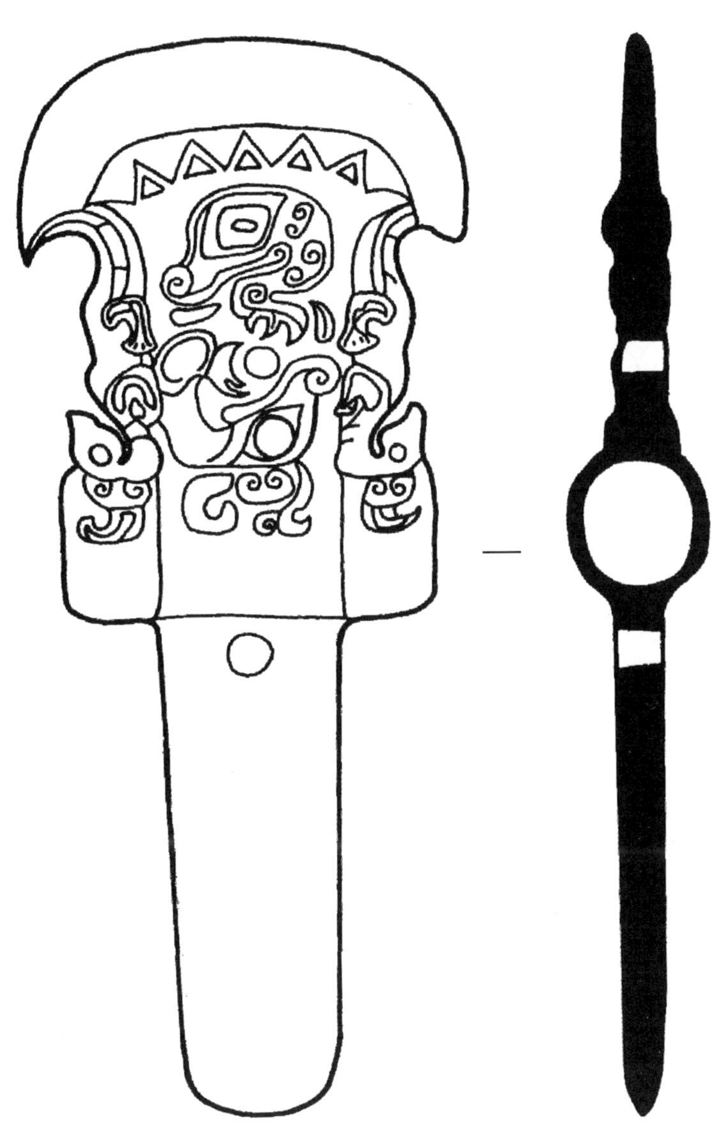

龙纹铜钺（C3M43：4）【西周早期】

刃后侧饰阴刻双线锯齿纹，钺身两面均饰有四条浮雕龙纹和两条圆雕龙纹，其中中间饰上下两条侧面龙纹，龙上吻上卷，凸目，身躯蜷曲，小尾作爪形，上下两龙龙头一左一右，方向一上一下，接銎处一小龙纹作蜷曲形。两侧龙纹作圆雕状，龙首回勾，两耳贴于銎上，龙尾上卷与钺刃两尖接合，四肢附于钺身。

洛阳市文物考古研究院：《洛阳林校西周车马坑发掘简报》，《洛阳考古》2015年第1期。

兽首铜辕饰（C3M43：19）【西周早期】

顶部饰浮雕蟠龙纹，辕壁饰两组形式基本相同的浮雕兽面纹。

洛阳市文物考古研究院：《洛阳林校西周车马坑发掘简报》，《洛阳考古》2015 年第 1 期。

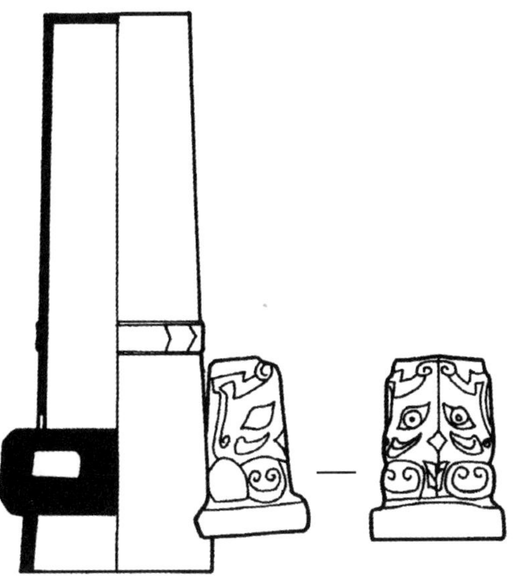

虎头铜辖軎（C3M43：15）【西周早期】

軎作长筒形，外有四蕉叶纹，穿内插辖，辖作虎头首。虎双耳呈椭圆形贴于上额，上饰涡云纹。

洛阳市文物考古研究院：《洛阳林校西周车马坑发掘简报》，《洛阳考古》2015年第1期。

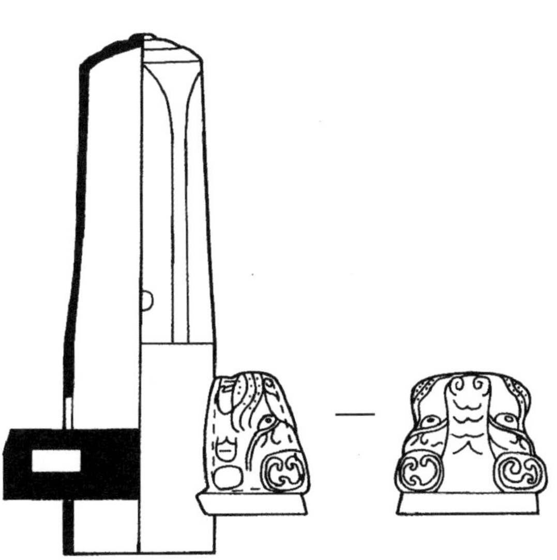

铜辖軎（C3M42：1）【西周早期】

辖作兽首状，兽首阔鼻，凸目，粗眉下端内勾，椭圆形耳上饰涡纹。

洛阳市文物考古研究院：《洛阳林校西周车马坑发掘简报》，《洛阳考古》2015年第1期。

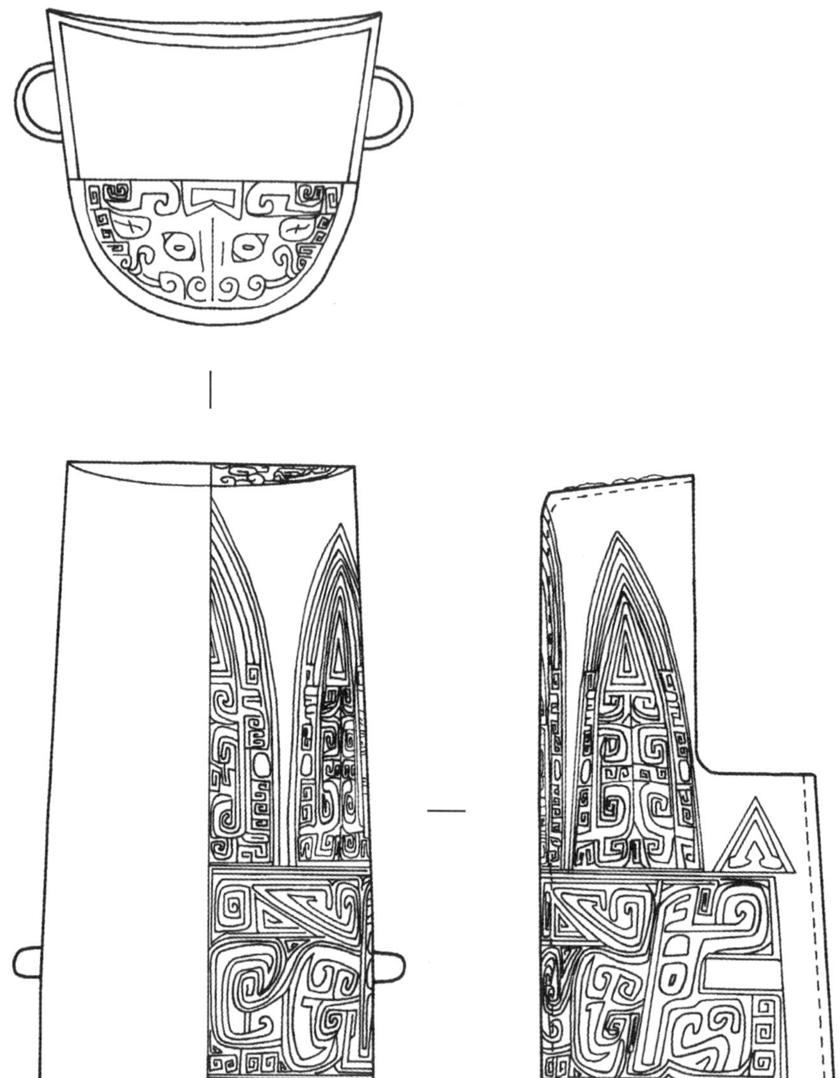

兽面纹铜踵（C3M42：5）【西周早期】

形状上圆下平，断面呈马蹄形，一端有档且下部封口，两侧有一对半环状纽，档面饰兽面纹，圆面上饰尾部相对的夔龙纹和三个蕉叶纹。

洛阳市文物考古研究院：《洛阳林校西周车马坑发掘简报》，《洛阳考古》2015 年第 1 期。

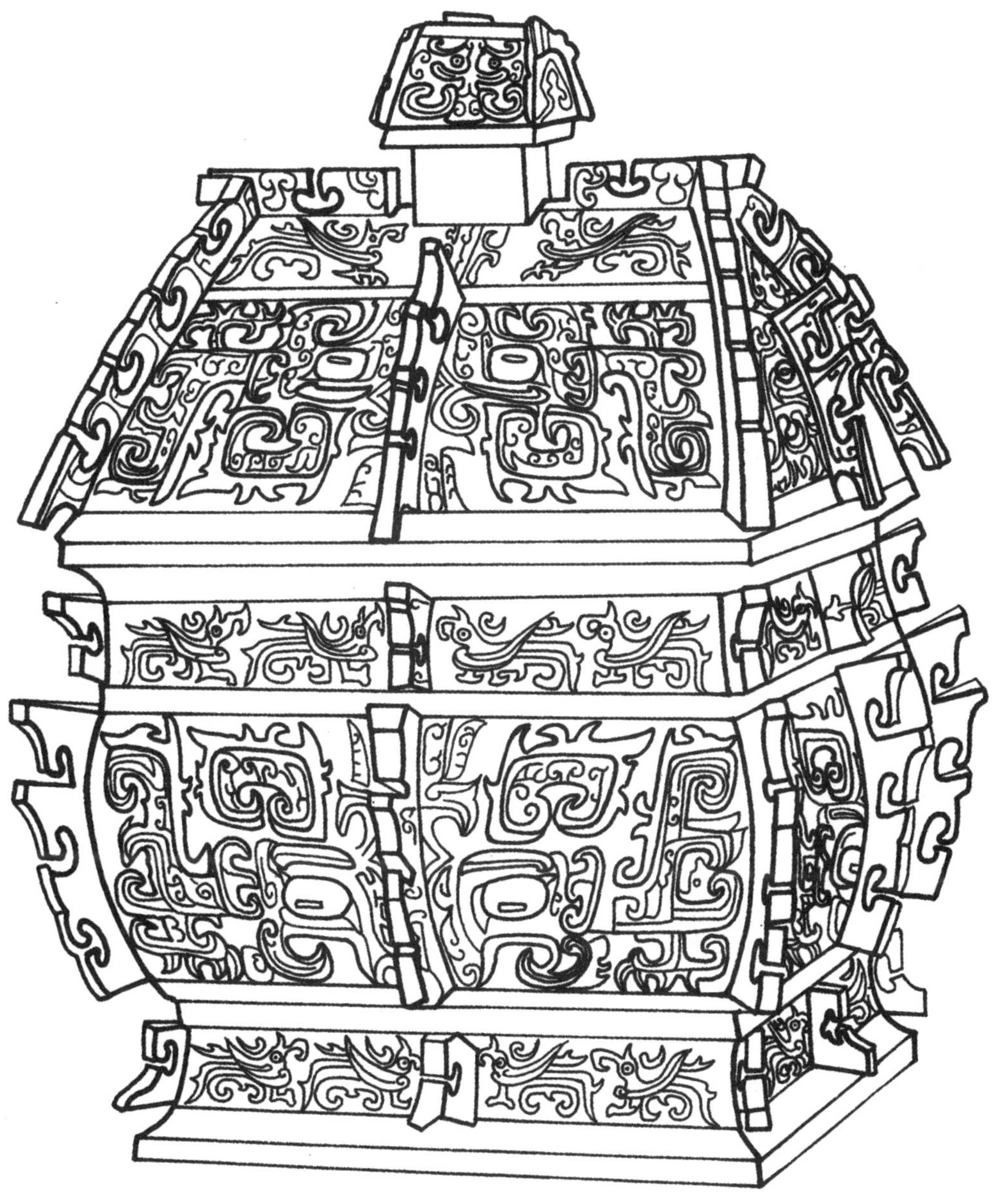

饕餮纹铜方彝【西周早期】

盖、腹主体纹饰为饕餮纹，盖顶和颈部及圈足饰凤鸟纹。

侯鸿钧：《洛阳市在文物普查中收集到的西周珍贵文物》，《文物》1962 年第 1 期。

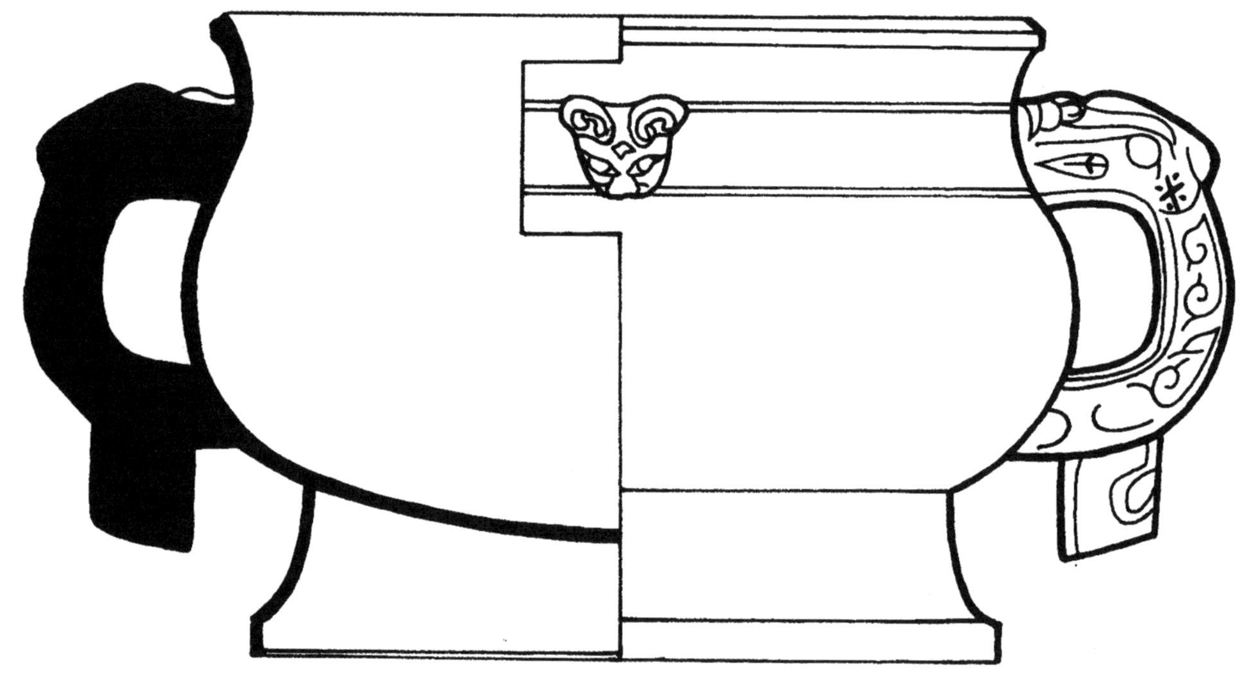

兽首铜簋（M410：2）【西周中期】

颈部饰以兽首。

洛阳市文物工作队：《洛阳北窑西周墓》，文物出版社，1999 年 4 月。

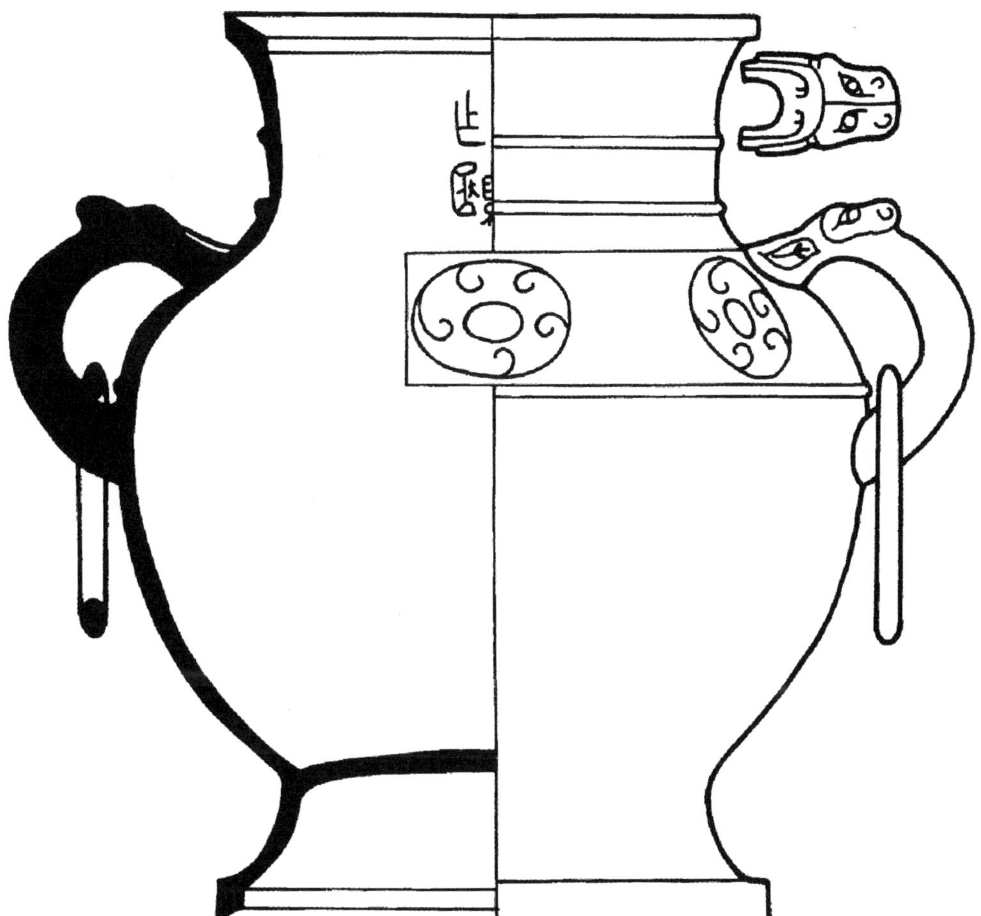

涡纹铜罍（M410：5）【西周中期】

肩部饰等距的六个圆涡纹。颈和肩腹分界处亦各饰两周凸弦纹。

洛阳市文物工作队：《洛阳北窑西周墓》，文物出版社，1999 年 4 月。

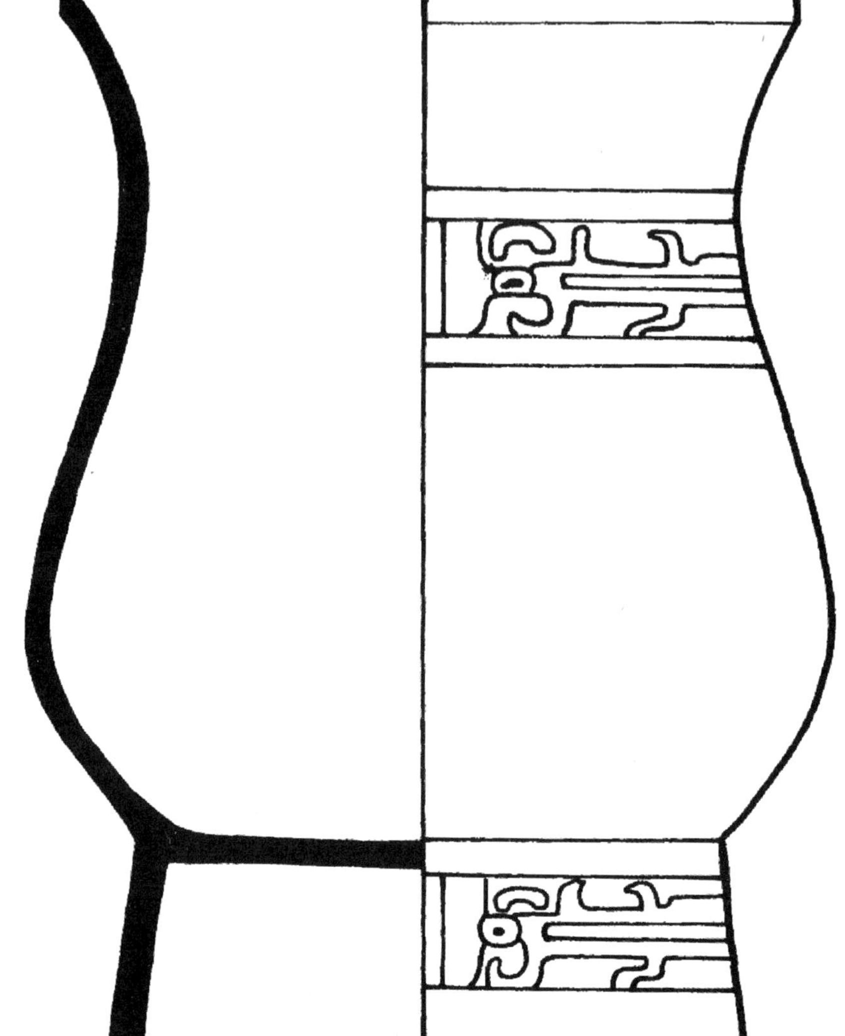

饕餮纹铜觯（M410：6）【西周中期】

颈及圈足前后各饰有两两相对的歧身夔纹组成的饕餮纹。

洛阳市文物工作队：《洛阳北窑西周墓》，文物出版社，1999年4月。

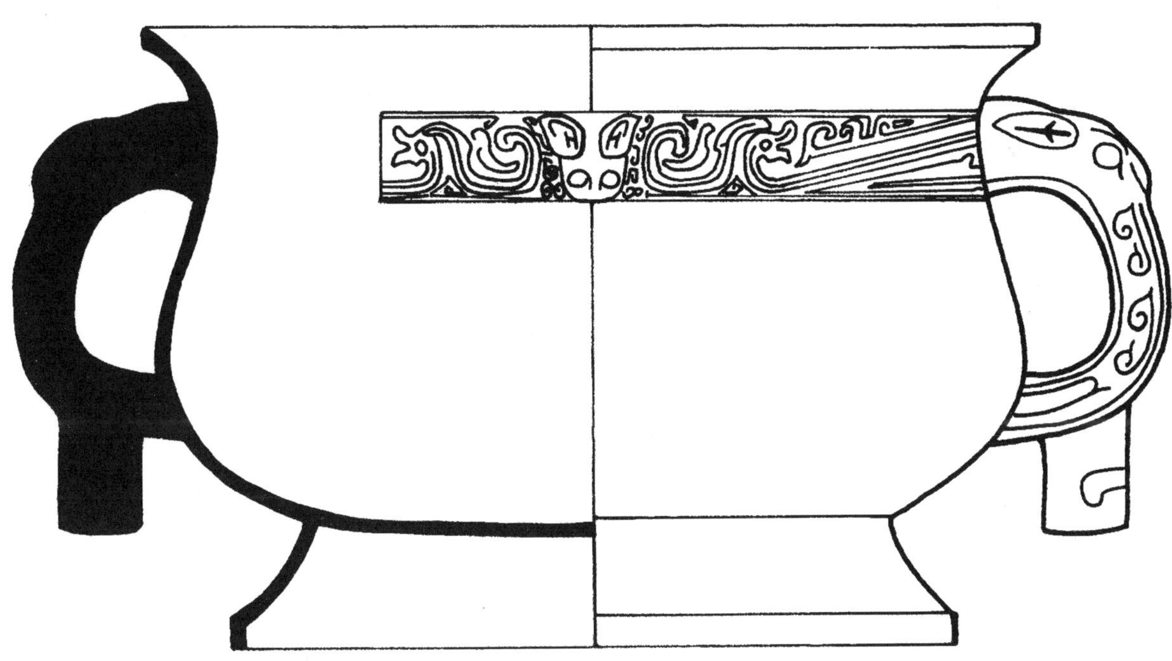

鸟纹铜簋（采：09）【西周中期】

颈饰以牺首纹为中心的回首垂冠鸟纹一周，以细雷纹衬地。

洛阳市文物工作队：《洛阳北窑西周墓》，文物出版社，1999 年 4 月。

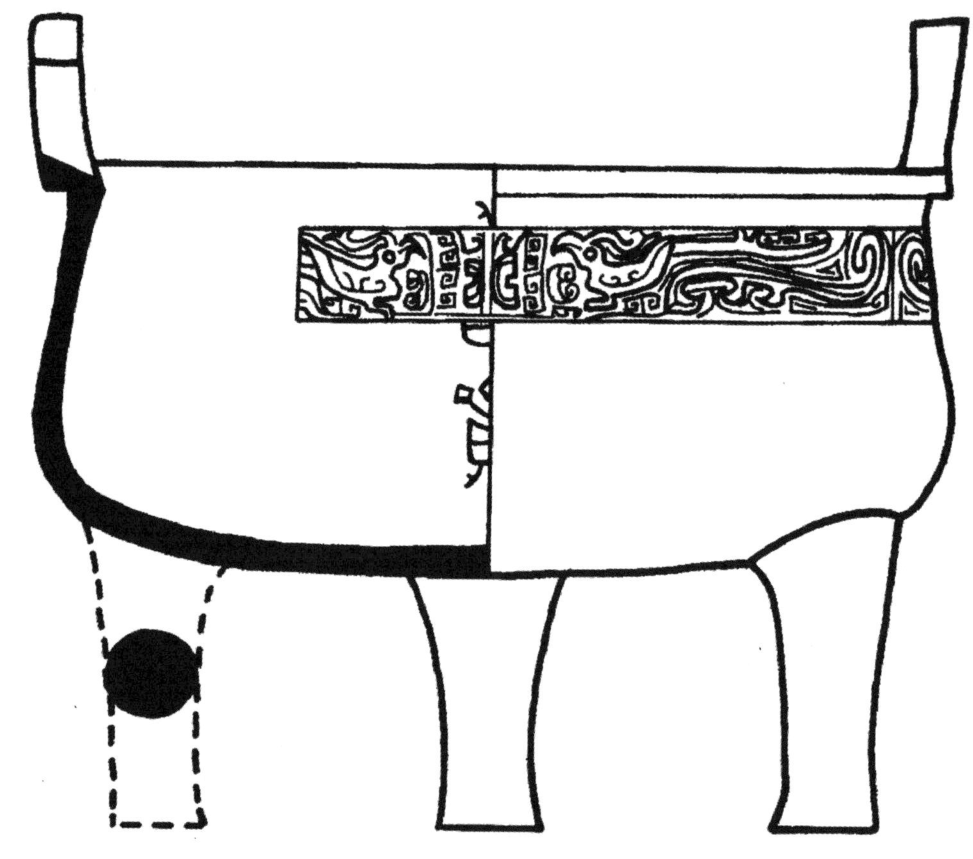

凤纹铜鼎（采：05）【西周中期】

颈周饰三组两两相对的带状凤纹，云雷纹地。

洛阳市文物工作队：《洛阳北窑西周墓》，文物出版社，1999 年 4 月。

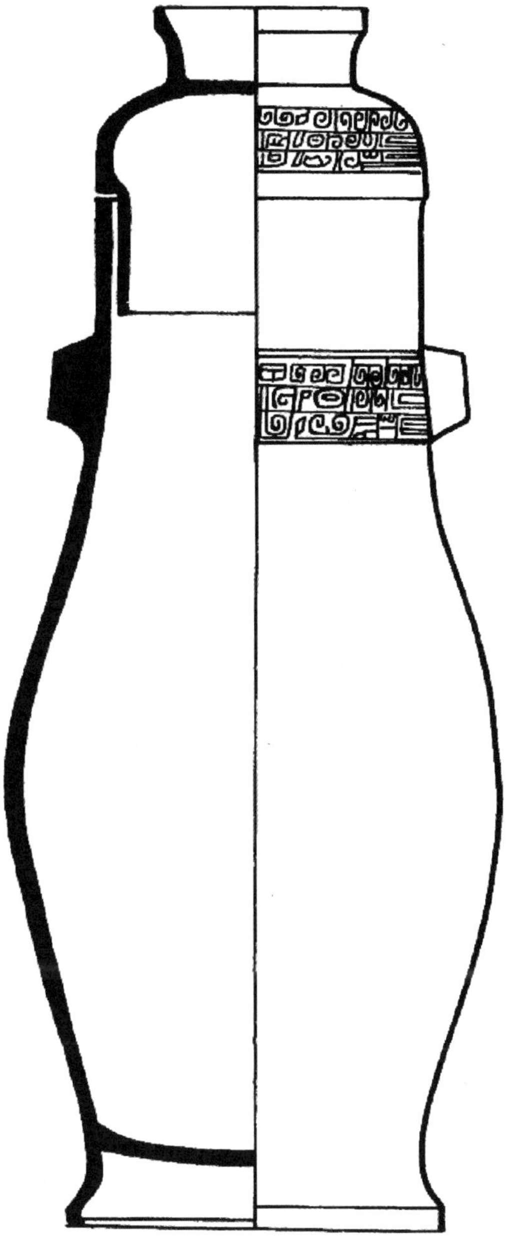

饕餮纹铜壶（M410：4）【西周中期】

壶盖和颈部各饰一周三列云雷纹组成的饕餮纹。

洛阳市文物工作队：《洛阳北窑西周墓》，文物出版社，1999 年 4 月。

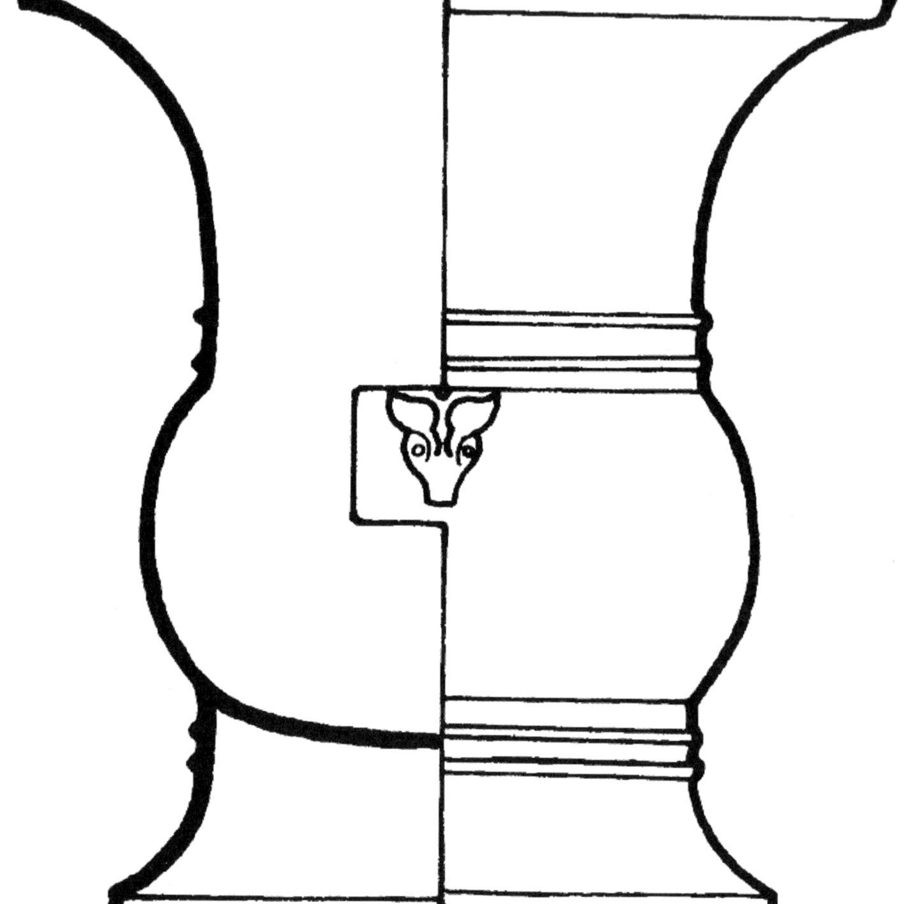

羊首铜尊（M368：3）【西周中期】

颈与圈足各饰两周凸弦纹，腹前后对饰两个浮雕羊首。

洛阳市文物工作队：《洛阳北窑西周墓》，文物出版社，1999 年 4 月。

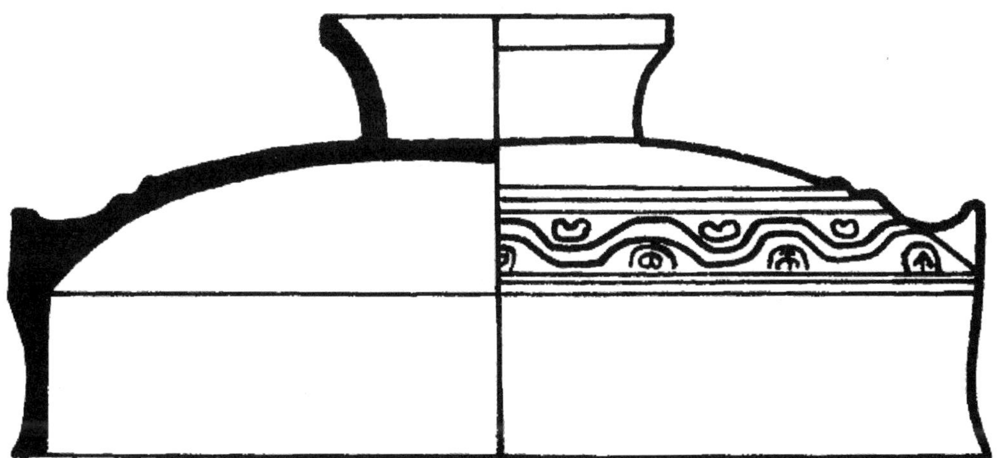

波纹铜盖（M368：6）【西周中期】

盖沿饰三周凸弦纹，弦纹间饰波纹，波纹上下填以贝形纹。

洛阳市文物工作队：《洛阳北窑西周墓》，文物出版社，1999 年 4 月。

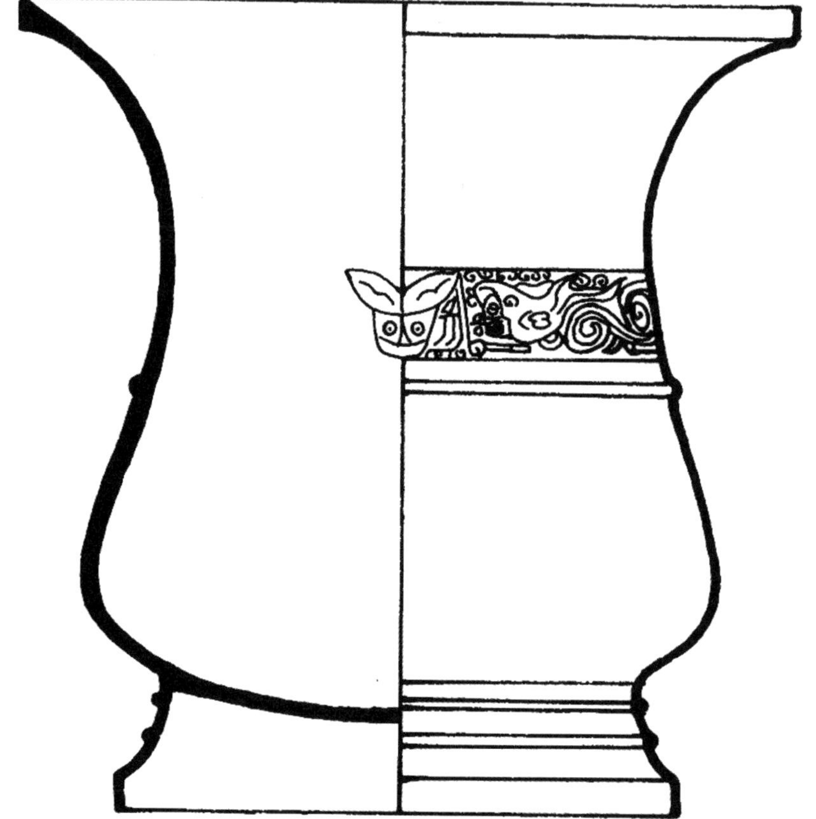

鸟纹铜尊（采：013）【西周中期】

颈部饰以浮雕牺首为中心的带状凤鸟纹，凤昂首分尾，以云雷纹衬地。

洛阳市文物工作队：《洛阳北窑西周墓》，文物出版社，1999年4月。

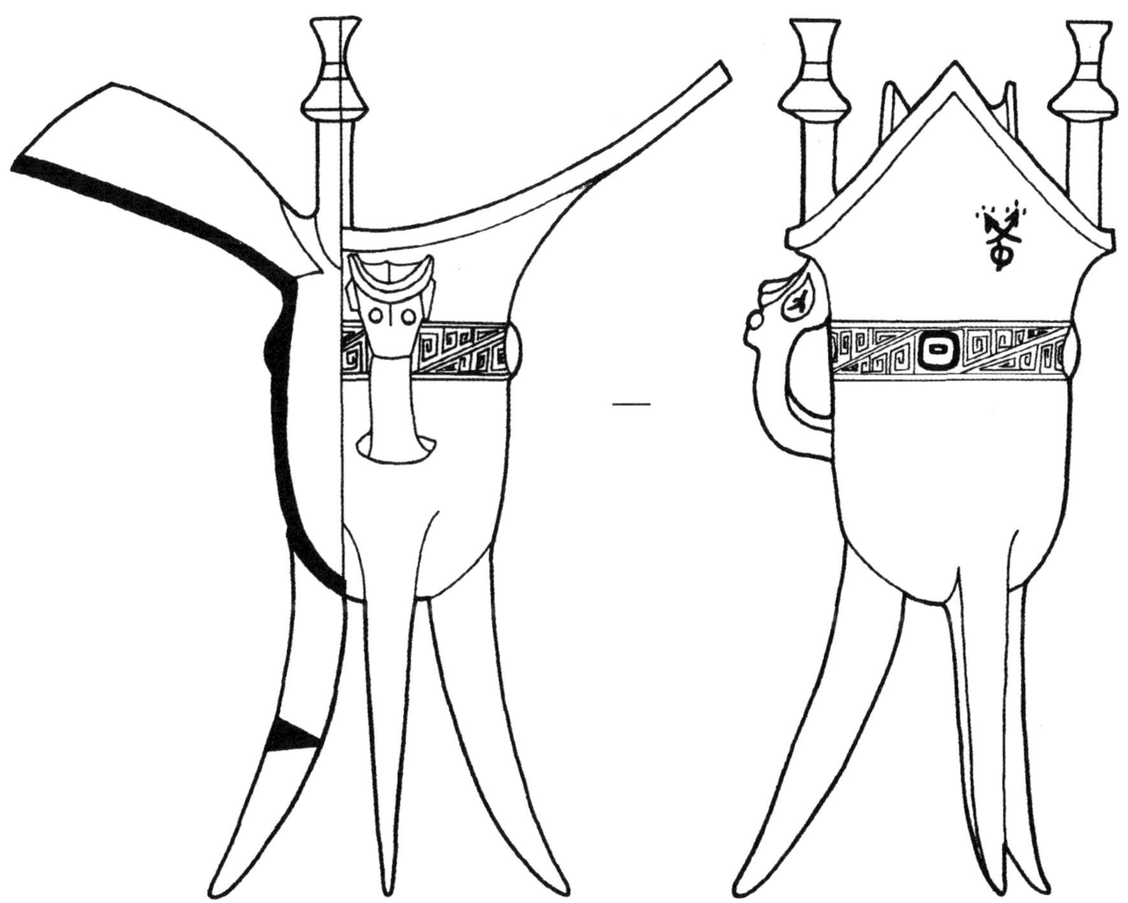

云雷纹铜爵（M299：2）【西周中期】

鋬的上部作牛首形，腹饰带状斜角云雷纹。

洛阳市文物工作队：《洛阳北窑西周墓》，文物出版社，1999 年 4 月。

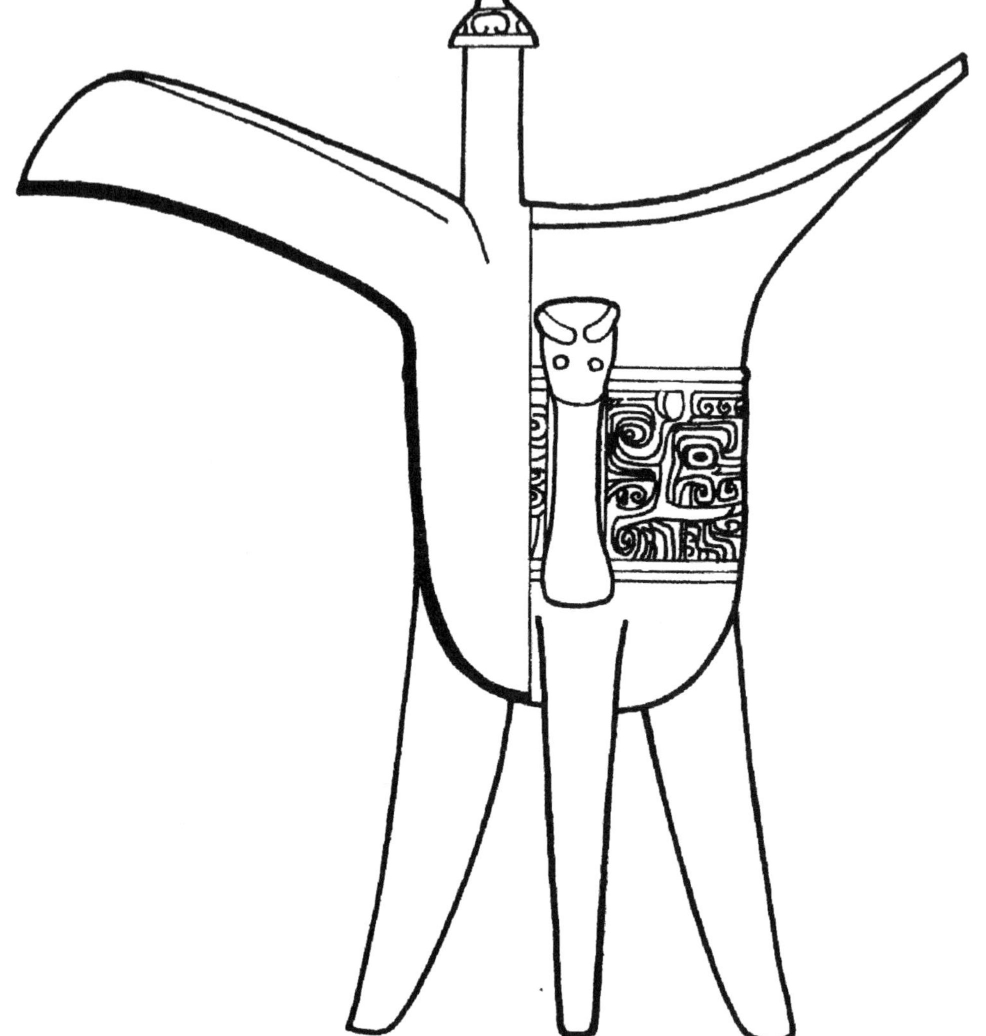

饕餮纹铜爵（采：016）【西周中期】

腹部饰饕餮纹，其余部位以细密的云雷纹衬地。

洛阳市文物工作队：《洛阳北窑西周墓》，文物出版社，1999 年 4 月。

饕餮纹铜軎辖（M332：7）【西周中期】

管与舌板均饰饕餮纹。

洛阳市文物工作队：《洛阳北窑西周墓》，文物出版社，1999 年 4 月。

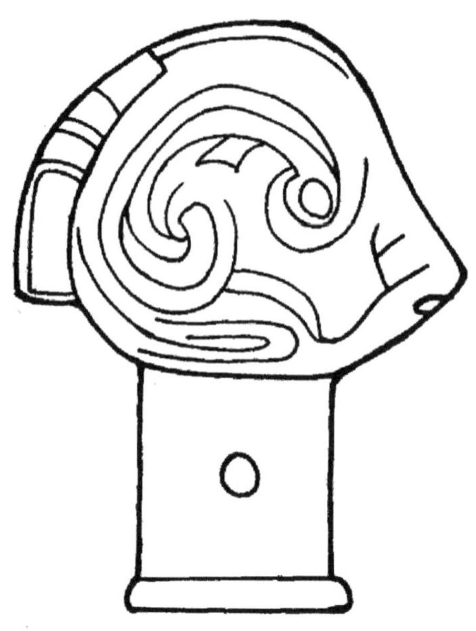

兽头铜輢饰（M52：25）【西周中期】

輢饰作兽头形。

洛阳市文物工作队：《洛阳北窑西周墓》，文物出版社，1999 年 4 月。

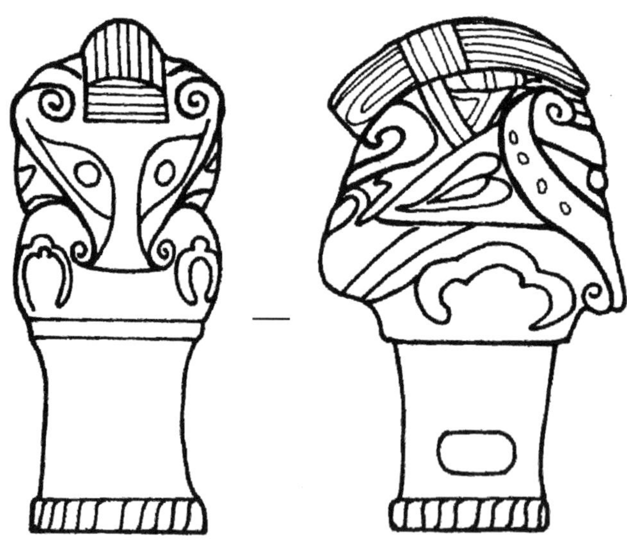

兽头铜輢饰（M52：26）【西周中期】

輢饰作兽头形。

洛阳市文物工作队：《洛阳北窑西周墓》，文物出版社，1999 年 4 月。

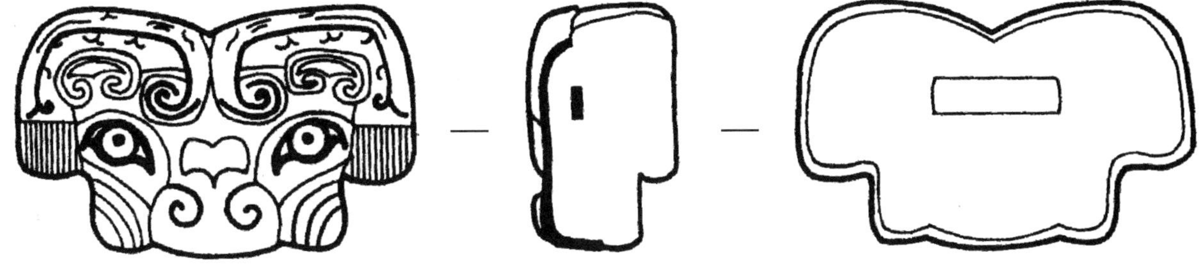

兽面铜泡（M241：2）【西周中期】

兽面形，脸部宽大，胡须上翘，耳毛下垂，卷眉。

洛阳市文物工作队：《洛阳北窑西周墓》，文物出版社，1999 年 4 月。

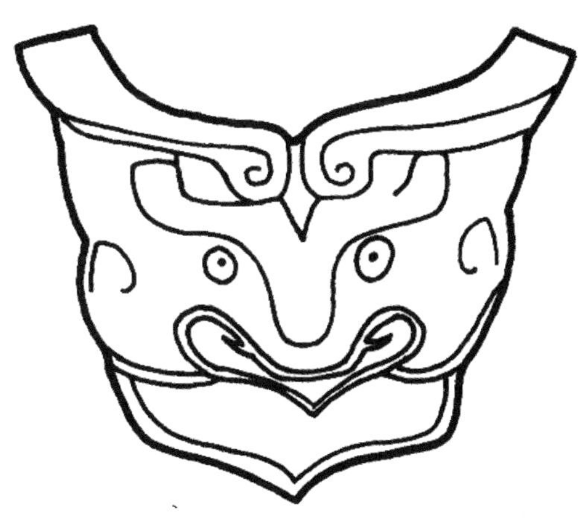

兽面铜泡（M360：8）【西周中期】

嘴和鼻眉透空，下颏呈尖状，嘴角圆翘，尖鼻梁，小圆眼，额上两角平斜上翘。

洛阳市文物工作队：《洛阳北窑西周墓》，文物出版社，1999 年 4 月。

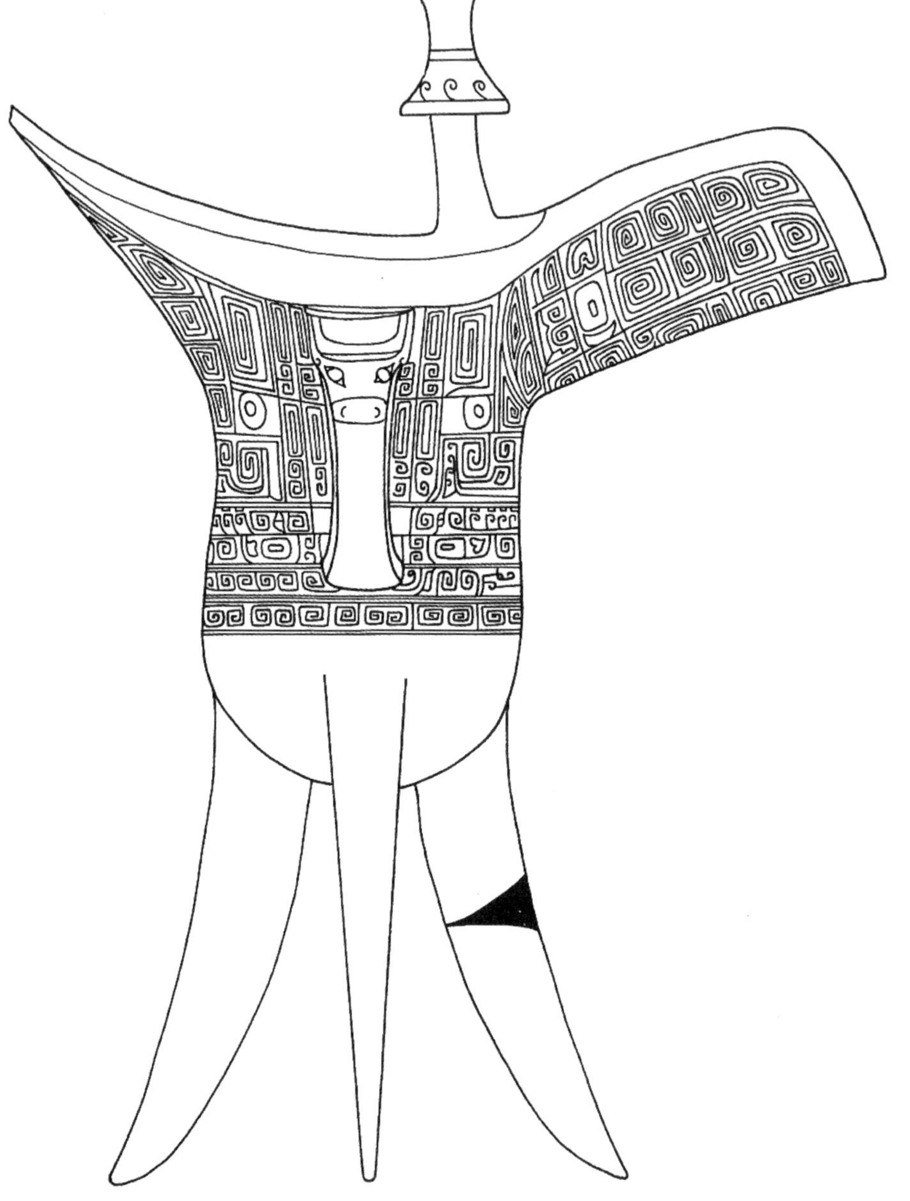

兽面纹铜爵正面

兽面纹铜爵【西周中期】

流下及腹部均饰兽面纹。

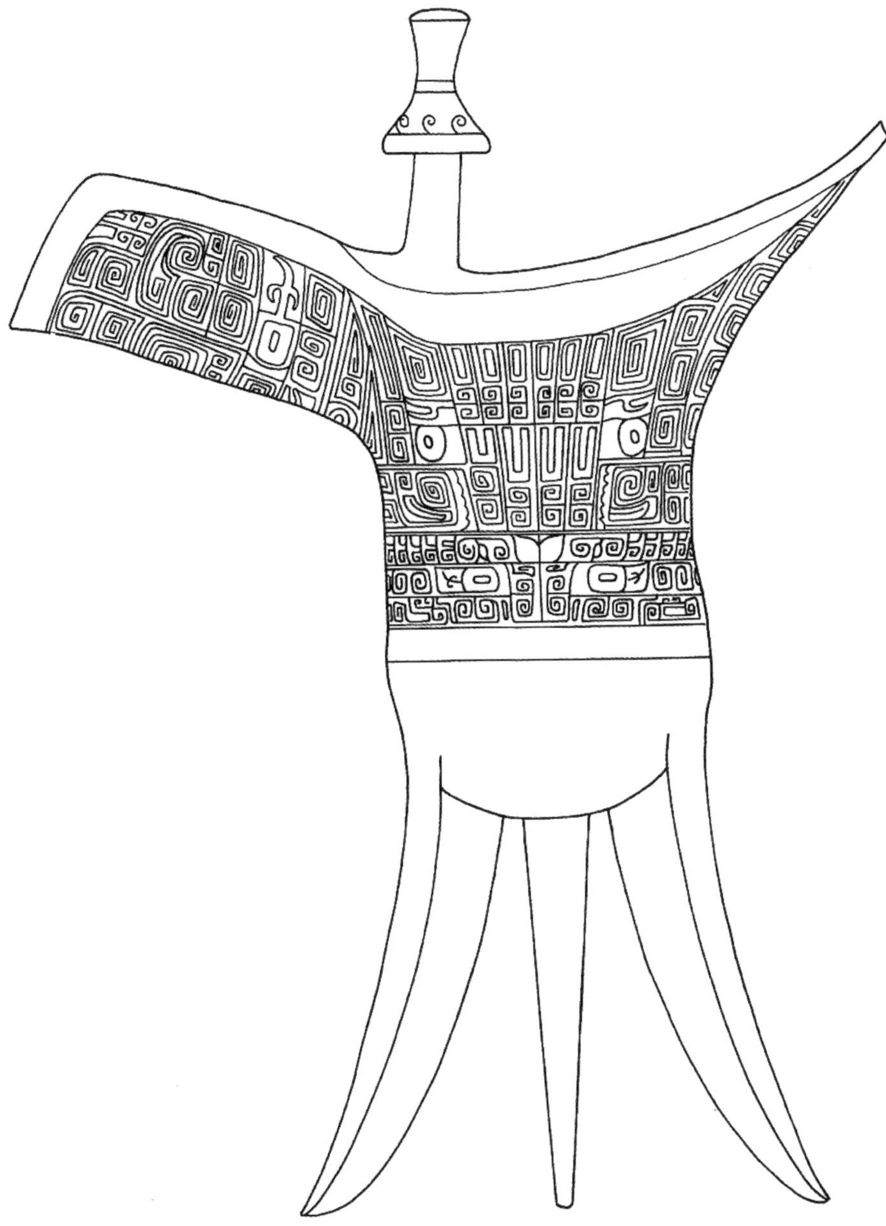

兽面纹铜爵背面

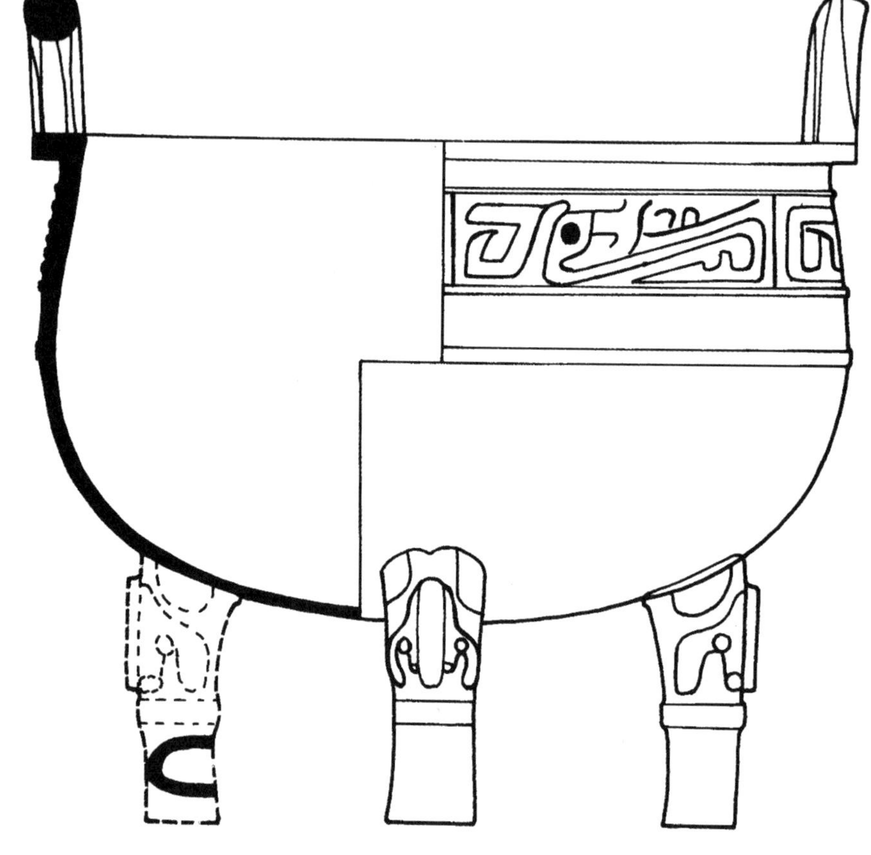

窃曲纹铜鼎【西周中期】

颈下饰窃曲纹，足上部饰浮雕兽面纹。

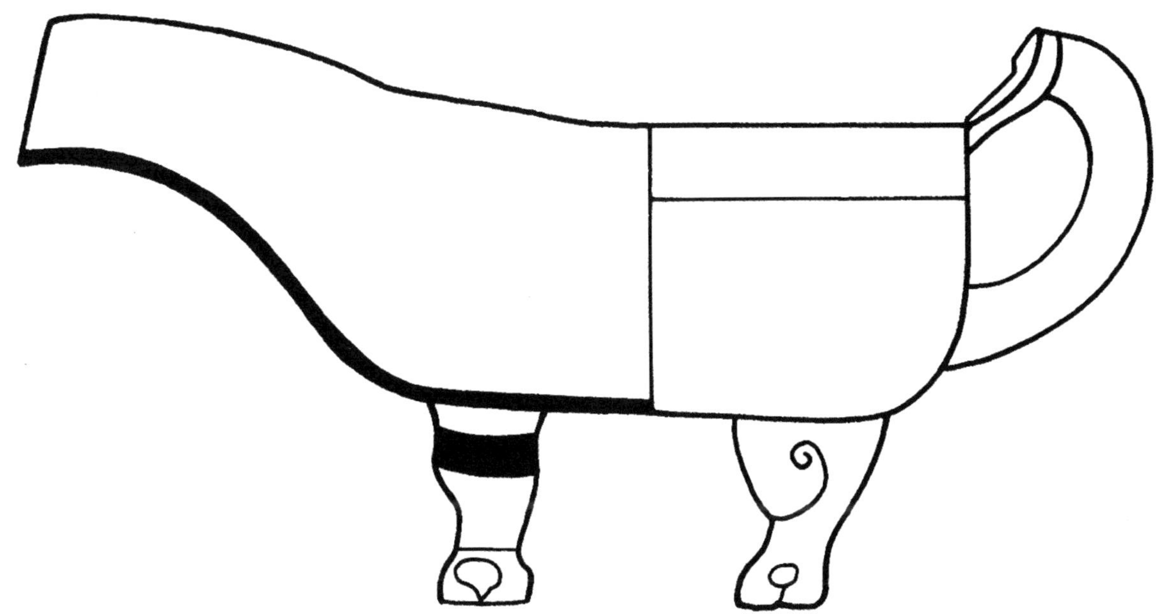

铜匜（采：019）【西周晚期】

鋬部饰兽面纹。

洛阳市文物工作队：《洛阳北窑西周墓》，文物出版社，1999 年 4 月。

凤鸟纹铜輨軎（M662：6）【西周晚期】

管上两侧各阴饰一凤纹，舌板近方，饰细雷纹铺地的凤纹。

洛阳市文物工作队：《洛阳北窑西周墓》，文物出版社，1999 年 4 月。

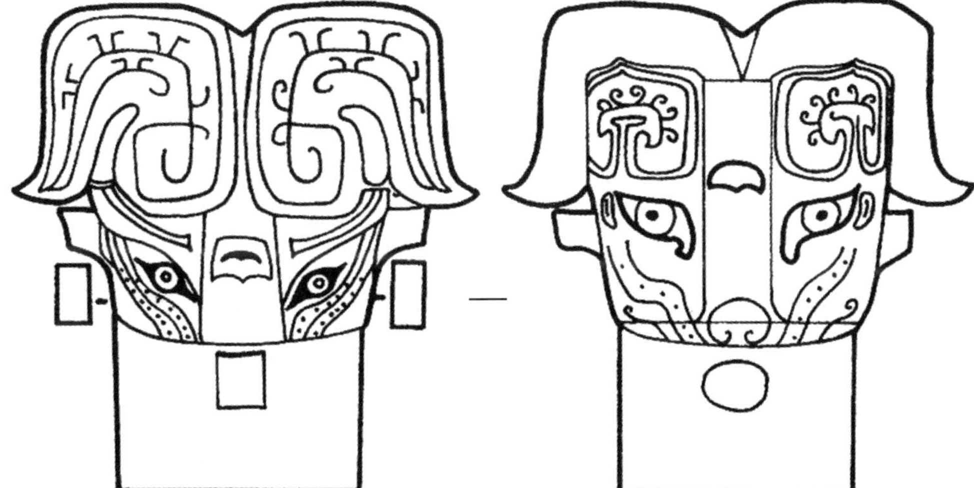

兽首铜辕饰（M662：4）【西周晚期】

兽首纹，曲角“臣”字目，直鼻。

洛阳市文物工作队：《洛阳北窑西周墓》，文物出版社，1999 年 4 月。

窃曲纹铜节约（M691：2）【西周晚期】

长方形，饰窃曲纹。

洛阳市文物工作队：《洛阳北窑西周墓》，文物出版社，1999年4月。

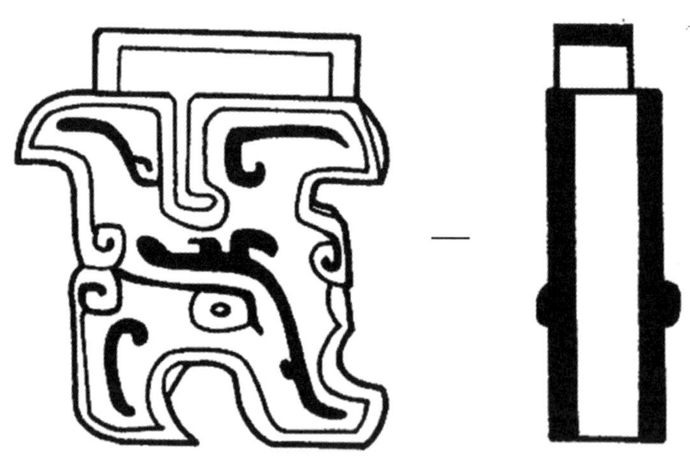

兽面形铜节约（M337：7）【西周晚期】

两面为浮雕夔纹。

洛阳市文物工作队：《洛阳北窑西周墓》，文物出版社，1999年4月。

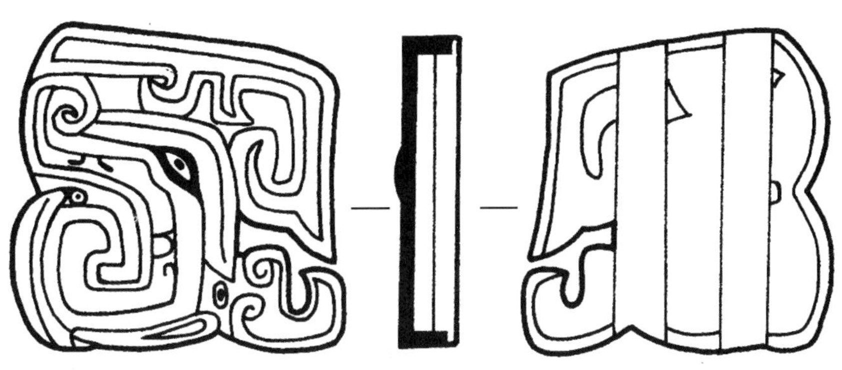

兽面铜泡（M337：16-1）【西周晚期】

正面作兽面形。

洛阳市文物工作队：《洛阳北窑西周墓》，文物出版社，1999年4月。

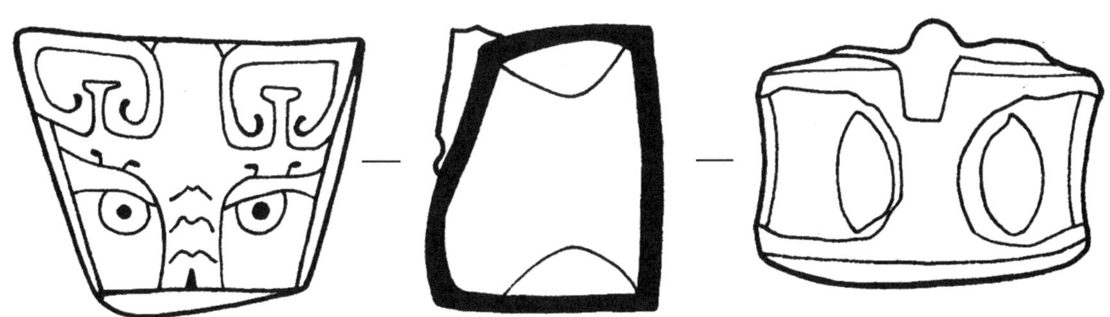

镂空兽面铜泡（M337：4）【西周晚期】

兽面具眉、目、嘴、鼻，背有一梁。

洛阳市文物工作队：《洛阳北窑西周墓》，文物出版社，1999年4月。

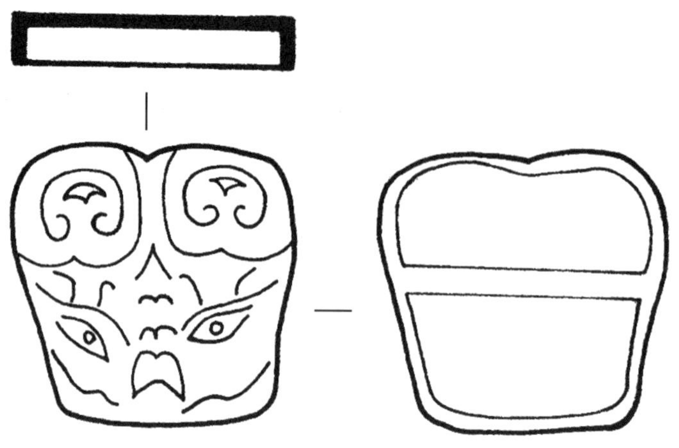

兽面铜泡（M337：16-2）【西周晚期】

正面作兽面纹。

洛阳市文物工作队：《洛阳北窑西周墓》，文物出版社，1999年4月。

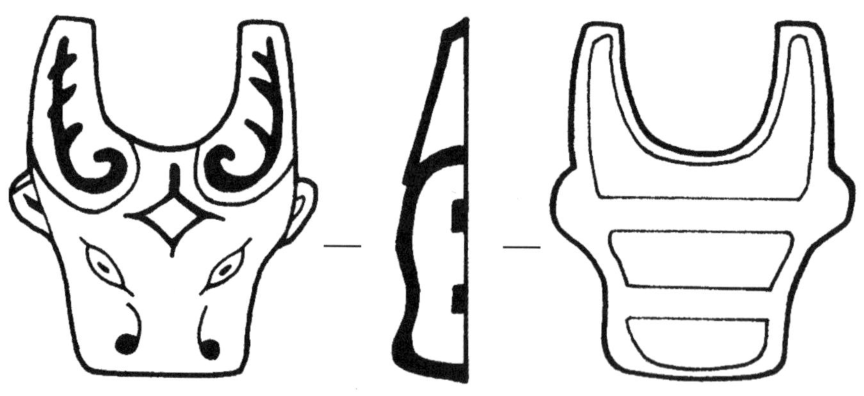

牛头形铜泡（M118：67）【西周晚期】

两角直立，背有两梁。

洛阳市文物工作队：《洛阳北窑西周墓》，文物出版社，1999年4月。

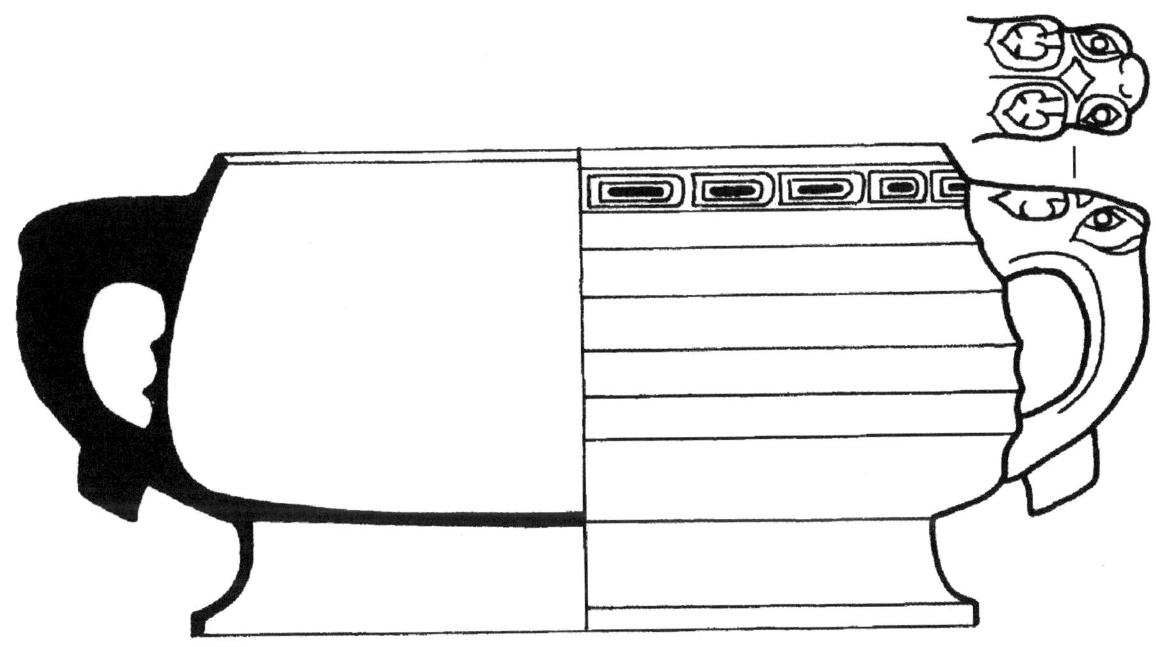

瓦楞纹铜簋（C5M1135：4）【西周晚期】

腹间一对兽耳，耳下附珥。口沿下饰重环纹一周。腹饰瓦棱纹。

洛阳市文物工作队：《洛阳东郊西周墓》，《文物》1999 年第 9 期。

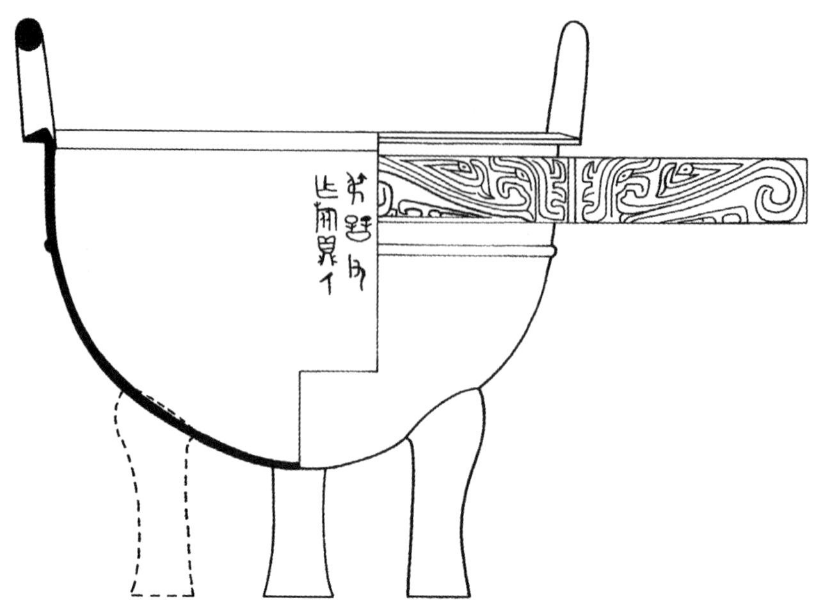

夔纹铜鼎（C5M1135：1）【西周晚期】

沿下饰夔纹、凸弦纹各一周。

洛阳市文物工作队：《洛阳东郊西周墓》，《文物》1999 年第 9 期。

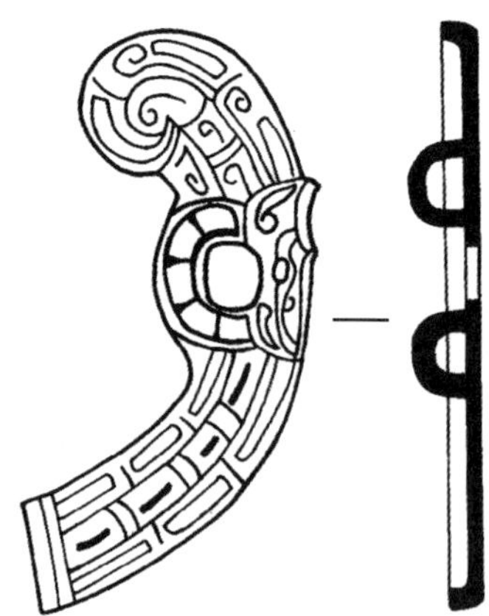

重环纹铜镳（C5M1135：8）【西周晚期】

正面饰重环纹、兽面纹及勾云纹。

洛阳市文物工作队：《洛阳东郊西周墓》，《文物》1999 年第 9 期。

波曲纹铜軎（C5M1135：11）【西周晚期】

前部饰菱形纹及波曲纹，軎后部饰重环纹一周，端部平面上饰卷云纹。

洛阳市文物工作队：《洛阳东郊西周墓》，《文物》1999年第9期。

波曲纹铜辖軎（C5M1135：12）【西周晚期】

前部饰宽带波曲纹及涡纹，辖首兽首形。

洛阳市文物工作队：《洛阳东郊西周墓》，《文物》1999年第9期。

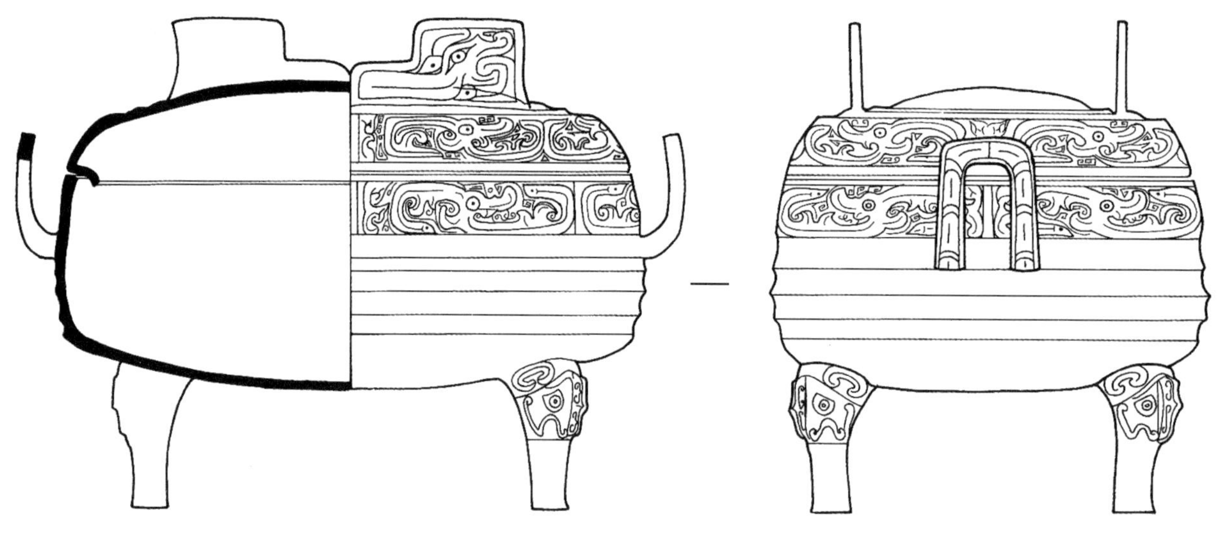

窃曲纹铜盨（M906：5）【西周晚期】

沿下饰一周窃曲纹，身饰四周凹弦纹，柱足上部饰兽面纹，口盖弧顶，顶有双双相连的两组曲尺形捉手，上饰窃曲纹。

洛阳市文物工作队：《洛阳东郊C5M906号西周墓》，《考古》1995年第9期。

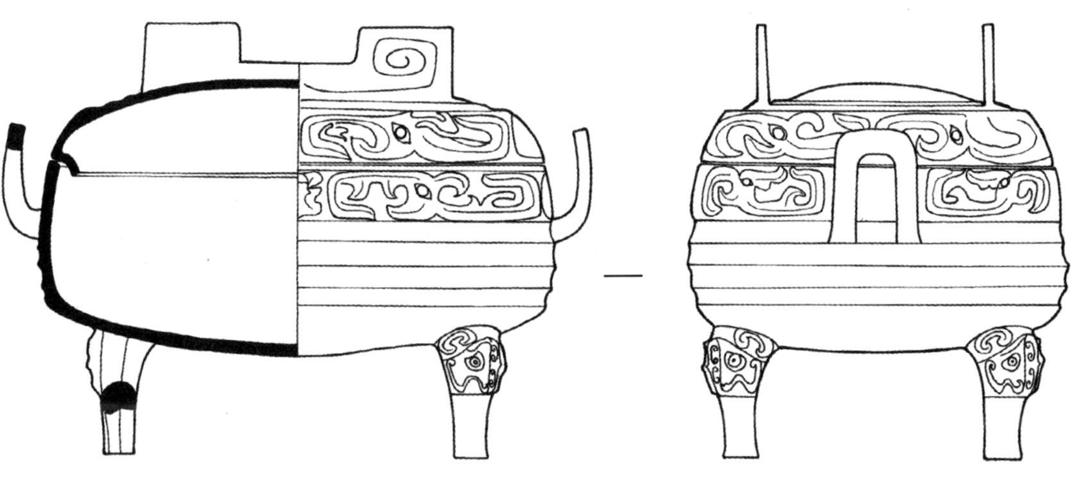

窃曲纹铜盨（M906：6）【西周晚期】

口沿下饰一周窃曲纹，身饰四周凹弦纹，柱足上部饰兽面纹，曲尺形捉手上饰简略粗大的回形云纹。

洛阳市文物工作队：《洛阳东郊 C5M906 号西周墓》，《考古》1995 年第 9 期。

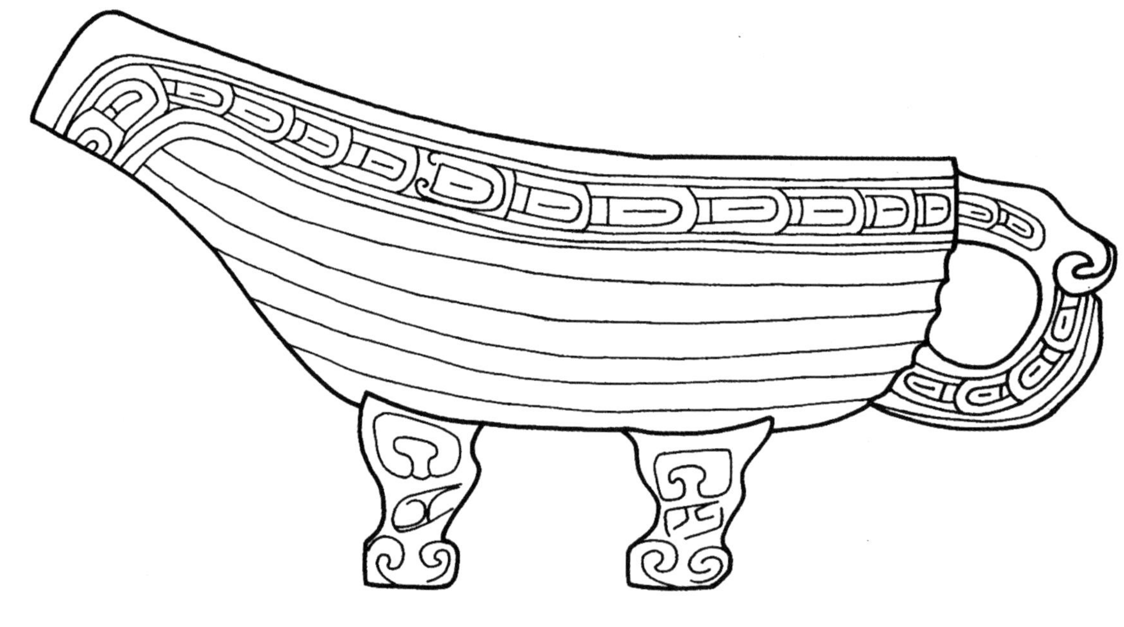

重环纹铜匜（M906：4）【西周晚期】

兽首形鋬，扁兽足，身饰一周重环纹。

洛阳市文物工作队：《洛阳东郊 C5M906 号西周墓》，《考古》1995 年第 9 期。

环带纹铜车辖軎（M906：9-1）【西周晚期】

前半饰环带纹，平头上饰涡形圆圈纹。

洛阳市文物工作队:《洛阳东郊C5M906号西周墓》,《考古》1995年第9期。

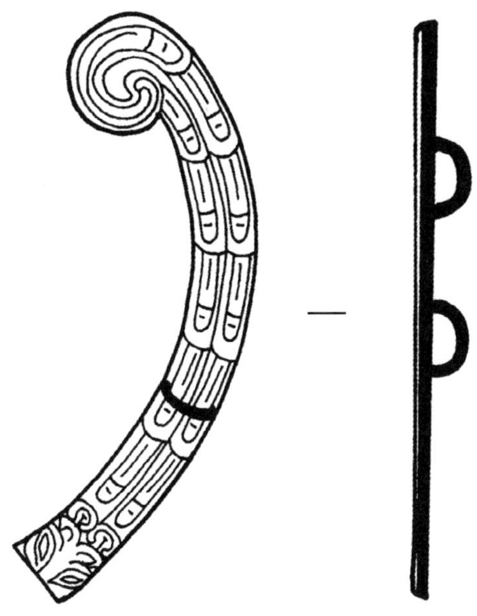

重环纹铜镳（M906：11-1）【西周晚期】

饰重环纹与兽首纹。

洛阳市文物工作队:《洛阳东郊C5M906号西周墓》,《考古》1995年第9期。

重环纹铜泡（C5M1139：6）【西周晚期】

外一周突棱，中部饰重环纹。

洛阳市文物工作队：《洛阳东郊西周墓》，《文物》1999年第9期。

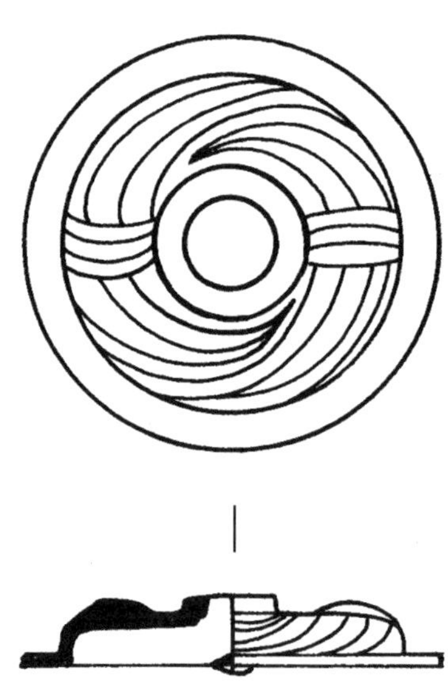

涡纹铜泡（C5M1139：5）【西周晚期】

外有一半圆形突环一周，中部饰涡纹。

洛阳市文物工作队：《洛阳东郊西周墓》，《文物》1999年第9期。

凤鸟纹铜簋【西周晚期】

盖和颈下均饰凤鸟纹。

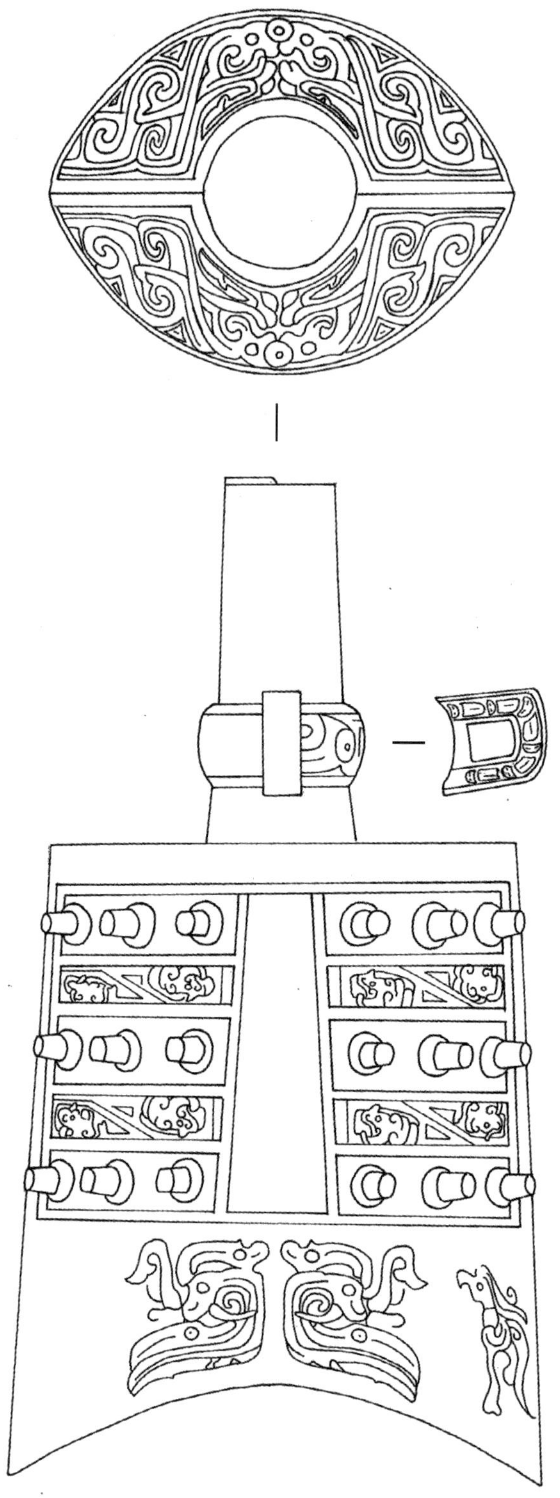

凤鸟纹铜甬钟【西周晚期】

篆间饰窃曲纹，正鼓间饰对凤纹和右侧立鸟纹。

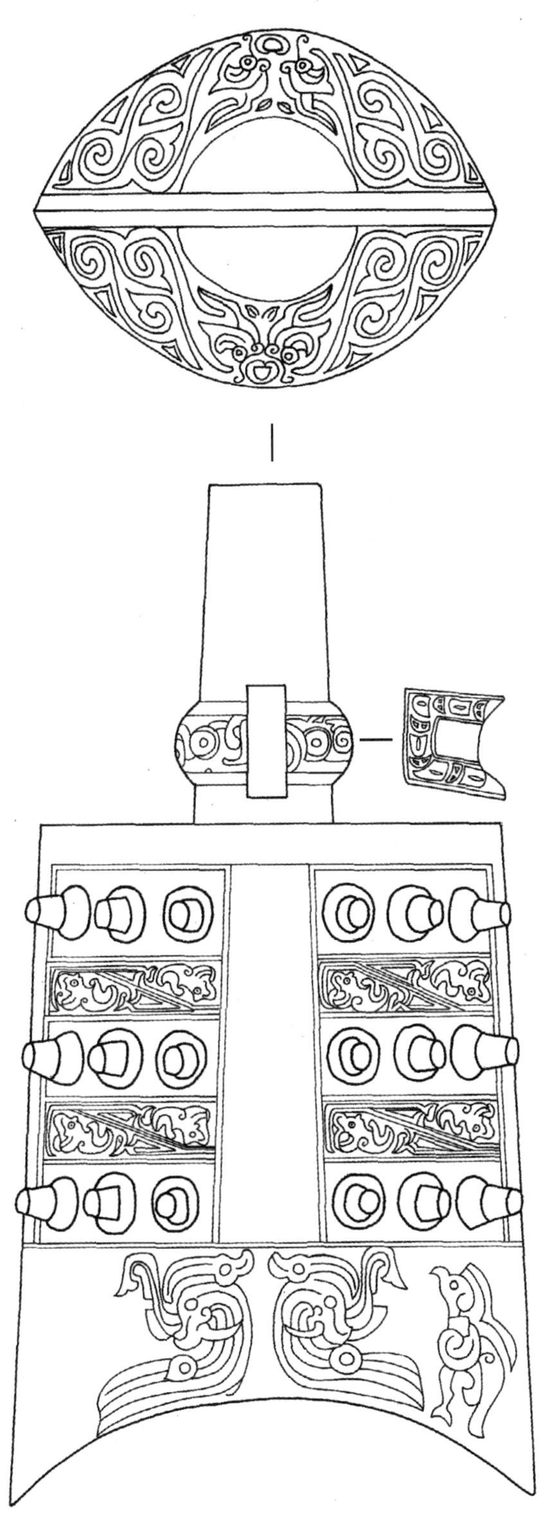

凤鸟纹铜甬钟【西周晚期】

篆间饰窃曲纹，正鼓间饰对凤纹和右侧立鸟纹。

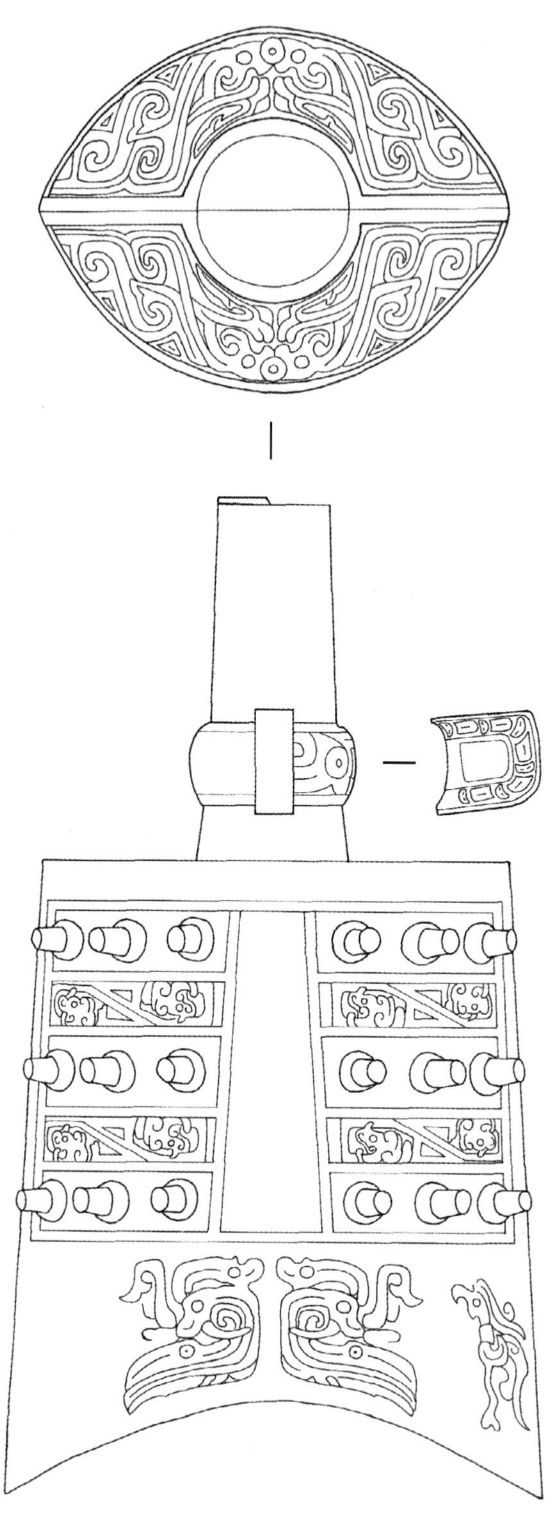

凤鸟纹铜甬钟【西周晚期】

篆间饰窃曲纹，正鼓间饰对凤纹和右侧立鸟纹。

章叁 · 东周

CHAPTER III EASTERN ZHOU DYNASTY

窃曲纹铜鼎（C1M10122：76）【春秋初期】

颈部饰一周窃曲纹，附耳上饰重环纹。

洛阳市文物工作队：《洛阳体育场路东周墓发掘报告》，《文物》2011 年第 5 期。

窃曲纹铜鬲（C1M10122：96）【春秋初期】

腹部饰窃曲纹。

洛阳市文物工作队：《洛阳体育场路东周墓发掘报告》，《文物》2011 年第 5 期。

曲波纹铜軎（C1M8554：81）【春秋初期】

身中部有一周凹弦纹，末端饰一周无珠重环纹和一周波曲纹，端部饰变形重环纹。

洛阳市文物工作队：《洛阳体育场路春秋车坑、马坑发掘简报》，《文物》2011 年第 5 期。

重环纹铜軎（C1M8554：93）【春秋初期】

身中部有一周凹弦纹，末端饰一周有珠重环纹和一周四组变形蝉纹，挡端部饰变形重环纹。

洛阳市文物工作队：《洛阳体育场路春秋车坑、马坑发掘简报》，《文物》2011 年第 5 期。

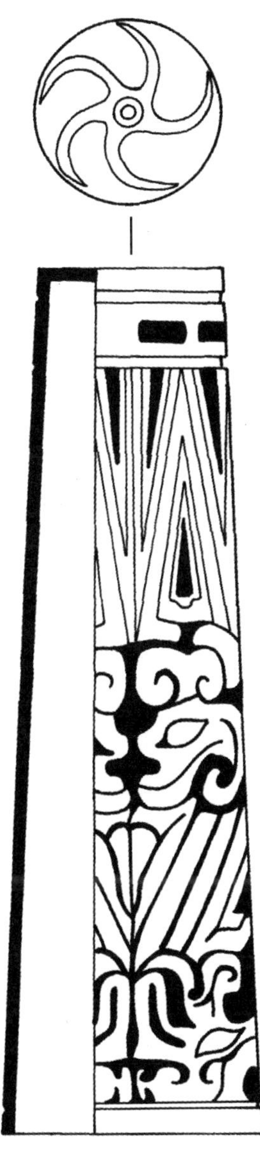

蝉纹铜軎（C1M10122：77）【春秋初期】

通体饰蝉纹、三角纹和凹弦纹，顶面饰涡纹。

洛阳市文物工作队：《洛阳体育场路东周墓发掘报告》，《文物》2011 年第 5 期。

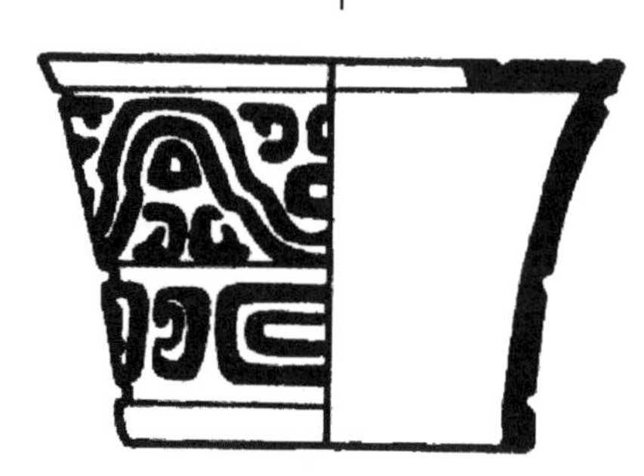

波曲纹铜车軎（C1M8554：10）【春秋初期】

表面饰三周凹弦纹，弦纹间各饰一周有珠重环纹和波曲纹，挡端饰有珠重环纹。

洛阳市文物工作队：《洛阳体育场路春秋车坑、马坑发掘简报》，《文物》2011年第5期。

波曲纹铜车軎（C1M8554：17）【春秋初期】

表面饰两周凹弦纹，弦纹间各饰一周波曲纹，挡端饰无珠重环纹。

洛阳市文物工作队：《洛阳体育场路春秋车坑、马坑发掘简报》，《文物》2011年第5期。

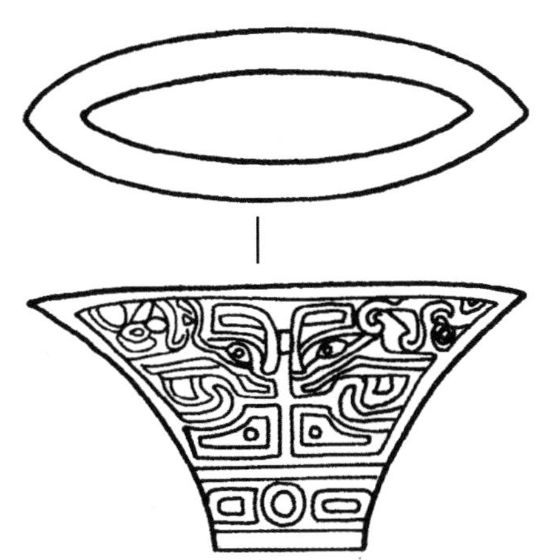

重环纹铜軏首（C1M8554：54）【春秋初期】

背面上部各饰一兽面纹，下部饰一周有珠重环纹，中部两侧内束。

洛阳市文物工作队：《洛阳体育场路春秋车坑、马坑发掘简报》，《文物》2011 年第 5 期。

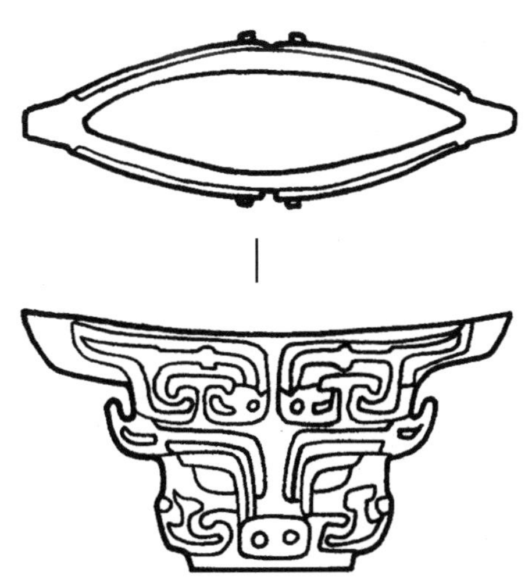

兽面纹铜軏首（C1M8554：33）【春秋初期】

正、背面各饰一镂空兽面纹。

洛阳市文物工作队：《洛阳体育场路春秋车坑、马坑发掘简报》，《文物》2011 年第 5 期。

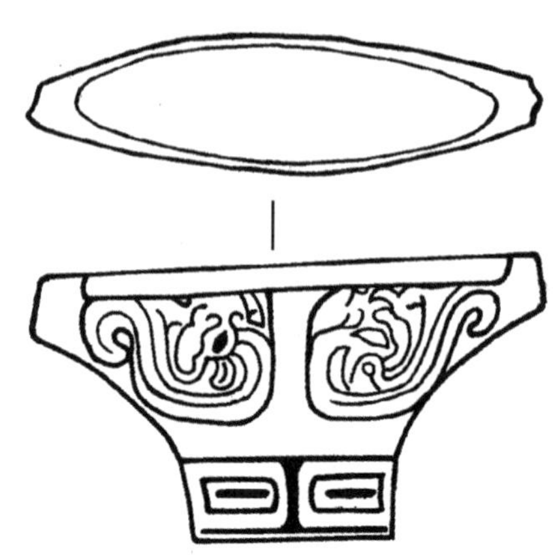

重环纹铜轭首（C1M8554：2）【春秋初期】

正、背面上部各饰一对凤鸟纹，下部饰一周重环纹。

洛阳市文物工作队：《洛阳体育场路春秋车坑、马坑发掘简报》，《文物》2011年第5期。

兽面纹铜轭首（C1M8554：53）【春秋初期】

身饰一周两组兽面纹，上口外围、底端平面各饰一周重环纹，底端平面呈圆形，中部有一桥形纽。

洛阳市文物工作队：《洛阳体育场路春秋车坑、马坑发掘简报》，《文物》2011年第5期。

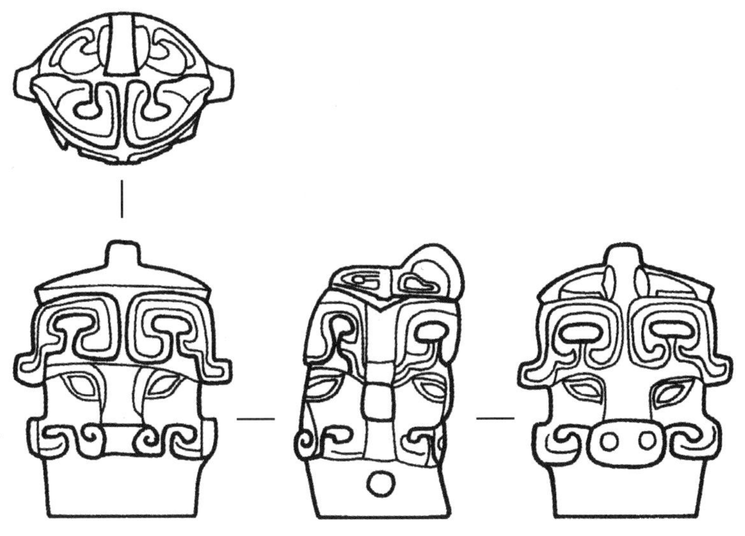

兽面纹铜軏首（C1M8554：49）【春秋初期】

正、背面各饰镂空兽面纹，底端呈椭圆形，饰变形镂空兽面纹，并有一桥形纽。

洛阳市文物工作队：《洛阳体育场路春秋车坑、马坑发掘简报》，《文物》2011 年第 5 期。

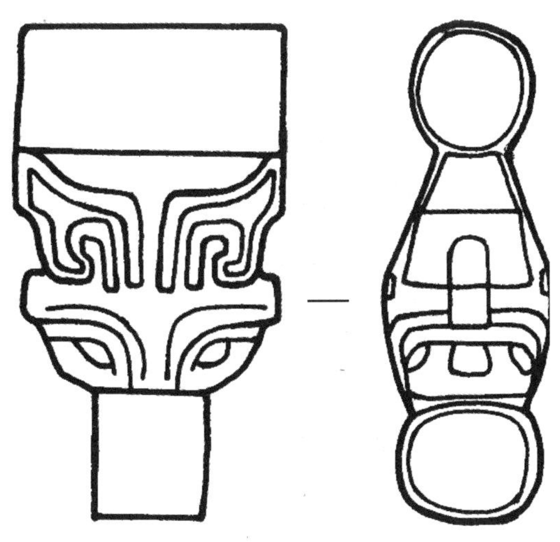

兽面纹铜节约（C1M8554：58）【春秋初期】

中间以兽面纹相连。

洛阳市文物工作队：《洛阳体育场路春秋车坑、马坑发掘简报》，《文物》2011 年第 5 期。

重环纹铜衡末饰（C1M8554：35）【春秋初期】

口端饰两周重环纹，中部饰两周“人”字形纹。

洛阳市文物工作队：《洛阳体育场路春秋车坑、马坑发掘简报》，《文物》2011年第5期。

重环纹铜衡饰（C1M8554：59-1、2）【春秋初期】

饰一周重环纹，齿上饰三角形纹。

洛阳市文物工作队：《洛阳体育场路春秋车坑、马坑发掘简报》，《文物》2011年第5期。

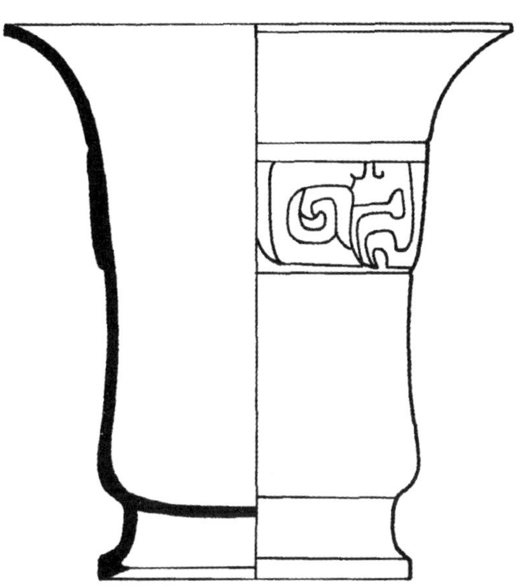

窃曲纹铜尊（C1M10123：64）【春秋初期】

颈部饰窃曲纹。

洛阳市文物工作队：《洛阳体育场路春秋车坑、马坑发掘简报》，《文物》2011年第5期。

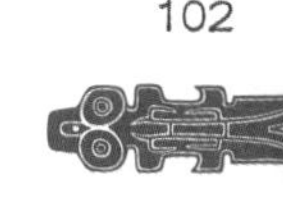

兽面纹铜带扣（C1M10122：79、75）【春秋初期】

正面作兽面形。

洛阳市文物工作队：《洛阳体育场路春秋车坑、马坑发掘简报》，《文物》2011年第5期。

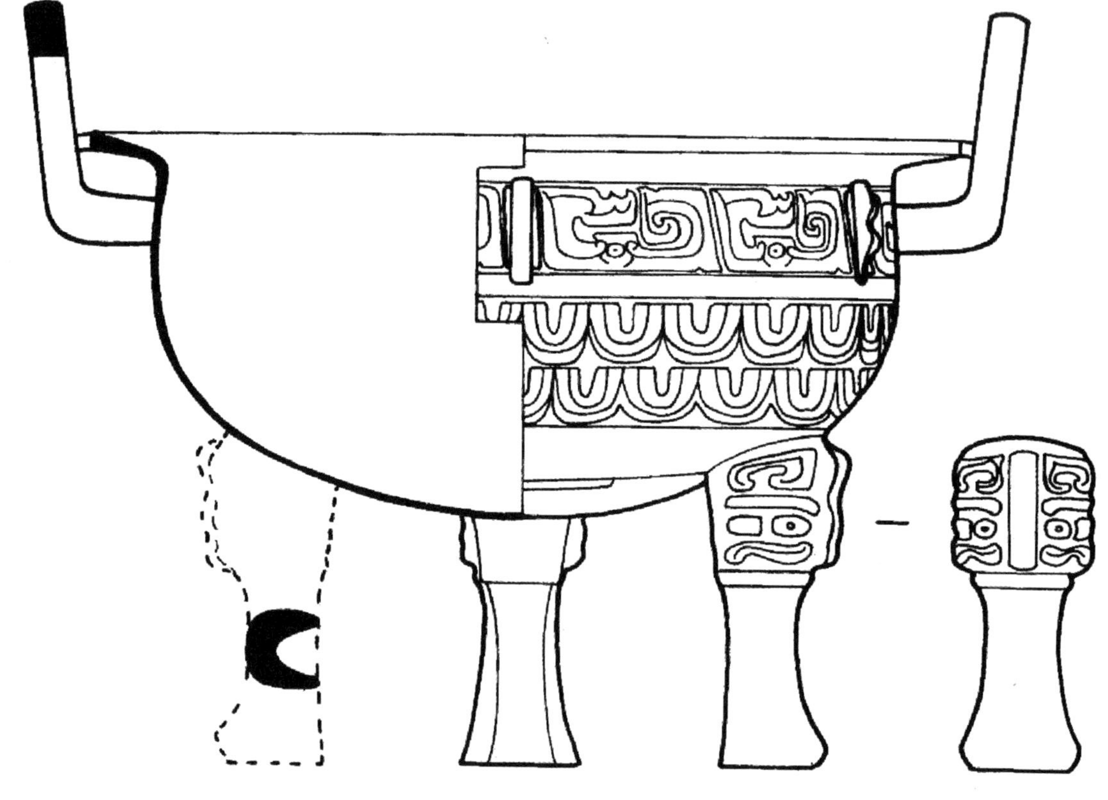

垂鳞纹铜鼎（C1M9950：21）【春秋早期】

口沿下饰一周“C”形平目窃曲纹，腹部饰两周垂鳞纹，耳的内外侧面均饰有珠重环纹，三蹄足上部均饰凸兽面纹。

洛阳市文物工作队：《河南洛阳市润阳广场 C1M9950 号东周墓葬的发掘》，《考古》2009 年第 12 期。

垂鳞纹铜鼎（C1M9950：19）【春秋早期】

口沿下饰一周窃曲纹，腹部饰两周垂鳞纹，在两种纹样之间界以一道粗凸棱纹；耳的内外侧面均饰有珠重环纹，三蹄足上部均饰龙首纹。

洛阳市文物工作队：《河南洛阳市润阳广场 C1M9950 号东周墓葬的发掘》，《考古》2009年第 12 期。

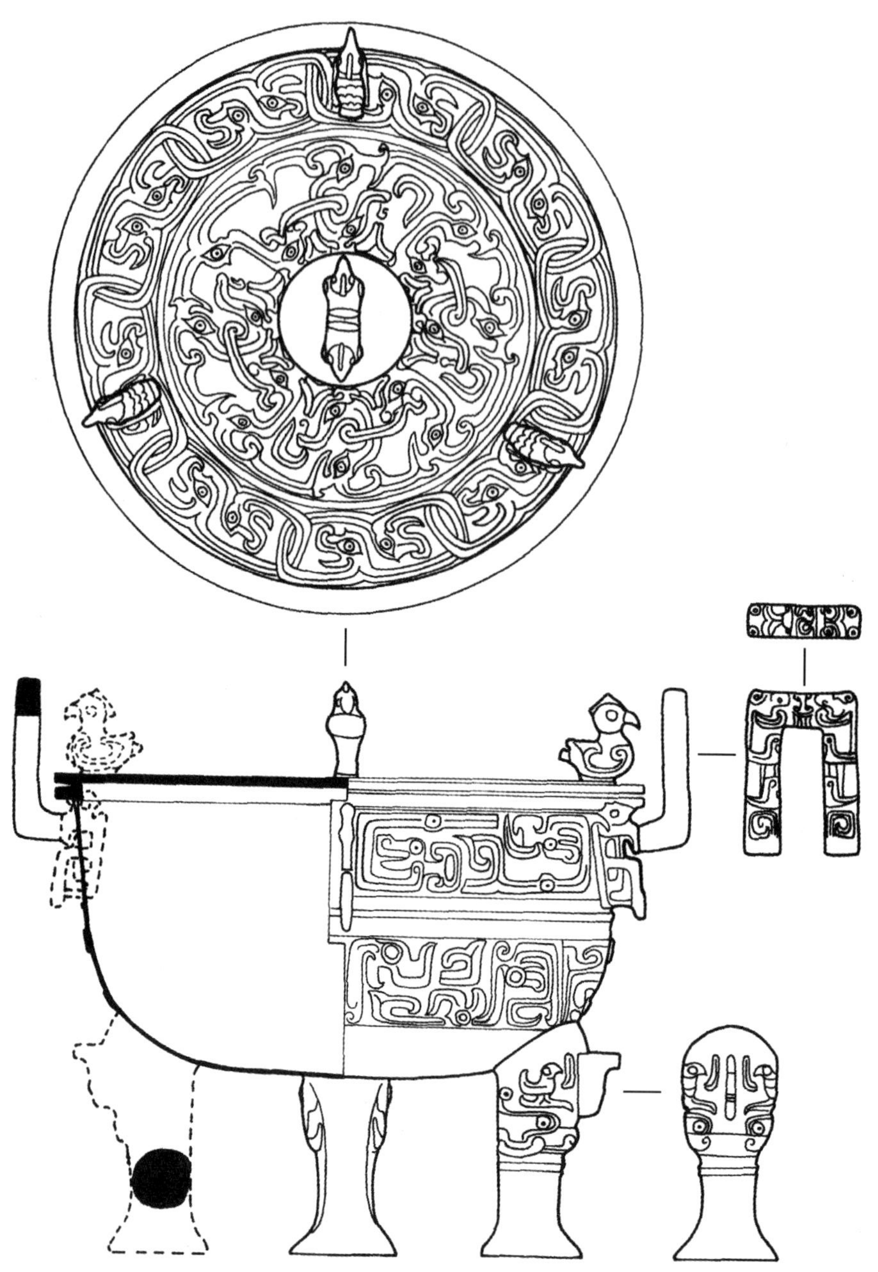

窃曲纹铜鼎（C1M9950：24）【春秋早期】

口沿下饰一周双目窃曲纹，并附有六个鸟形兽，腹部饰一周凸目窃曲纹，在两种纹样之间界以一道细凸棱纹；耳的内外侧面均饰有尖角兽面纹。盖顶中心有一个双鸟对尾捉手，靠近盖顶边缘处有三只小鸟等距离背对而立，盖顶饰两周缠鸟纹。

洛阳市文物工作队：《河南洛阳市润阳广场 C1M9950 号东周墓葬的发掘》，《考古》2009 年第 12 期。

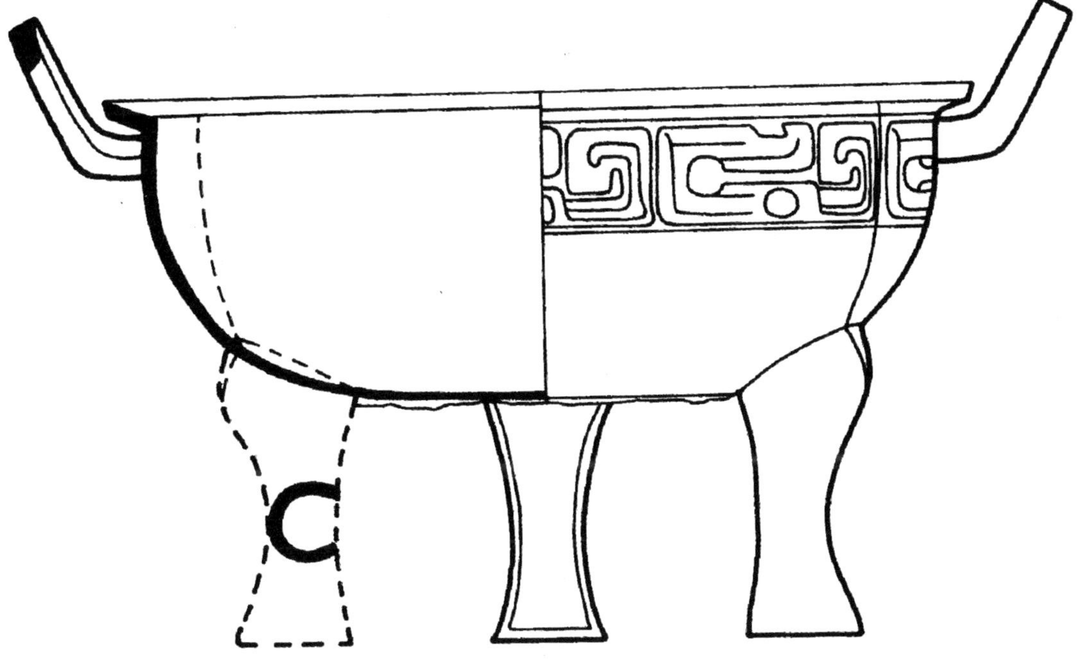

窃曲纹铜鼎（C1M9950：28）【春秋早期】

口沿下饰一周“S”形窃曲纹。

洛阳市文物工作队：《河南洛阳市润阳广场 C1M9950 号东周墓葬的发掘》，《考古》2009 年第 12 期。

窃曲纹铜簋（C1M9950：18）【春秋早期】

盖缘与口缘各饰一周“S”形凸目窃曲纹，盖面与器腹均饰数周瓦棱纹，圈足饰一周垂鳞纹；三蹄足的足跟均饰浮雕式兽面纹，中部饰兽面纹，下部饰兽爪纹。

洛阳市文物工作队：《河南洛阳市润阳广场 C1M9950 号东周墓葬的发掘》，《考古》2009 年第 12 期。

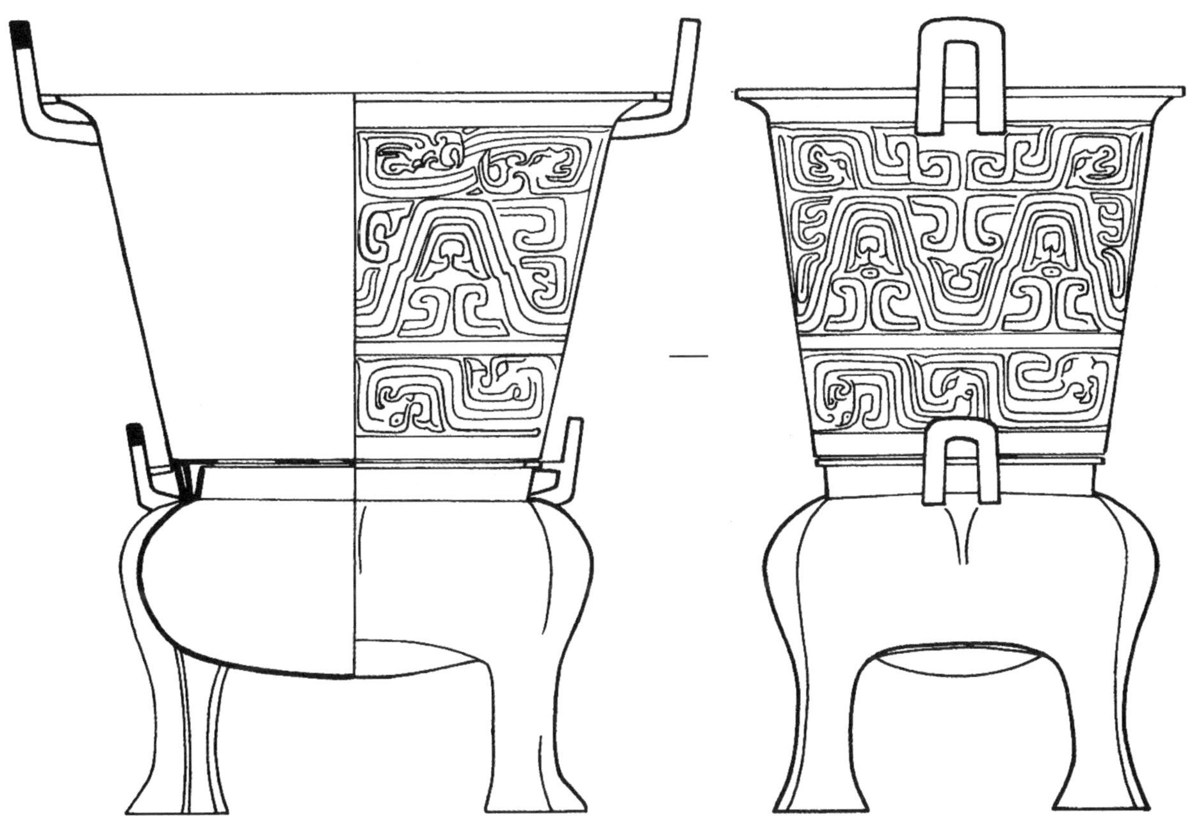

凤鸟纹铜甗（C1M9950：25）【春秋早期】

甑口沿下饰一周昂首分尾凤鸟纹，腹中部饰一周波曲纹，腹下部饰一周“S”形卷体龙纹。

洛阳市文物工作队：《河南洛阳市润阳广场 C1M9950 号东周墓葬的发掘》，《考古》2009 年第 12 期。

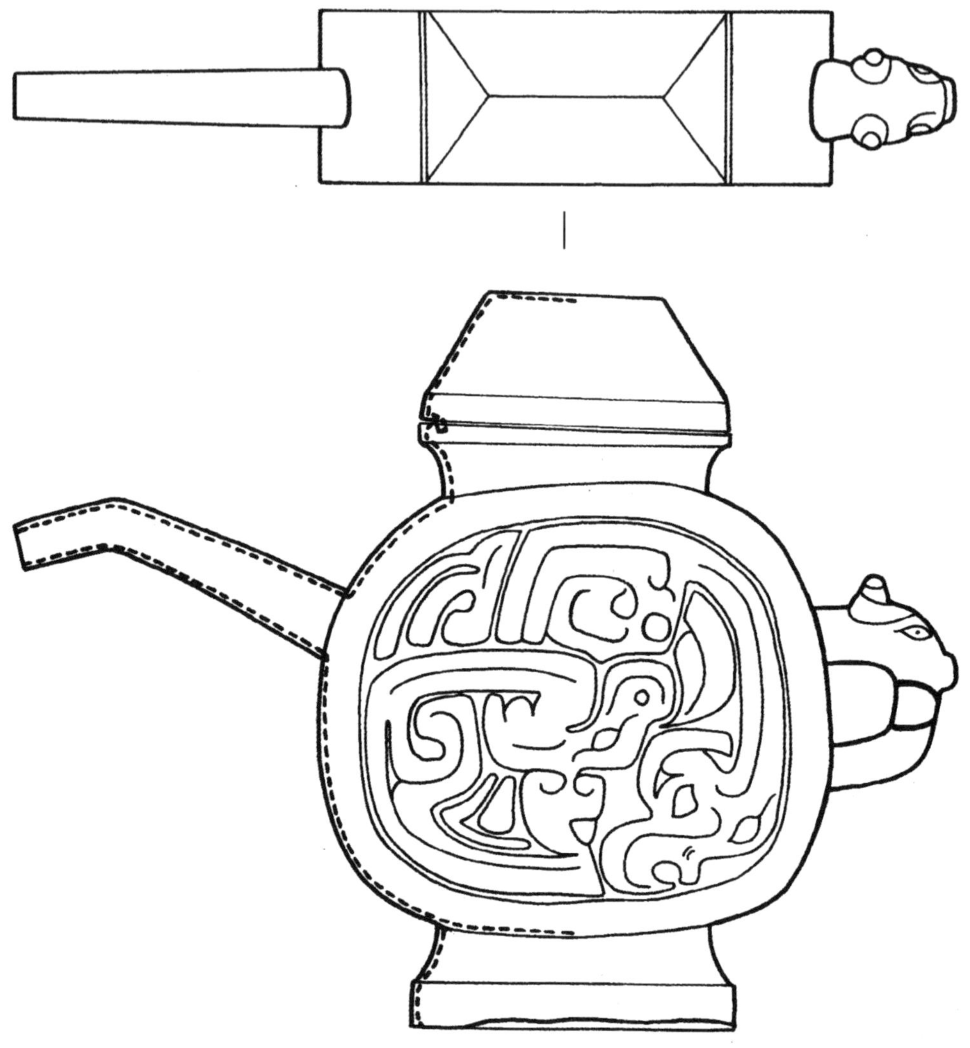

蟠螭纹铜盉（C1M9950：52）【春秋早期】

腹部正、背面均饰宽带蟠螭纹。

洛阳市文物工作队：《河南洛阳市润阳广场 C1M9950 号东周墓葬的发掘》，《考古》2009 年第 12 期。

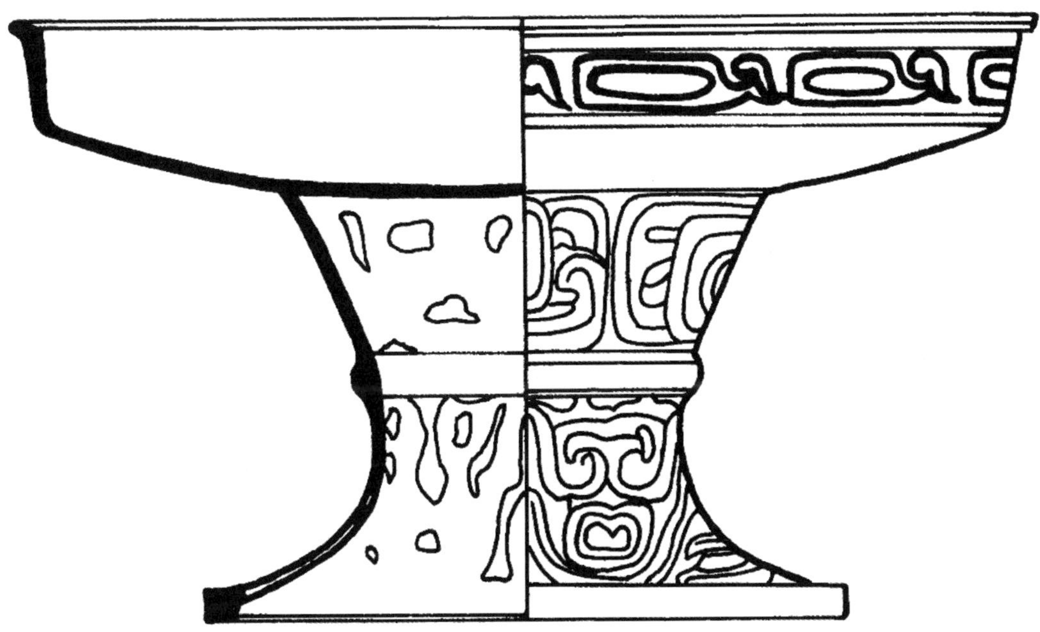

重环纹铜铺（C1M9950：26）【春秋早期】

口沿下饰一周重环纹，圈足饰镂空窃曲纹。

洛阳市文物工作队：《河南洛阳市润阳广场 C1M9950 号东周墓葬的发掘》，《考古》2009 年第 12 期。

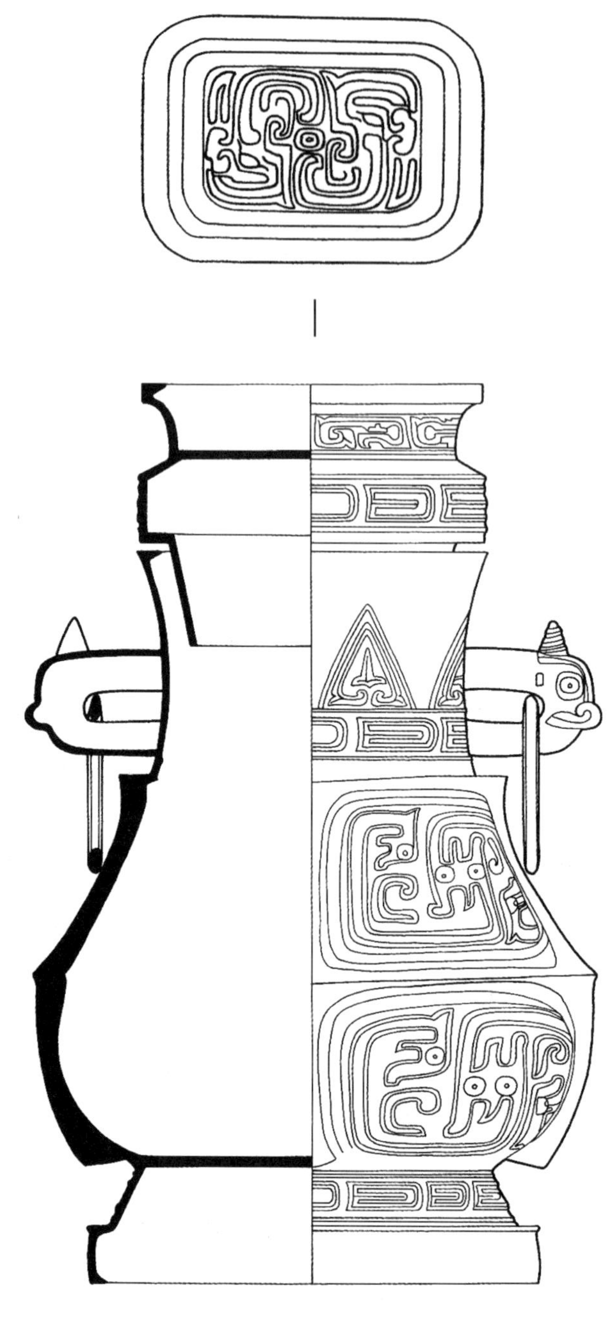

正视图

龙纹铜方壶（C1M9950：44）【春秋早期】

颈附尖耳兽首套环耳，盖顶部饰一组平目窃曲纹，捉手下部饰一周八组窃曲纹，盖面饰三周凸棱纹及一周环带纹。壶身颈上部饰一周共八组重三角形纹，颈下部饰一周环带纹；腹部以“王”字形带状凸线与菱形凸饰为界，每面划分为四块，每块内均饰卷体龙纹，圈足上部饰环带纹。

洛阳市文物工作队：《河南洛阳市润阳广场 C1M9950 号东周墓葬的发掘》，《考古》2009年第 12 期。

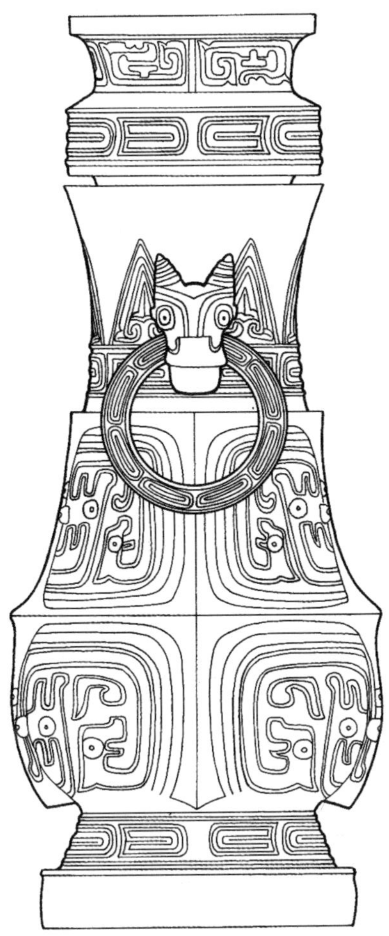

（C1M9950:44）侧视图

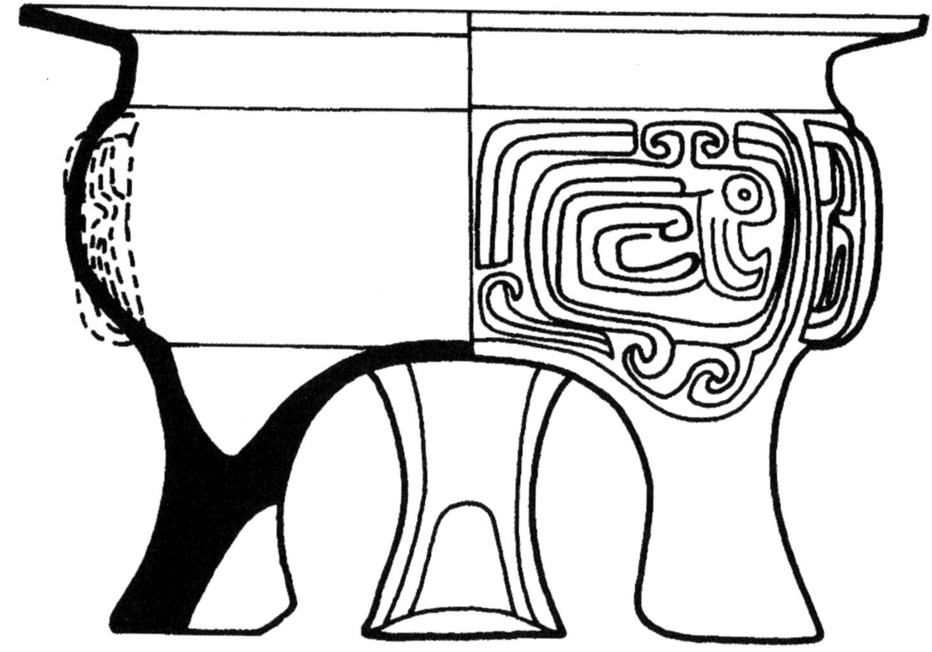

窃曲纹铜鬲（C1M9950：47）【春秋早期】

腹部饰一周窃曲纹。

洛阳市文物工作队：《河南洛阳市润阳广场 C1M9950 号东周墓葬的发掘》，《考古》2009 年第 12 期。

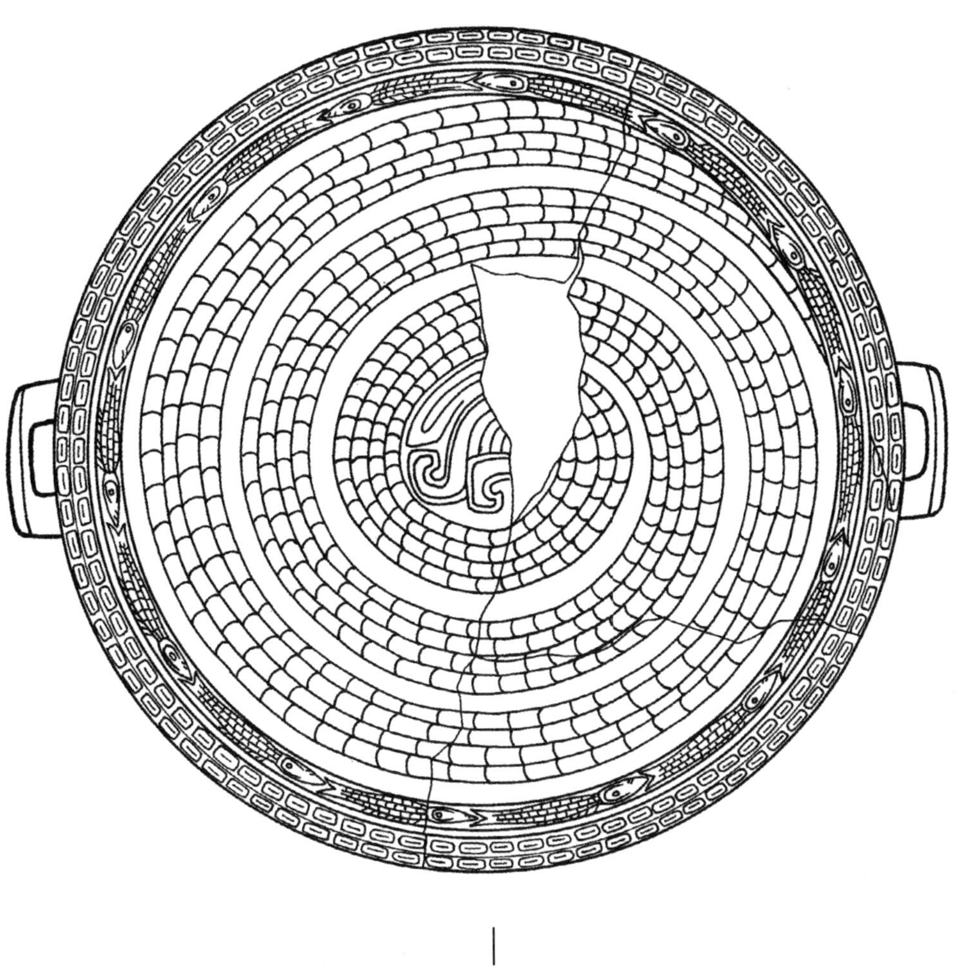

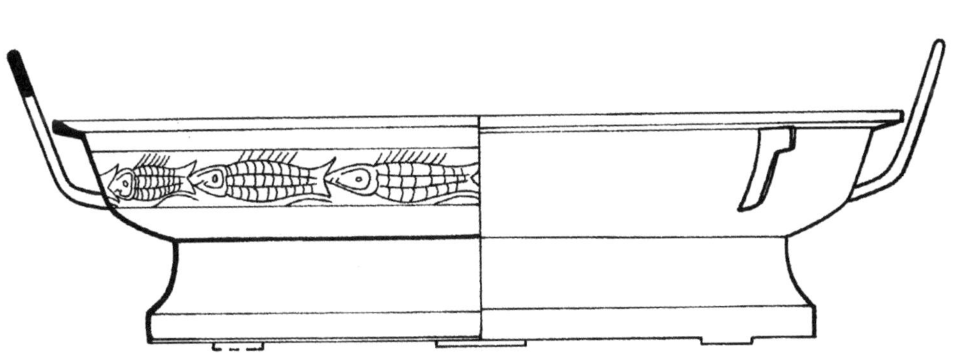

蟠龙纹铜盘（C1M9950：43）【春秋早期】

盘底内饰蟠龙纹，内侧壁饰一周鱼纹，沿面饰两周重环纹。

洛阳市文物工作队：《河南洛阳市润阳广场 C1M9950 号东周墓葬的发掘》，《考古》2009 年第 12 期。

龙形铜环（C1M9950：11–1）【春秋早期】

正面铸成双龙卷尾状，背面平齐，环身饰重环纹。

洛阳市文物工作队：《河南洛阳市润阳广场 C1M9950 号东周墓葬的发掘》，《考古》2009 年第 12 期。

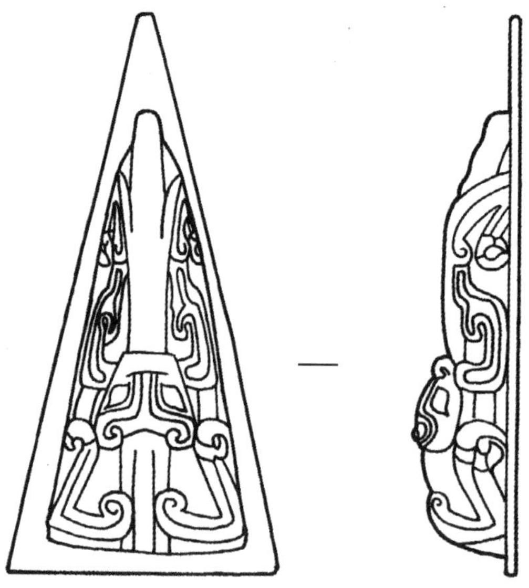

三角形铜牌饰（C1M9950：12）【春秋早期】

器表饰有一组浮雕状单首双身兽，纹样的间隙皆镂空。

洛阳市文物工作队：《河南洛阳市润阳广场 C1M9950 号东周墓葬的发掘》，《考古》2009 年第 12 期。

窃曲纹铜辖軎（C1M9950：66）【春秋早期】

中部饰两周凸弦纹箍，軎饰一周有目窃曲纹，兽首辖。

洛阳市文物工作队：《河南洛阳市润阳广场 C1M9950 号东周墓葬的发掘》，《考古》2009 年第 12 期。

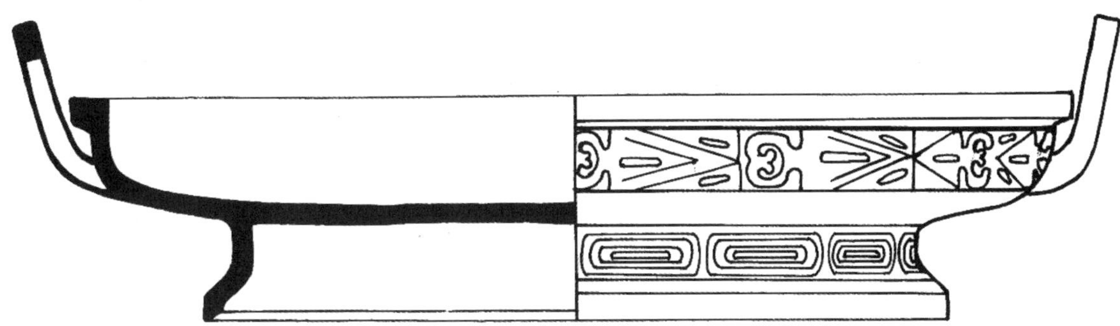

蝉纹铜盘（M8781：6）【春秋早期】

腹饰一周变形蝉纹，圈足饰一周重环纹。

洛阳市文物工作队：《洛阳体育场路西东周墓发掘报告》，文物出版社，2011 年 8 月。

夔纹铜簠（M8781：7）【春秋早期】

器腹四壁饰夔纹。

洛阳市文物工作队：《洛阳体育场路西东周墓发掘报告》，文物出版社，2011 年 8 月。

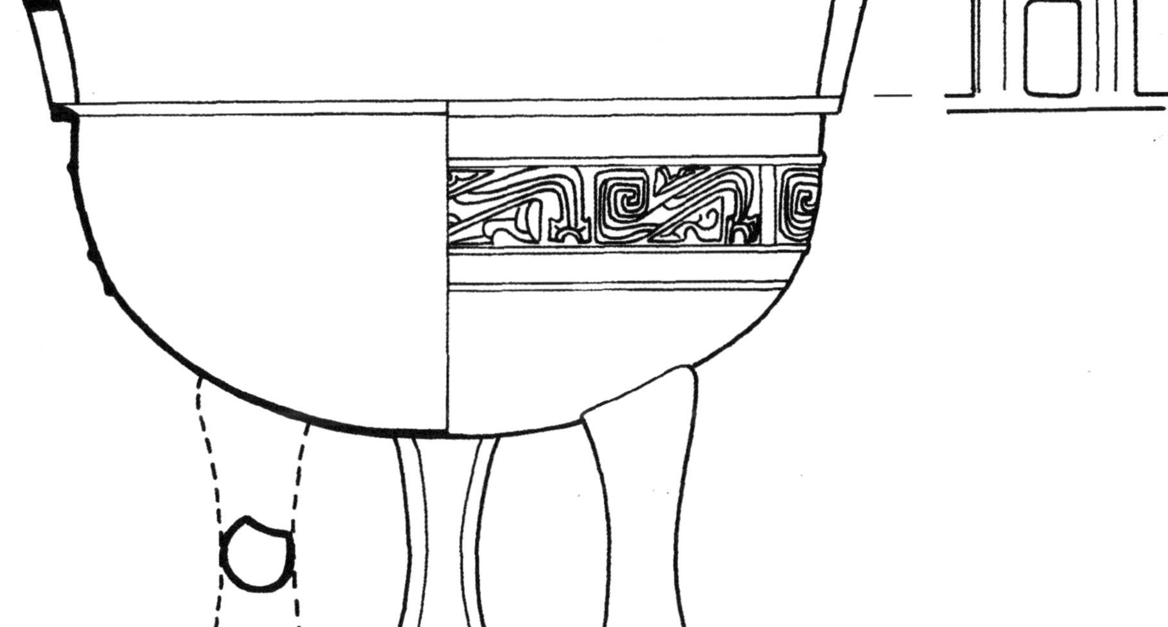

窃曲纹铜鼎（M8781：4）【春秋早期】

腹上部饰一周窃曲纹，下有一道弦纹。

洛阳市文物工作队:《洛阳014中心春秋墓M8781》,《中国国家博物馆馆刊》2011年第8期。

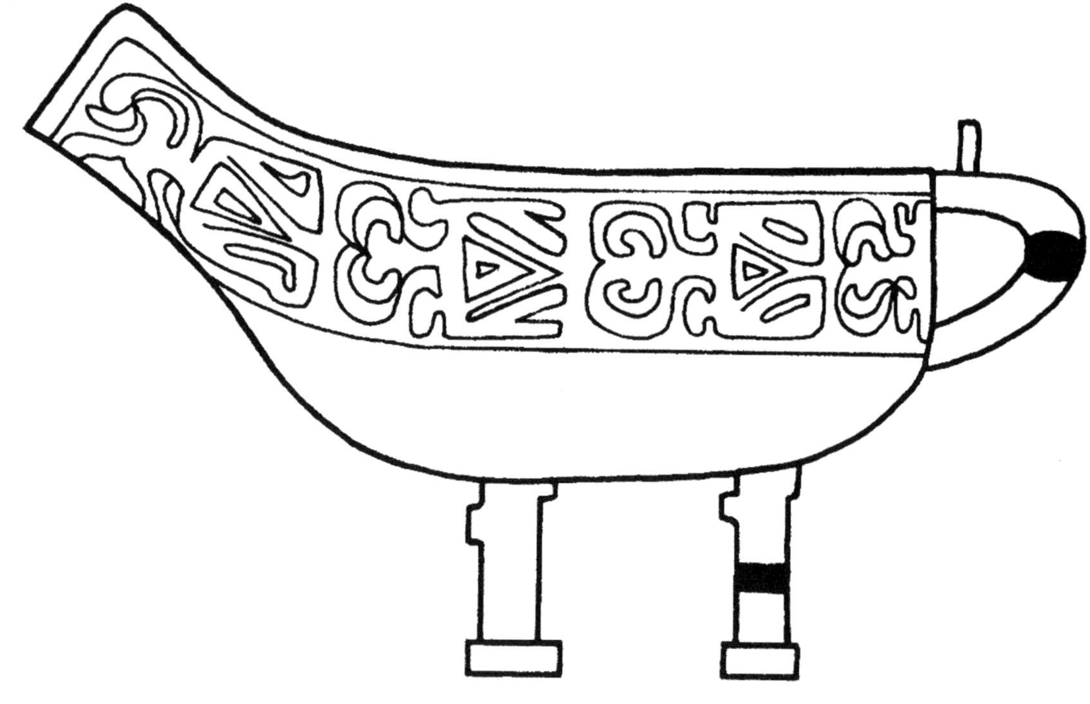

蝉纹铜匜（M8781：5）【春秋早期】

腹饰一周变形蝉纹。

洛阳市文物工作队:《洛阳014中心春秋墓M8781》,《中国国家博物馆馆刊》2011年第8期。

蟠螭纹铜鼎（M8821：5）【春秋中期】

足部膝首以各种形状的线条勾画夔纹面部的眉、眼、鼻，口沿处及上腹部饰一周蟠螭纹，中部以一周绳索纹间隔。

洛阳市文物工作队：《洛阳体育场路西东周墓发掘报告》，文物出版社，2011年8月。

蟠龙纹铜方壶（M8821：14）【春秋中期】

高盖，颈部两短边各设一兽首形耳，上衔一圆环，环饰重环纹。颈部饰兽首波曲纹，腹部饰蟠龙纹。

洛阳市文物工作队：《洛阳体育场路西东周墓发掘报告》，文物出版社，2011年8月。

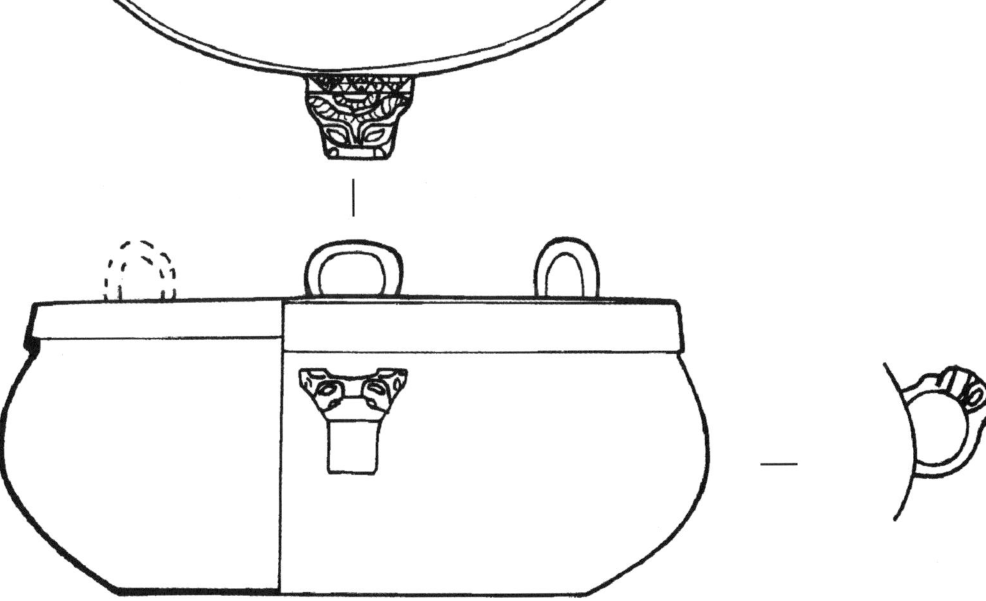

兽首铜舟（M8821：4）【春秋中期】

腹部长侧有对称的兽首环耳。

洛阳市文物工作队：《洛阳体育场路西东周墓发掘报告》，文物出版社，2011 年 8 月。

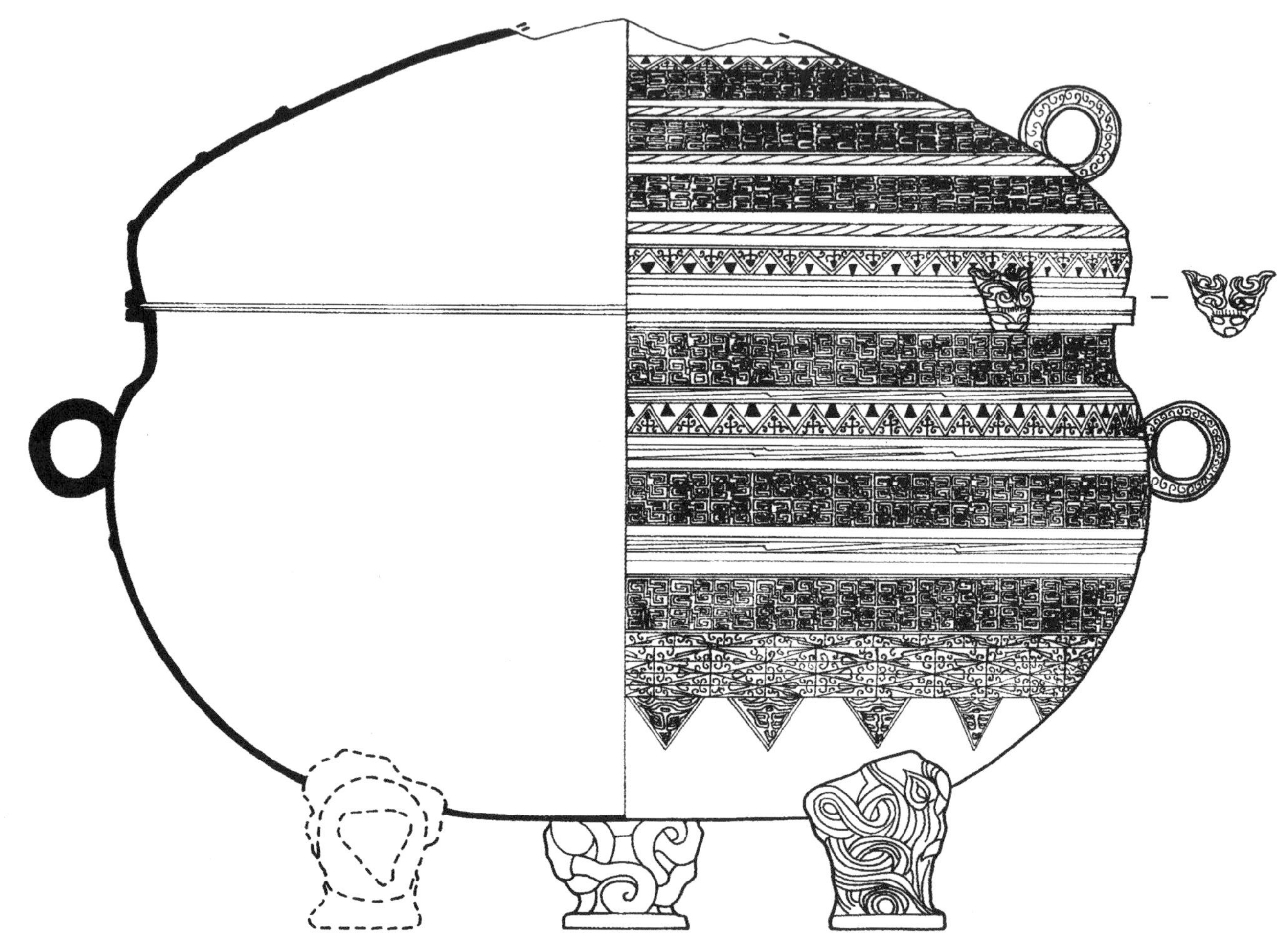

云雷纹铜簋（M8821：17）【春秋中期】

腹部有三周凸棱纹饰，口沿下及腹部有三周云雷纹，上腹部两周云雷纹之间饰三角形纹，腹底部饰菱形纹、三角形纹各一周。盖有三周凸棱，口沿下及盖顶部有两周三角形纹，盖腹饰三周云雷纹，三环纽饰菱形纹。

洛阳市文物工作队：《洛阳体育场路西东周墓发掘报告》，文物出版社，2011年8月。

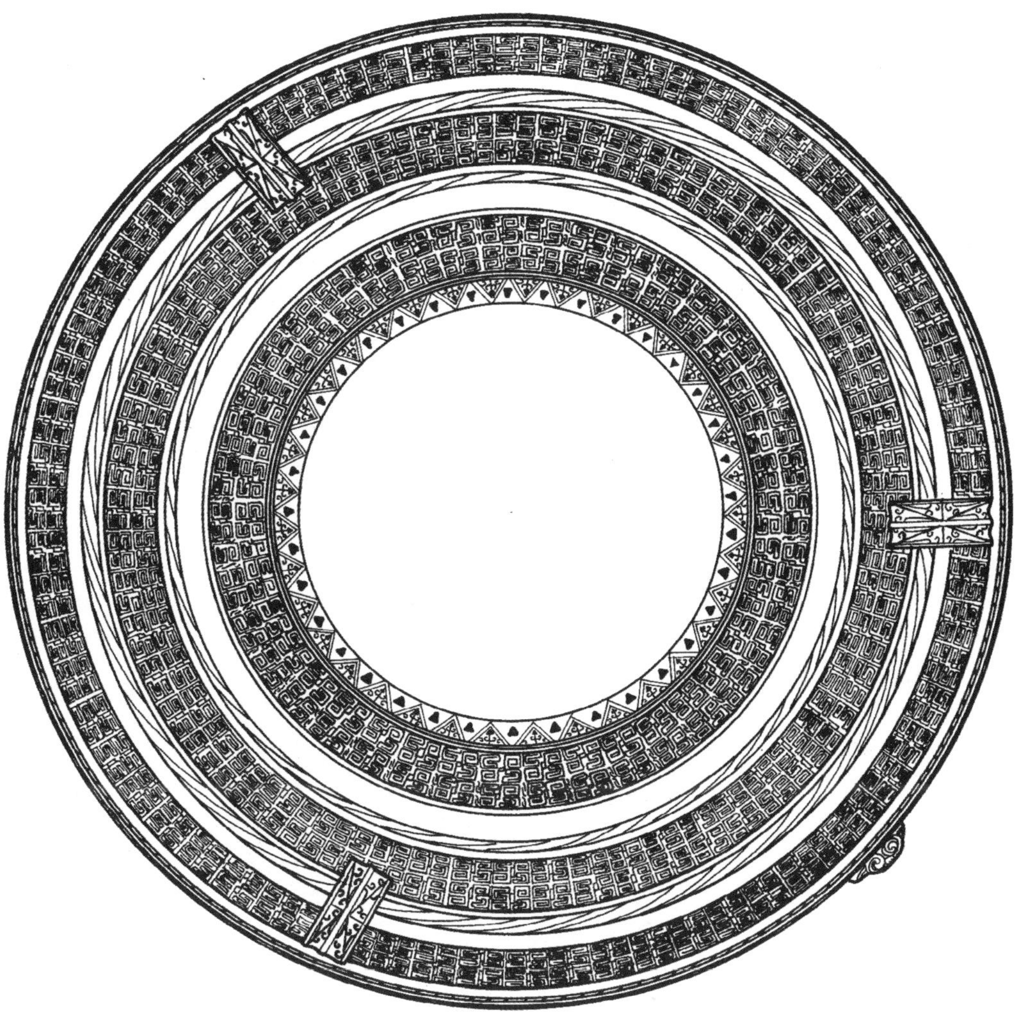

（M8821:17）盖

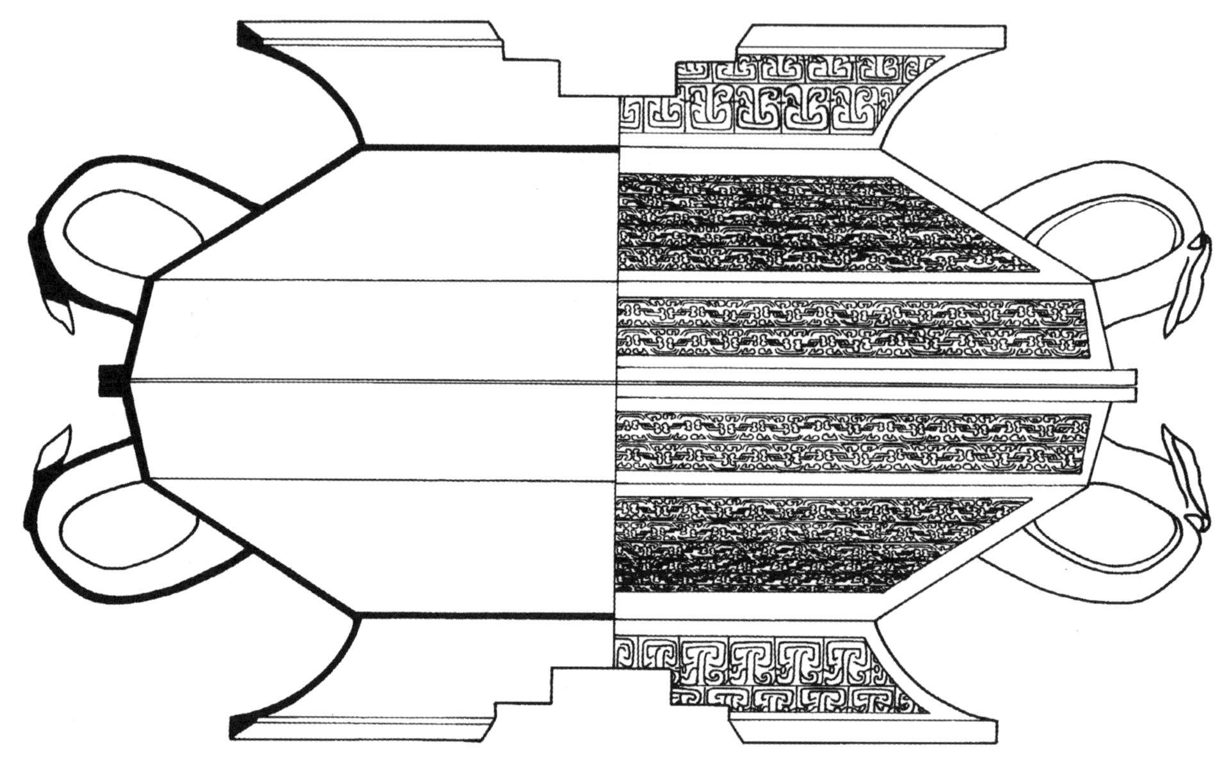

雷纹铜簠（M8821：18）【春秋中期】

器盖的两短边分别各设兽首环形耳，器腹四斜壁满饰细密云雷纹，纹饰分上、下、盖面三组，足饰一周雷云纹。

洛阳市文物工作队：《洛阳体育场路西东周墓发掘报告》，文物出版社，2011年8月。

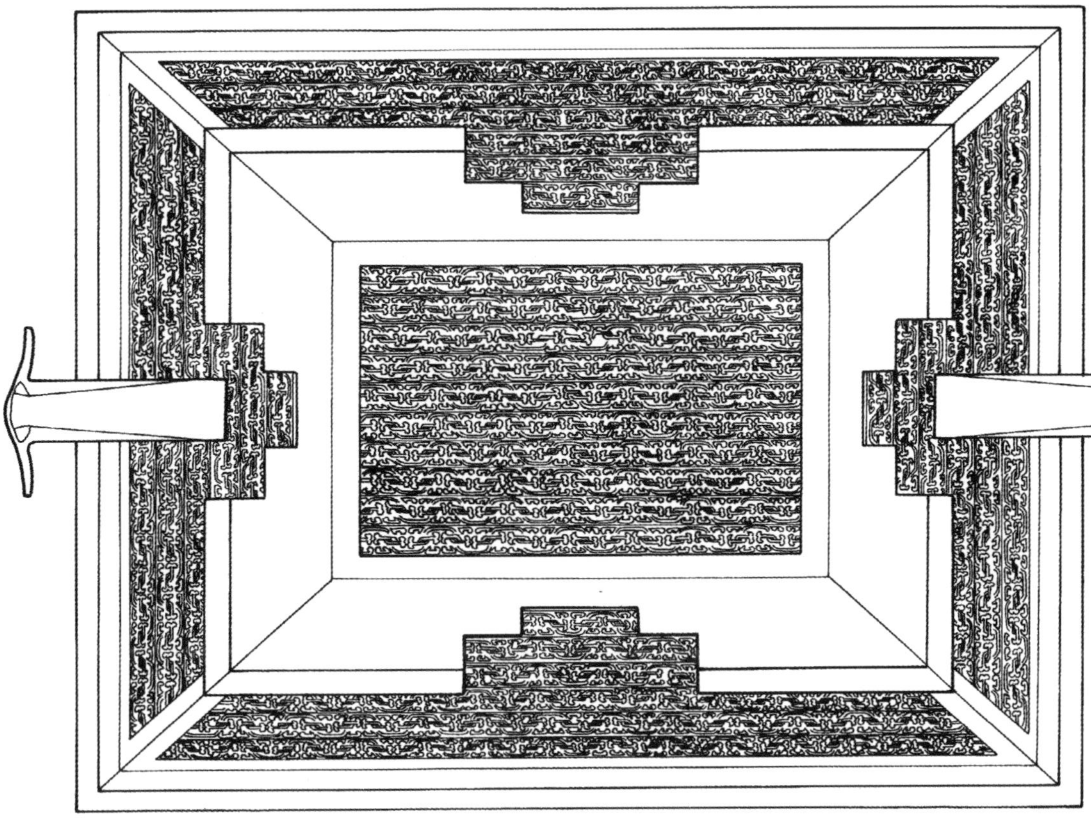

（M8821:18）盖

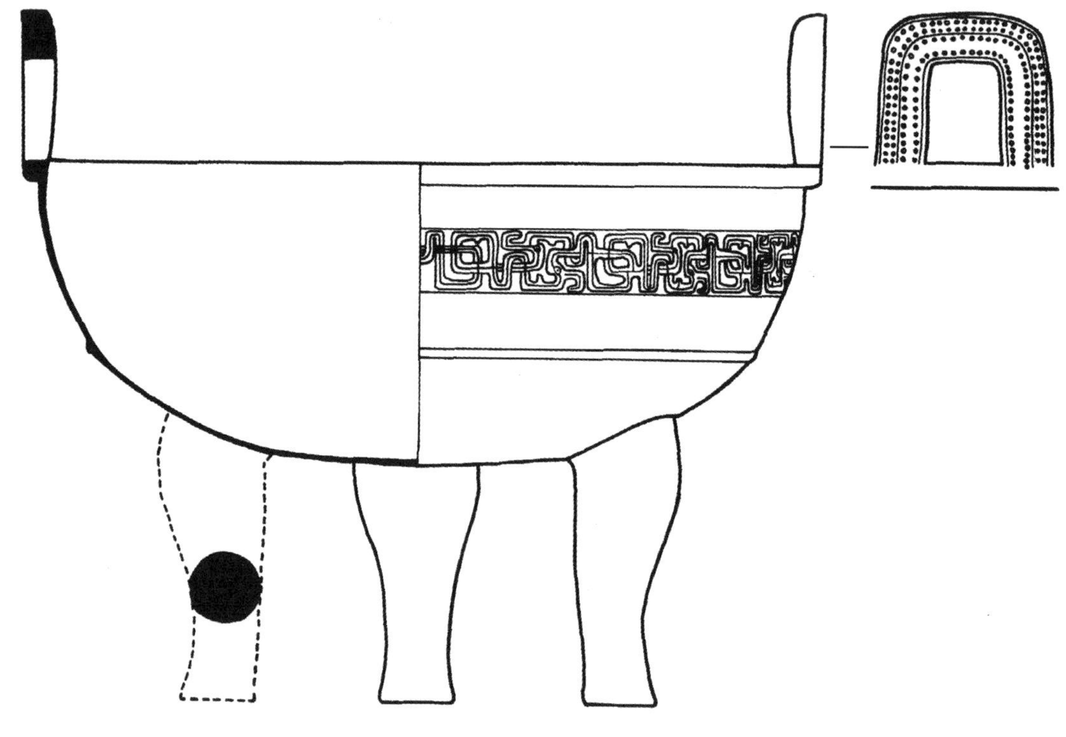

夔龙纹铜鼎（M8832：1）【春秋中期】

两近方形立耳外侧饰四周联珠纹，腹部饰一周夔龙纹，腹下部饰一周凸棱纹。

洛阳市文物工作队：《洛阳体育场路西东周墓发掘报告》，文物出版社，2011年8月。

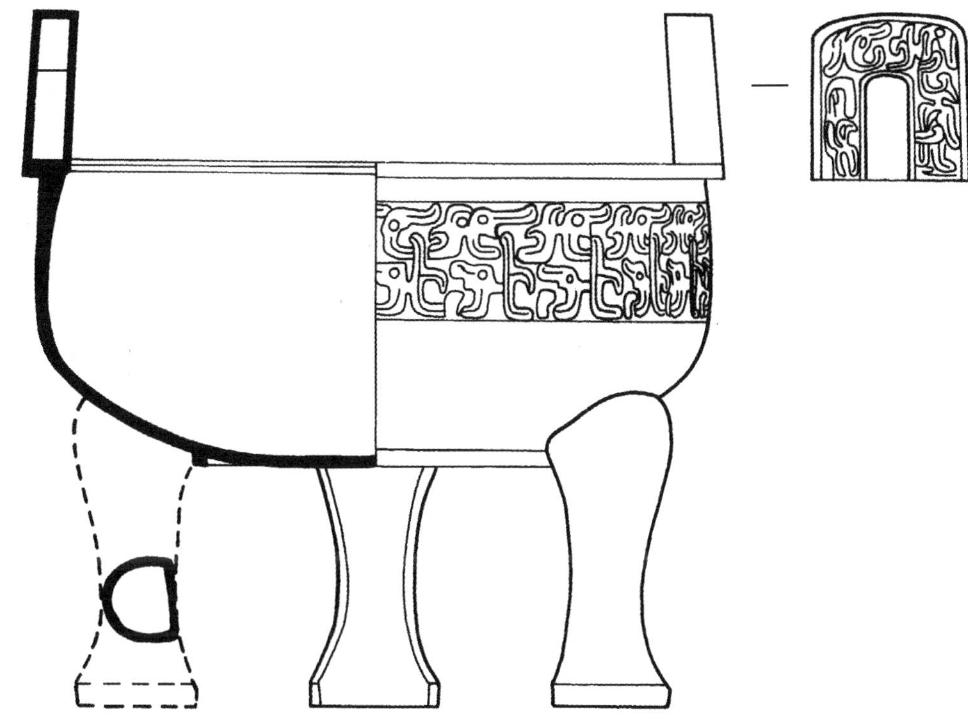

夔龙纹铜鼎（M8832：3）【春秋中期】

两近方形立耳外侧饰一周蟠螭纹，腹部饰一周夔龙纹。

洛阳市文物工作队：《洛阳体育场路西东周墓发掘报告》，文物出版社，2011年8月。

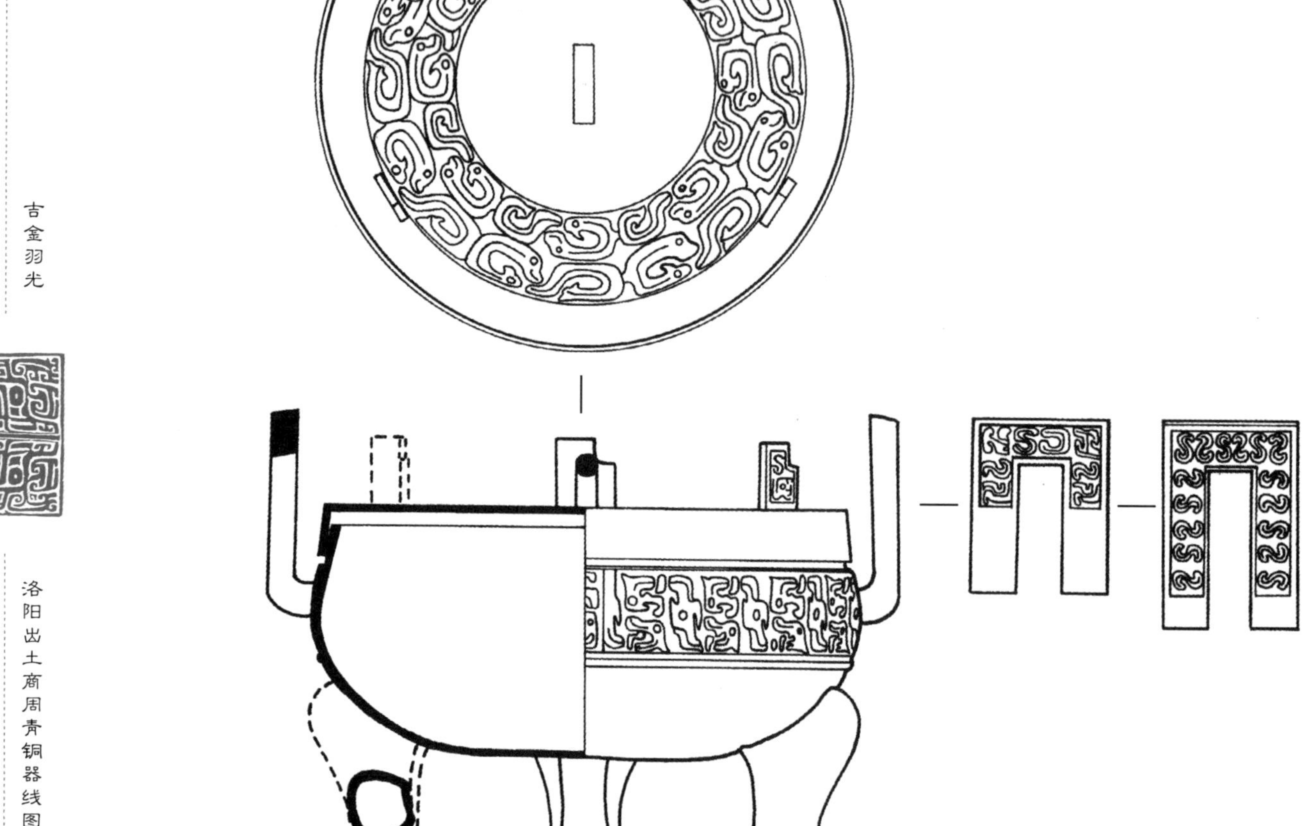

夔龙纹铜鼎（M8832：5）【春秋中期】

纽上饰变形夔龙纹，盖面饰一周夔龙纹带，腹部饰一周凸棱，在凸棱与口沿之间饰一周夔龙纹带。

洛阳市文物工作队：《洛阳体育场路西东周墓发掘报告》，文物出版社，2011年8月。

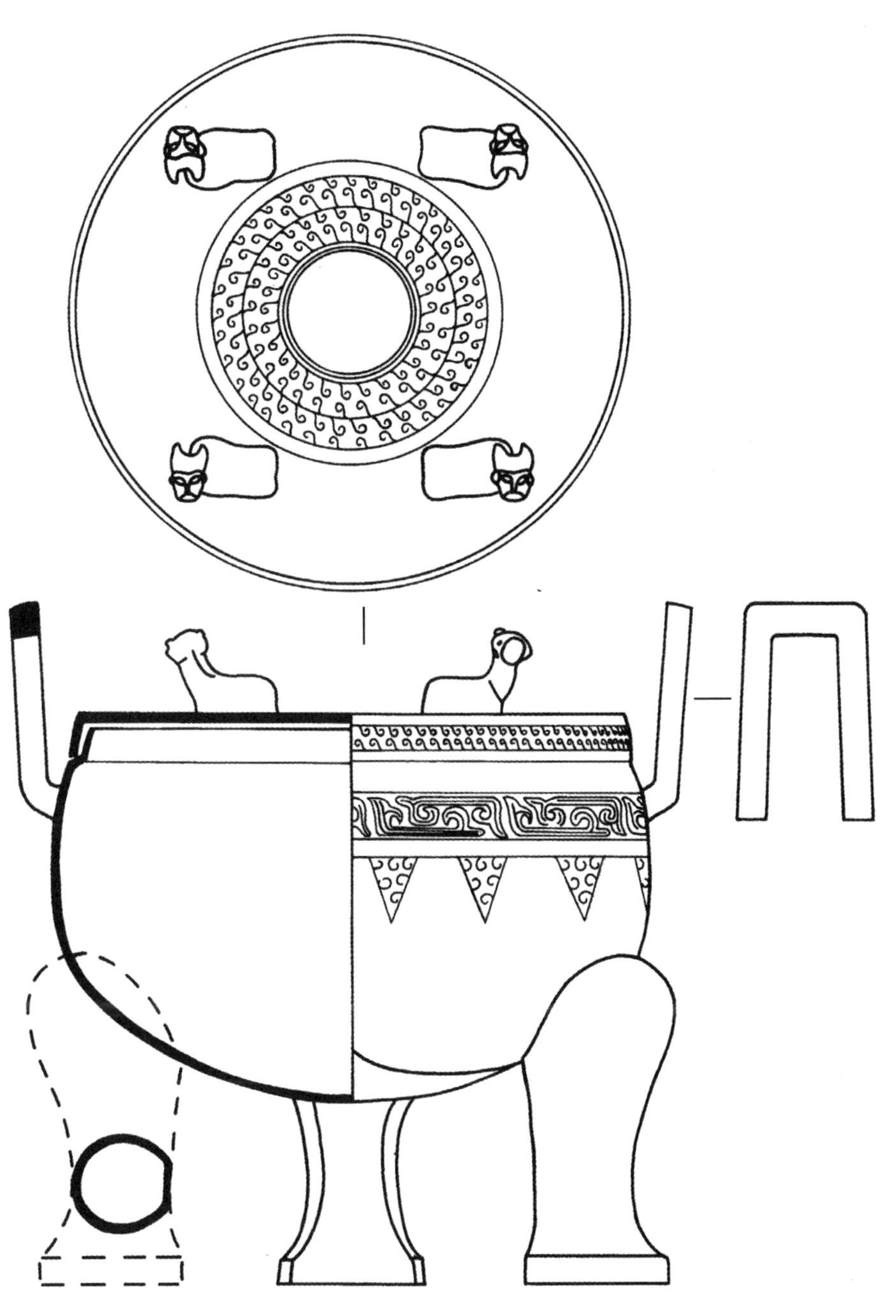

窃曲纹铜鼎（M8832：11）【春秋中期】

盖面有对称的四卧虎形纽，盖面及周沿上饰涡纹带，腹部饰一周窃曲纹带，下饰三角形纹。

洛阳市文物工作队：《洛阳体育场路西东周墓发掘报告》，文物出版社，2011 年 8 月。

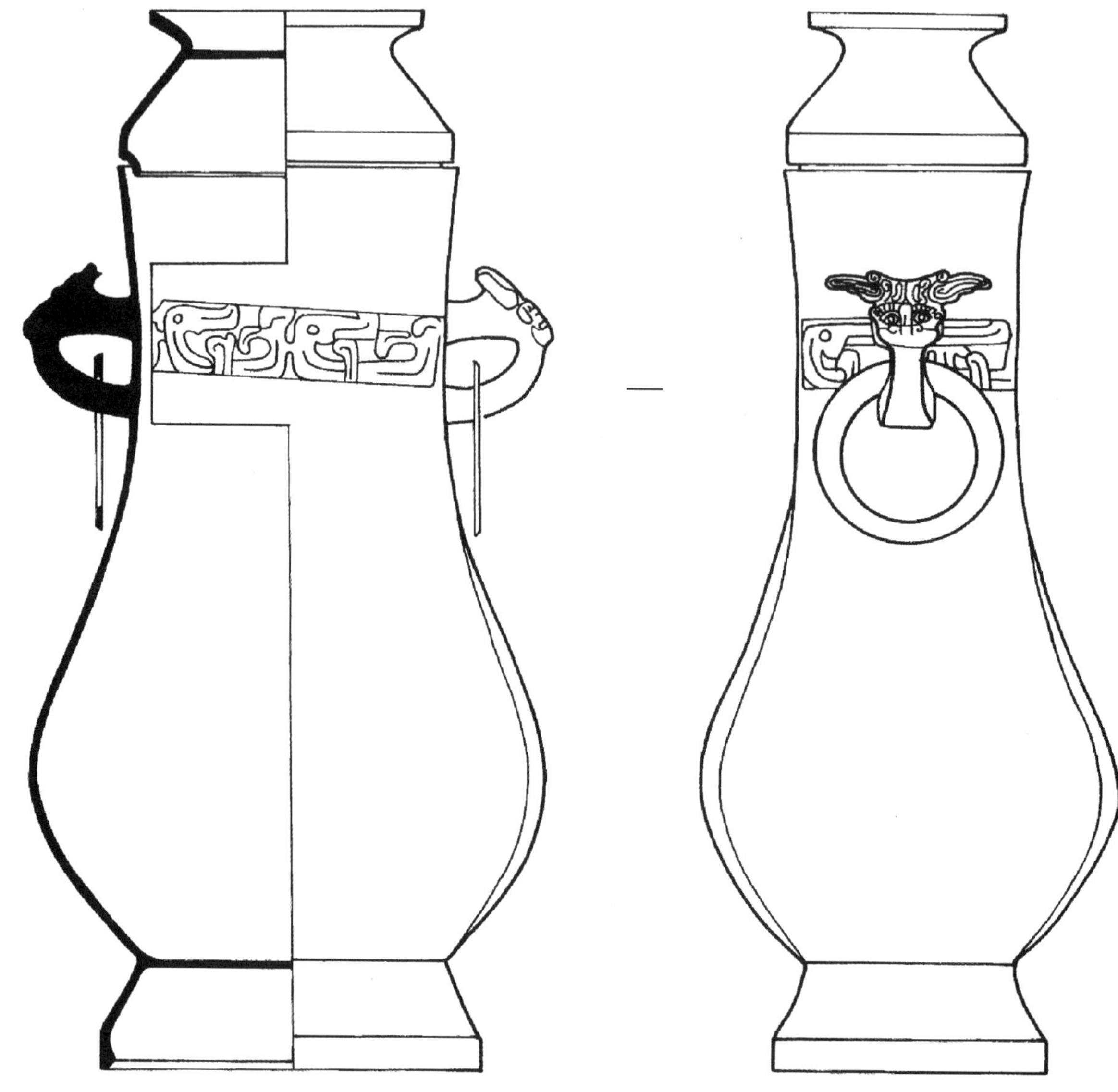

夔龙纹铜方壶（M8832：2）【春秋中期】

耳饰兽首衔环，颈部饰一周夔龙纹。

洛阳市文物工作队：《洛阳体育场路西东周墓发掘报告》，文物出版社，2011年8月。

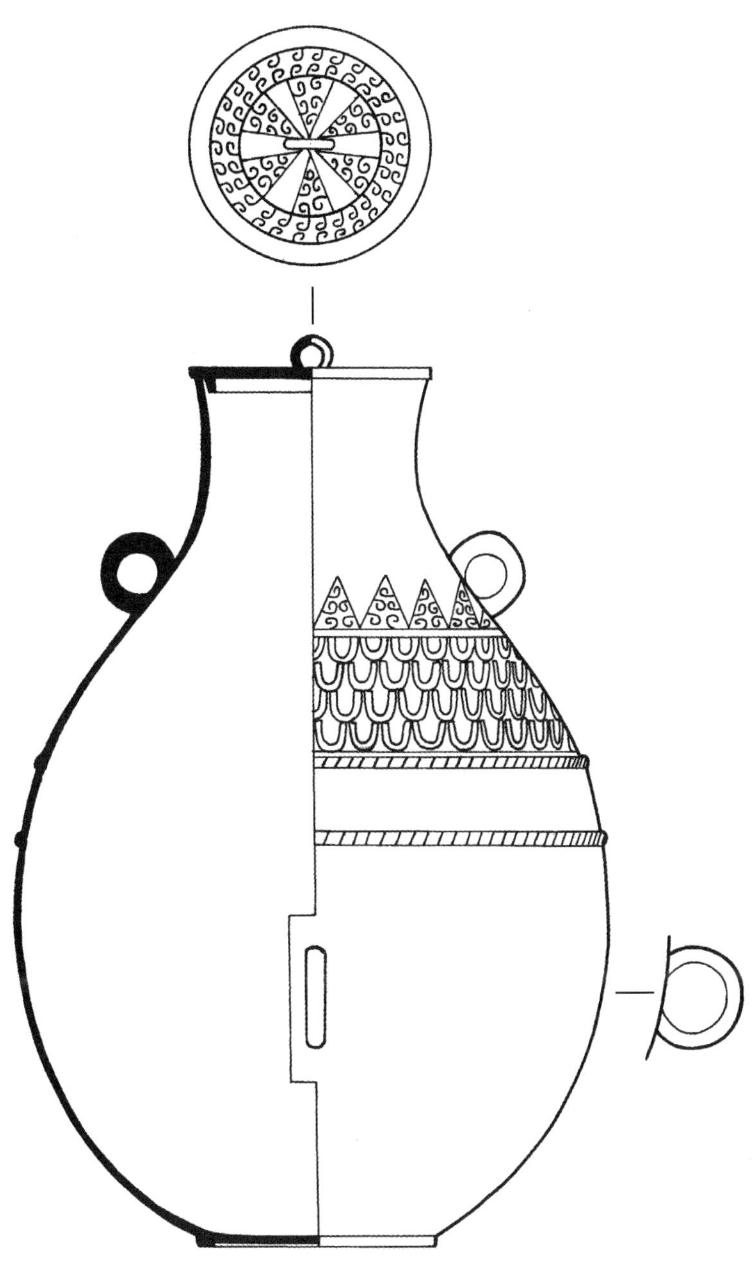

垂鳞纹铜壶（M8832：15）【春秋中期】

盖面中心饰六个对称三角形纹，外饰涡形纹带，肩上部饰一周三角形纹，肩部饰垂鳞纹。腹部饰两周绳索纹凸棱。

洛阳市文物工作队：《洛阳体育场路西东周墓发掘报告》，文物出版社，2011 年 8 月。

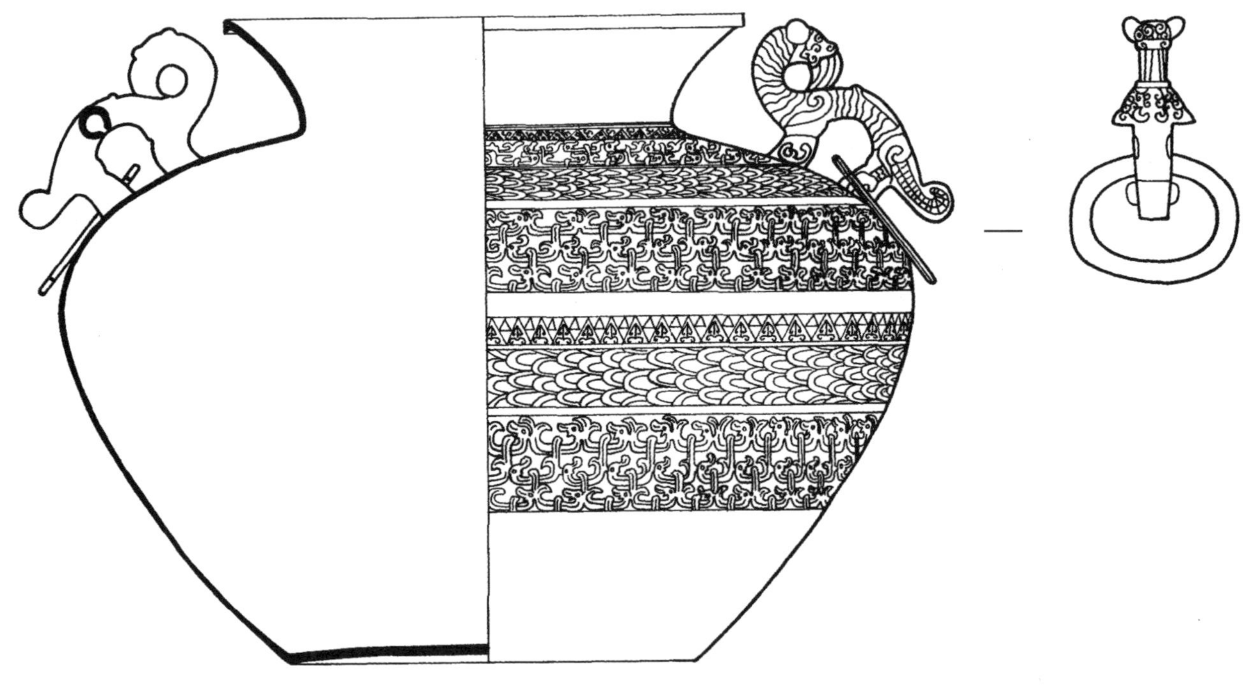

夔龙纹铜罍（M8832：7、9）【春秋中期】

腹部以一周三角形纹带将器物的纹饰分为肩、腹上下两部分。肩部有纹饰四组，由上至下分别是：第一组三角形纹带；第二组夔龙纹带；第三组鳞纹带；第四组夔龙纹带。腹部有纹饰两组，由上至下分别是：第一组鳞纹带；第二组夔龙纹带。

洛阳市文物工作队：《洛阳体育场路西东周墓发掘报告》，文物出版社，2011 年 8 月。

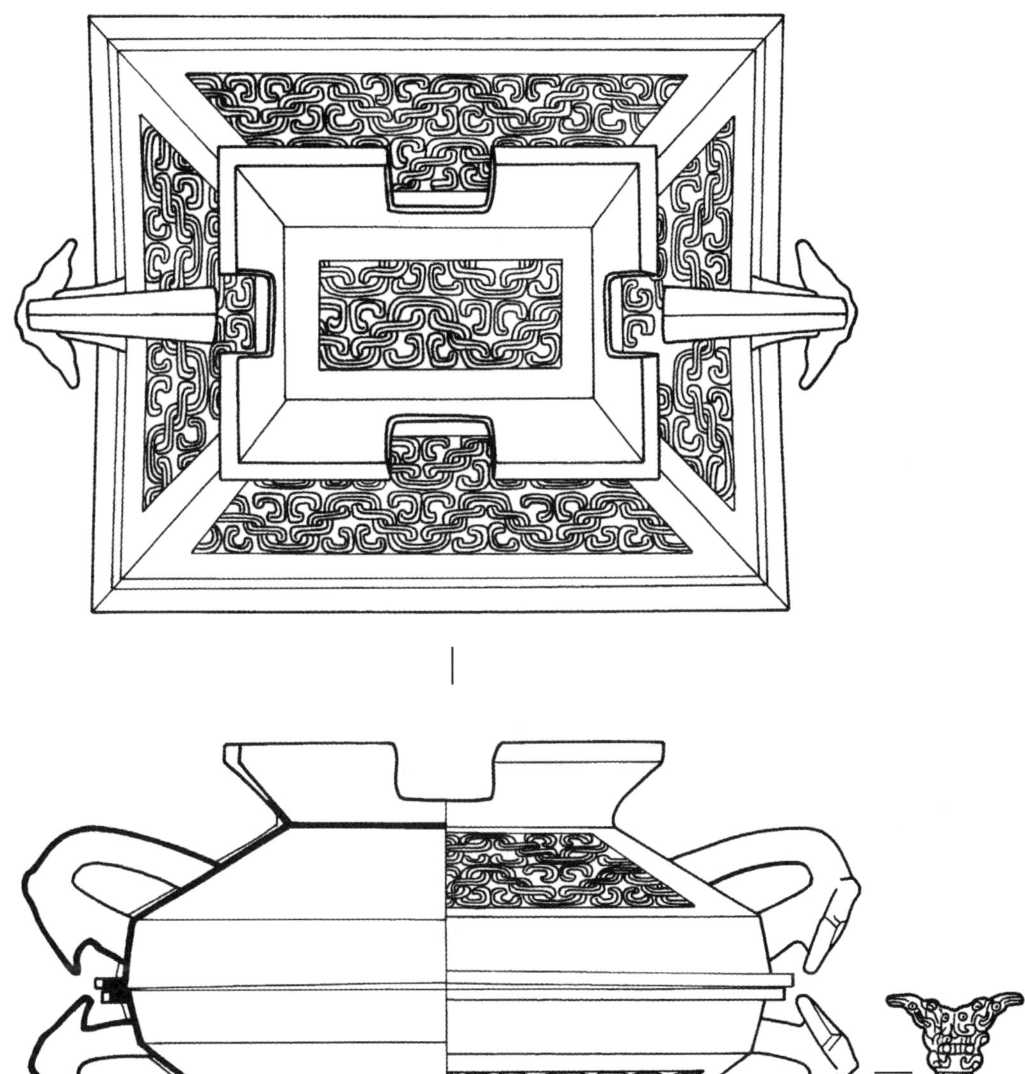

蟠螭纹铜簠（M8832：18）【春秋中期】

耳饰兽首形，器腹下部、盖顶各饰细密的蟠螭纹。

洛阳市文物工作队：《洛阳体育场路西东周墓发掘报告》，文物出版社，2011 年 8 月。

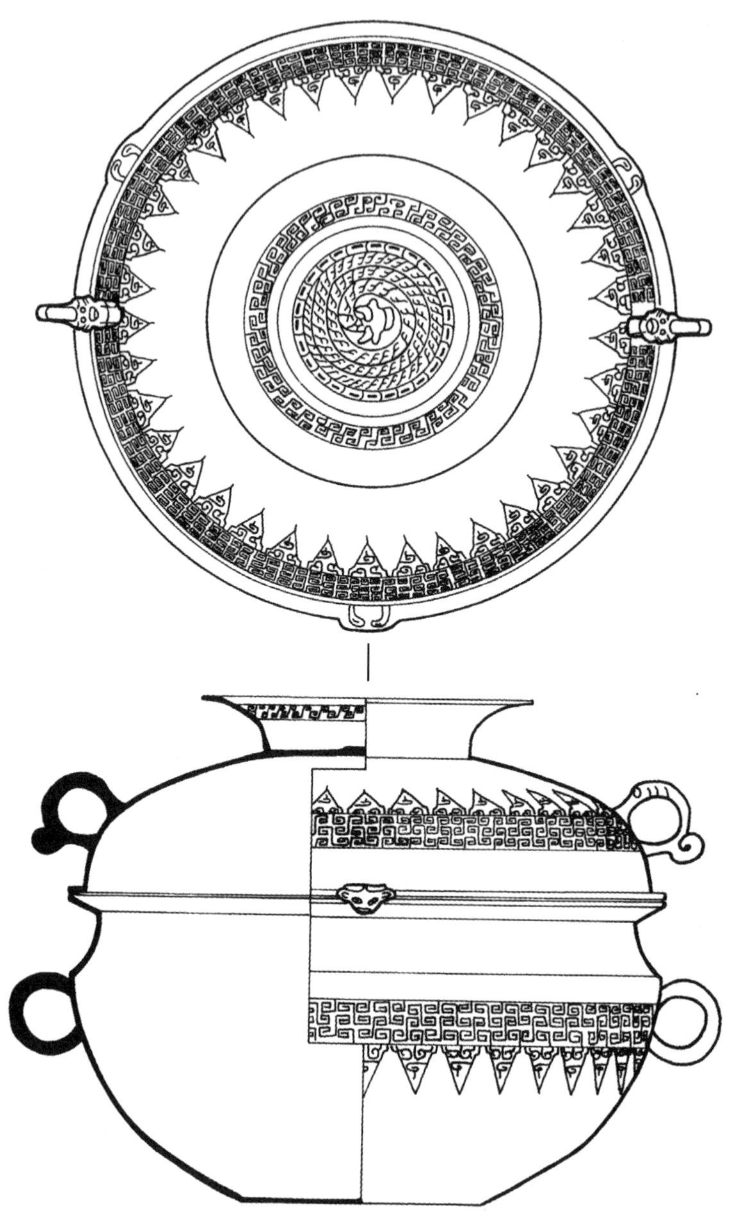

云雷纹铜簋（M8832：13）【春秋中期】

盖和腹部饰一周云雷纹，下腹饰三角形纹，圈形捉手内上部饰一周云雷纹，中部饰一盘曲的牛首形龙。

洛阳市文物工作队：《洛阳体育场路西东周墓发掘报告》，文物出版社，2011年8月。

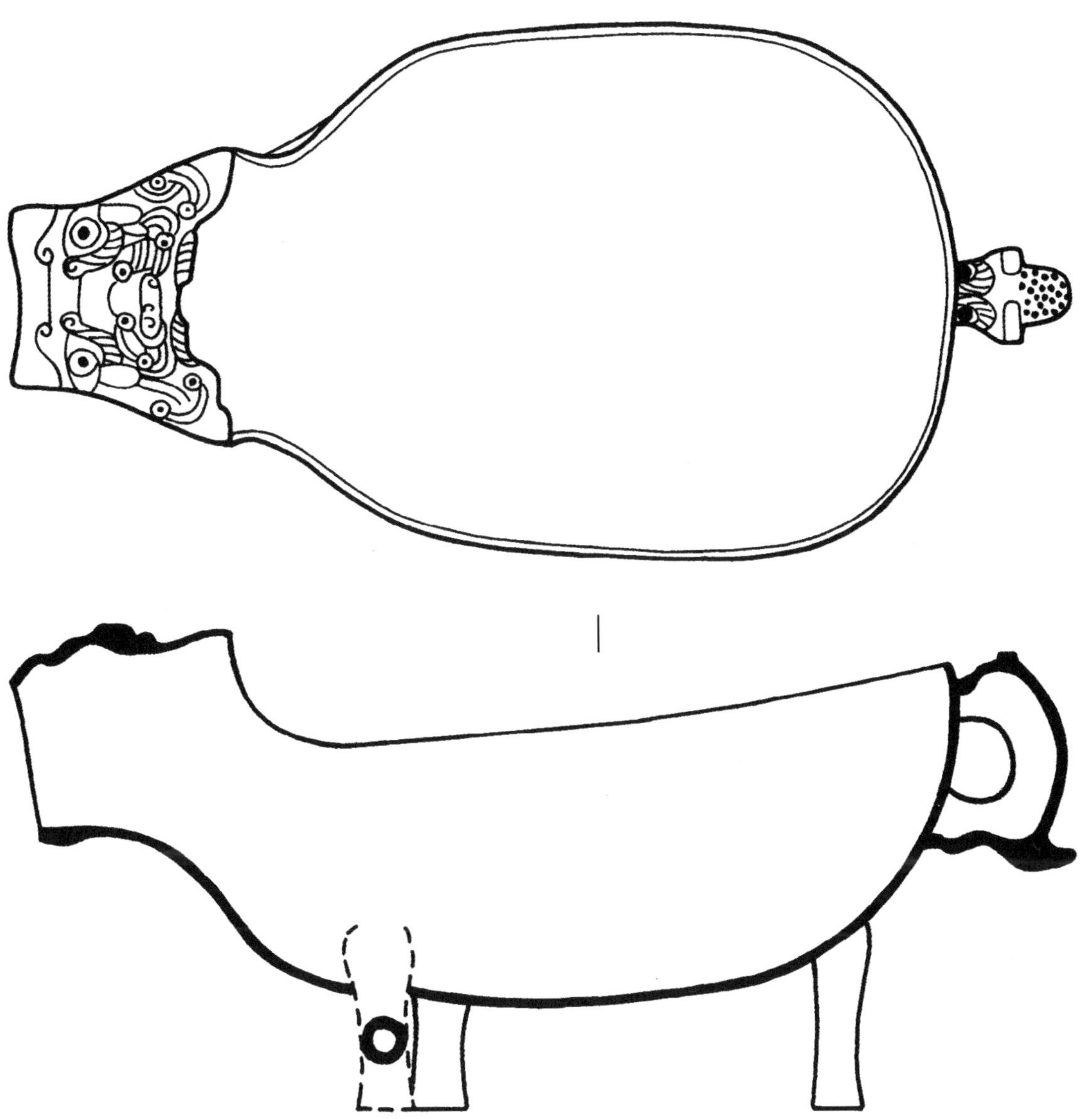

兽首纹铜匜（M8832：25）【春秋中期】

兽首形管流，后侧附一兽首鋬。

洛阳市文物工作队：《洛阳体育场路西东周墓发掘报告》，文物出版社，2011 年 8 月。

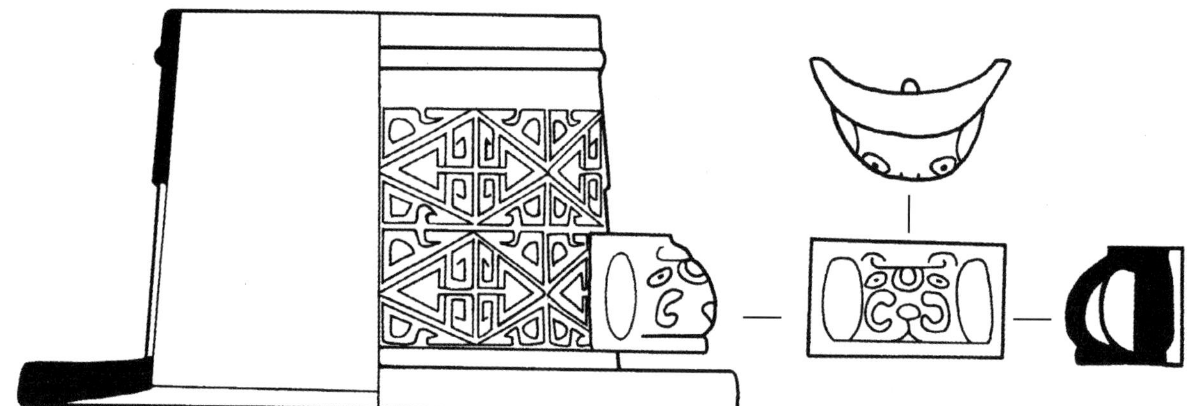

菱形纹铜辖軎（M8832：24）【春秋中期】

周身饰细密的菱形纹。辖饰凸起虎头纹，两侧均有一椭圆形穿。

洛阳市文物工作队：《洛阳体育场路西东周墓发掘报告》，文物出版社，2011年8月。

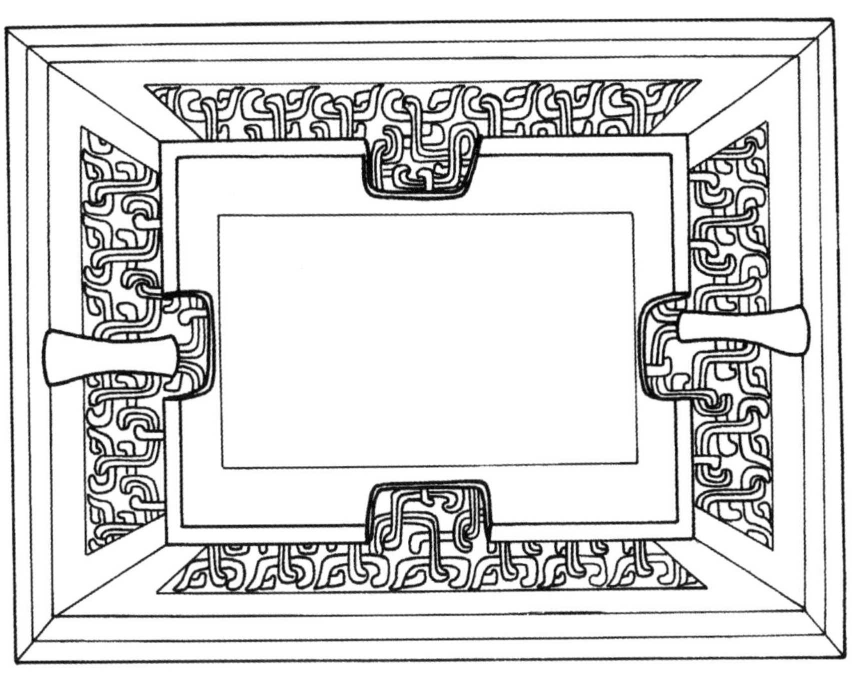

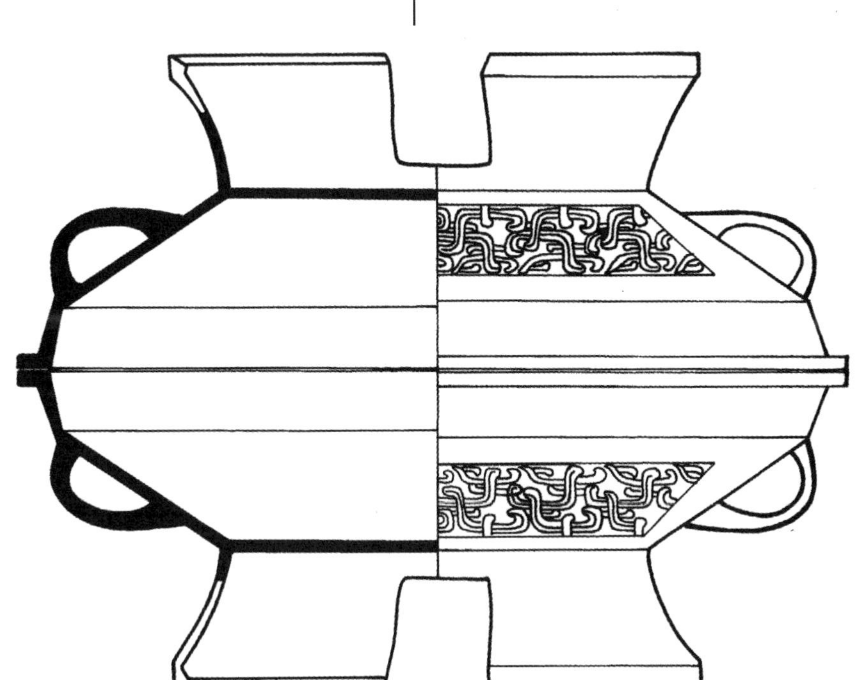

蟠螭纹铜簠（M8835：9）【春秋中期】

器盖的两短边各设一环耳，腹部饰一周蟠螭纹。

洛阳市文物工作队：《洛阳体育场路西东周墓发掘报告》，文物出版社，2011年8月。

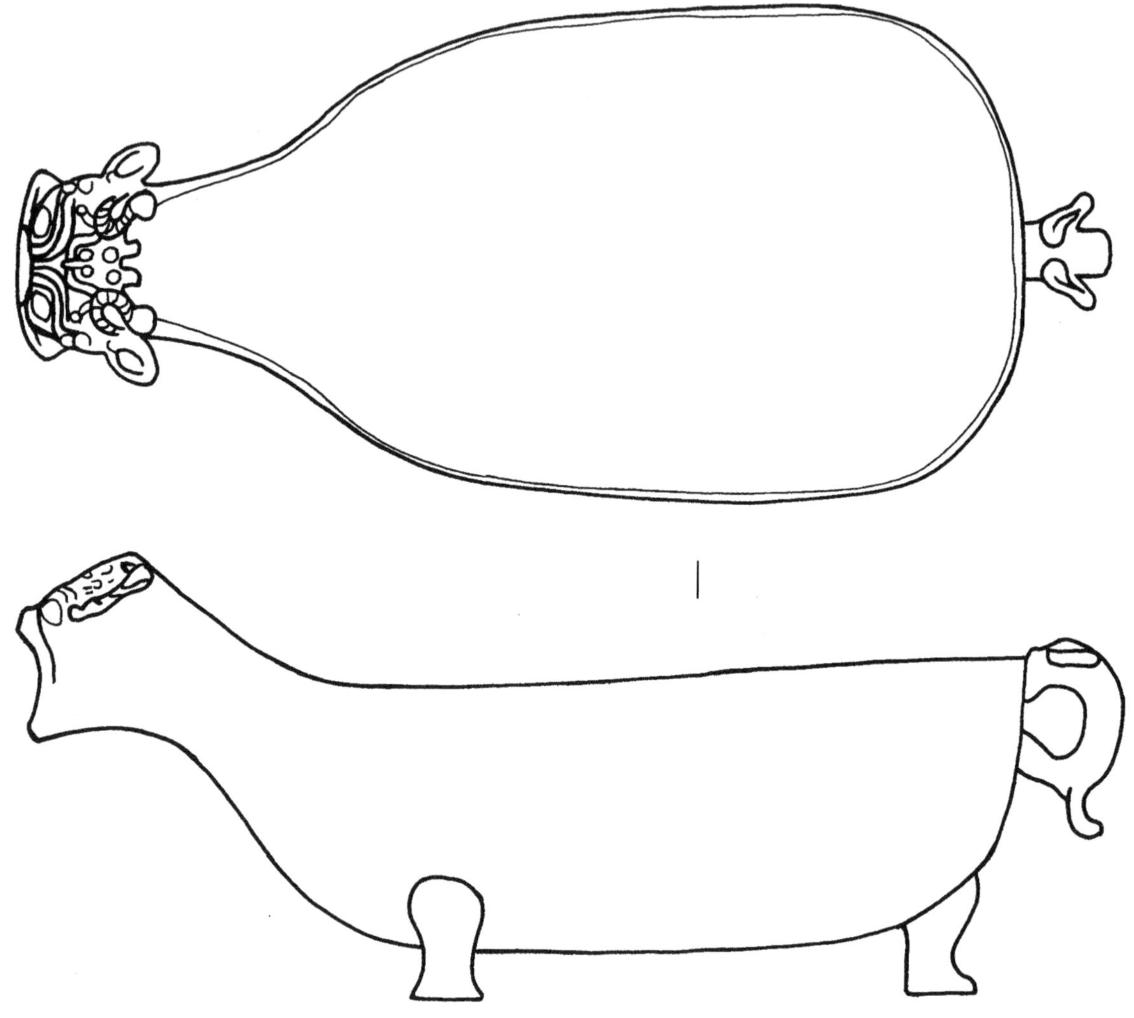

兽首铜匜（M8835：3）【春秋中期】

兽首形管形流，后侧附一虎形鋬。

洛阳市文物工作队：《洛阳体育场路西东周墓发掘报告》，文物出版社，2011 年 8 月。

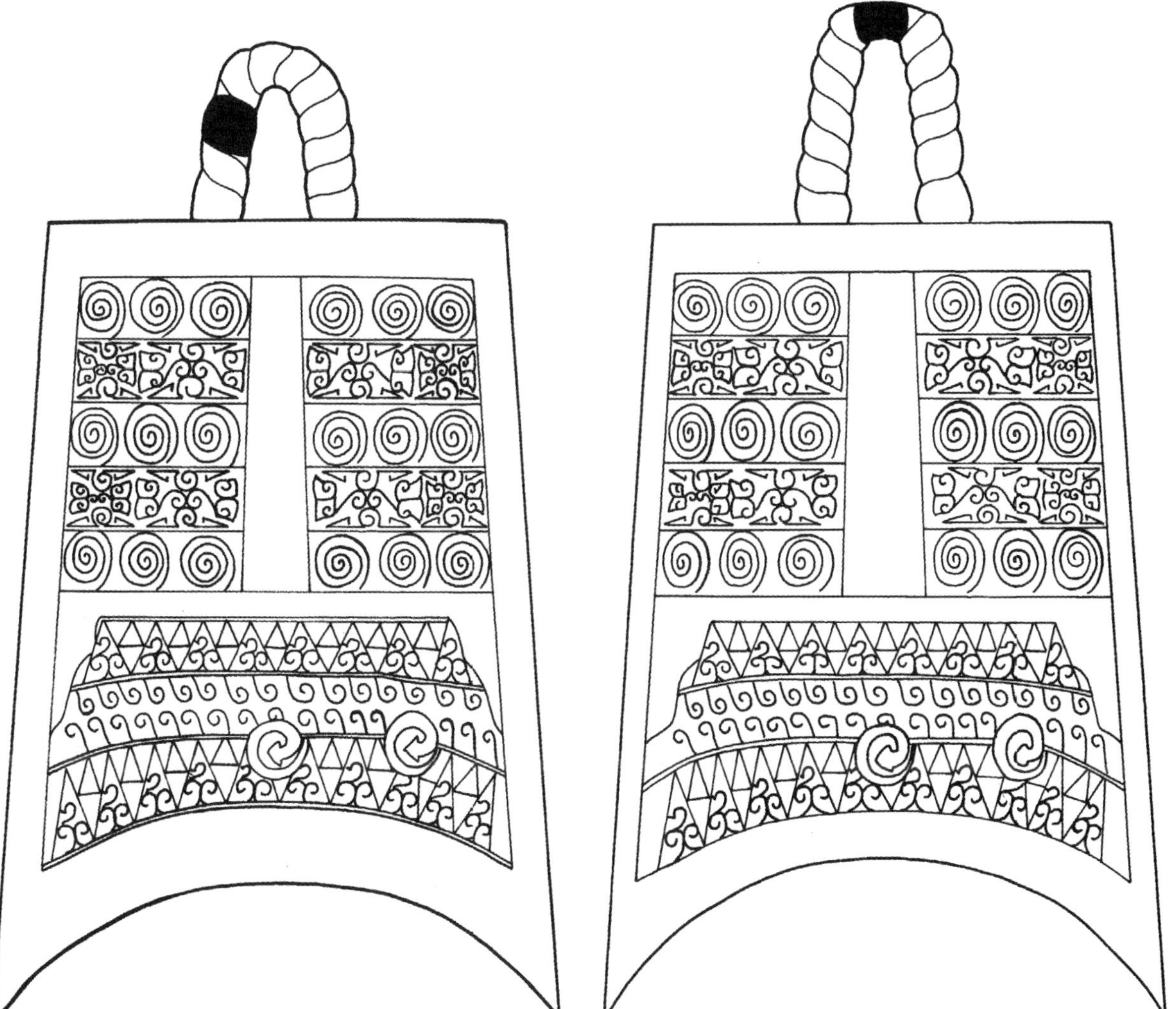

卷云纹铜编钟（M8836：4、10）【春秋中期】

钟面上部自上而下间隔排列三组枚、两组篆，其装饰排列为上、中、下三组枚夹两篆。枚用涡纹代替，篆间饰对称的变形卷云纹。鼓部饰上、下两组三角形纹夹一组卷云纹。

洛阳市文物工作队：《洛阳体育场路西东周墓发掘报告》，文物出版社，2011年8月。

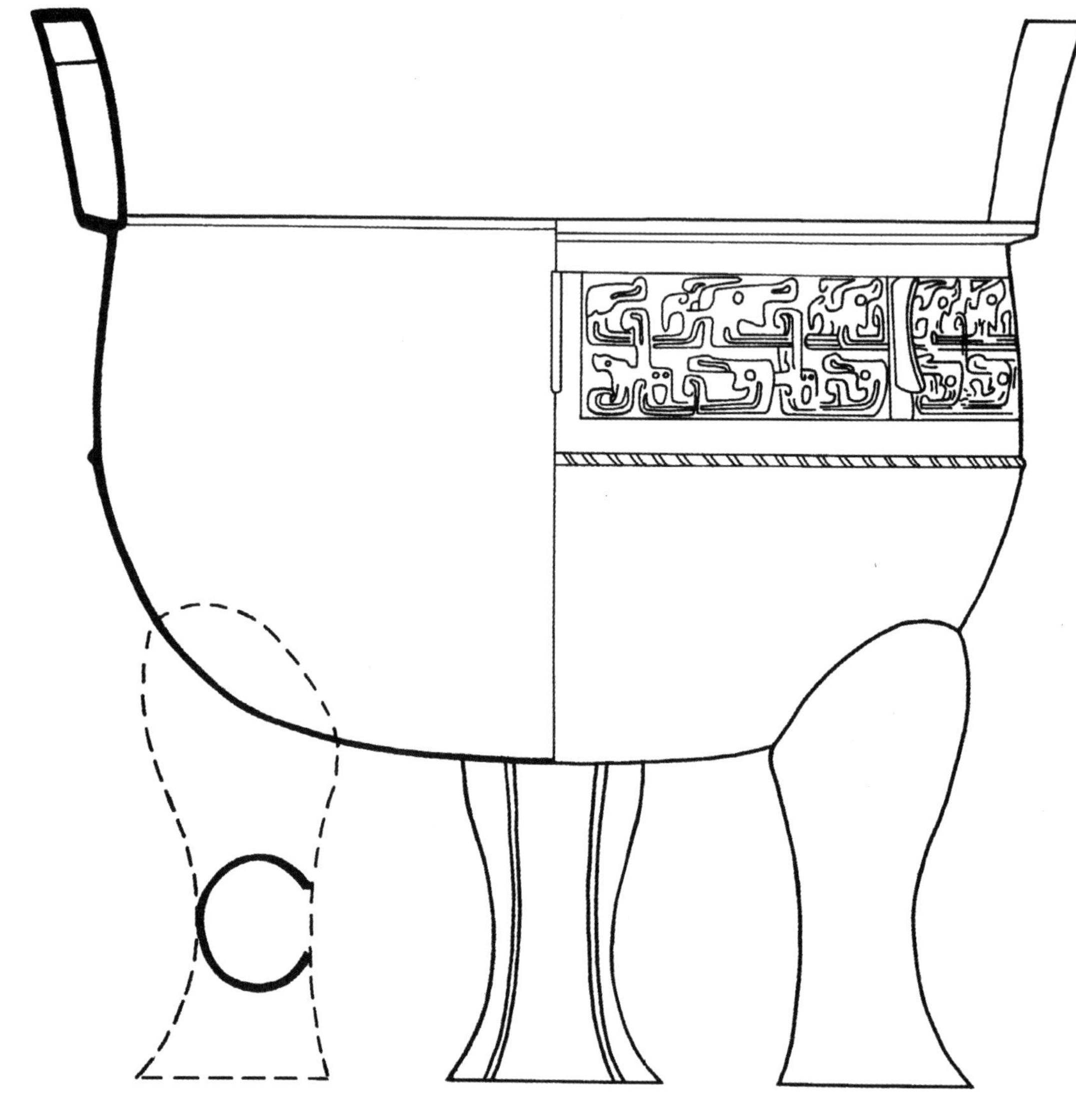

夔龙纹铜鼎（M8836：46）【春秋中期】

上腹部饰一周夔龙纹，下饰一周绳索纹凸棱。

洛阳市文物工作队：《洛阳体育场路西东周墓发掘报告》，文物出版社，2011 年 8 月。

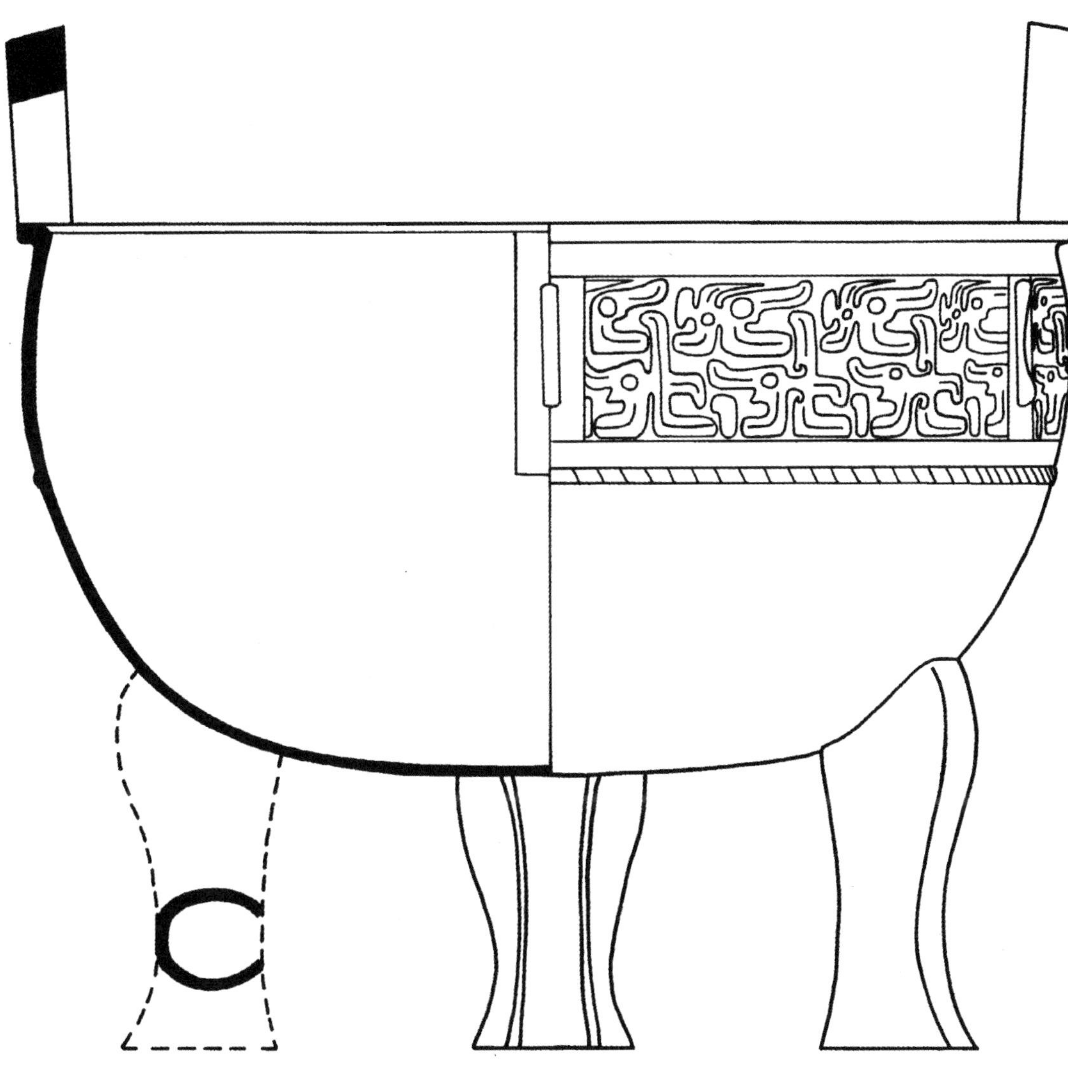

夔龙纹铜鼎（M8836：51）【春秋中期】

上腹部饰一周夔龙纹，下饰一周绳索纹凸棱。

洛阳市文物工作队：《洛阳体育场路西东周墓发掘报告》，文物出版社，2011 年 8 月。

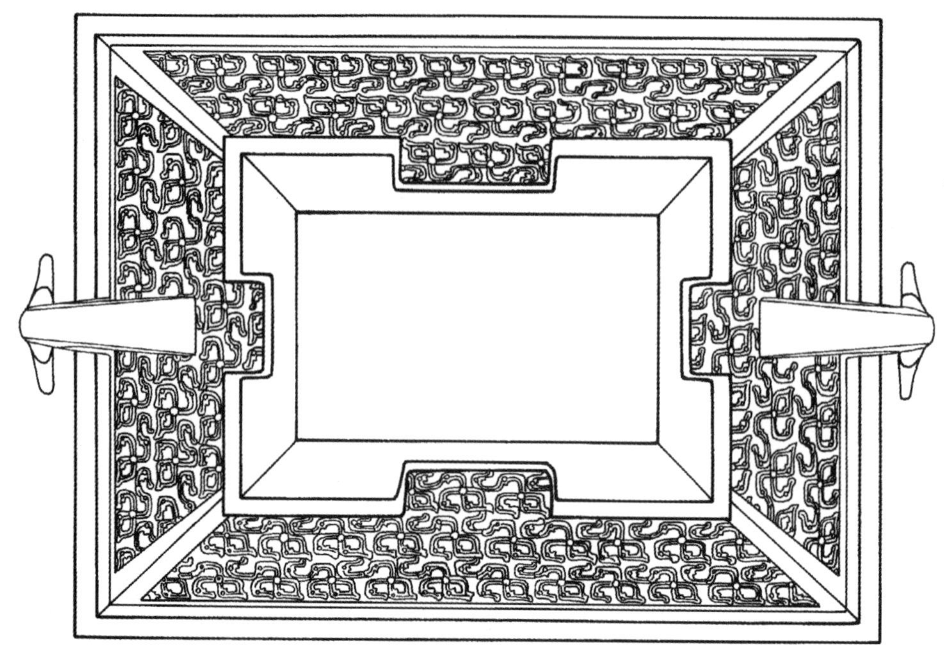

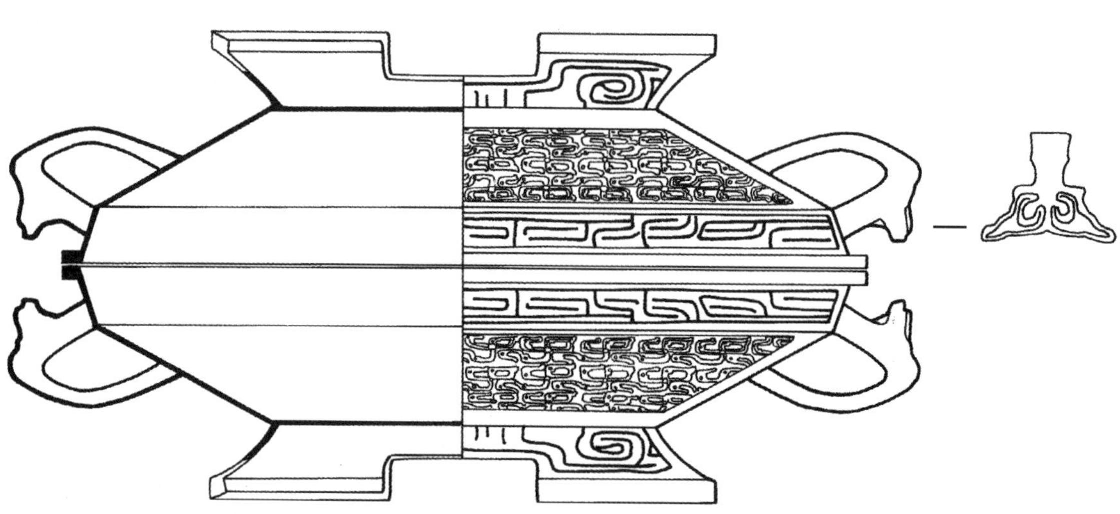

蟠螭纹铜簠（M8836：44）【春秋中期】

盖腹部饰一周蟠螭纹。

洛阳市文物工作队：《洛阳体育场路西东周墓发掘报告》，文物出版社，2011 年 8 月。

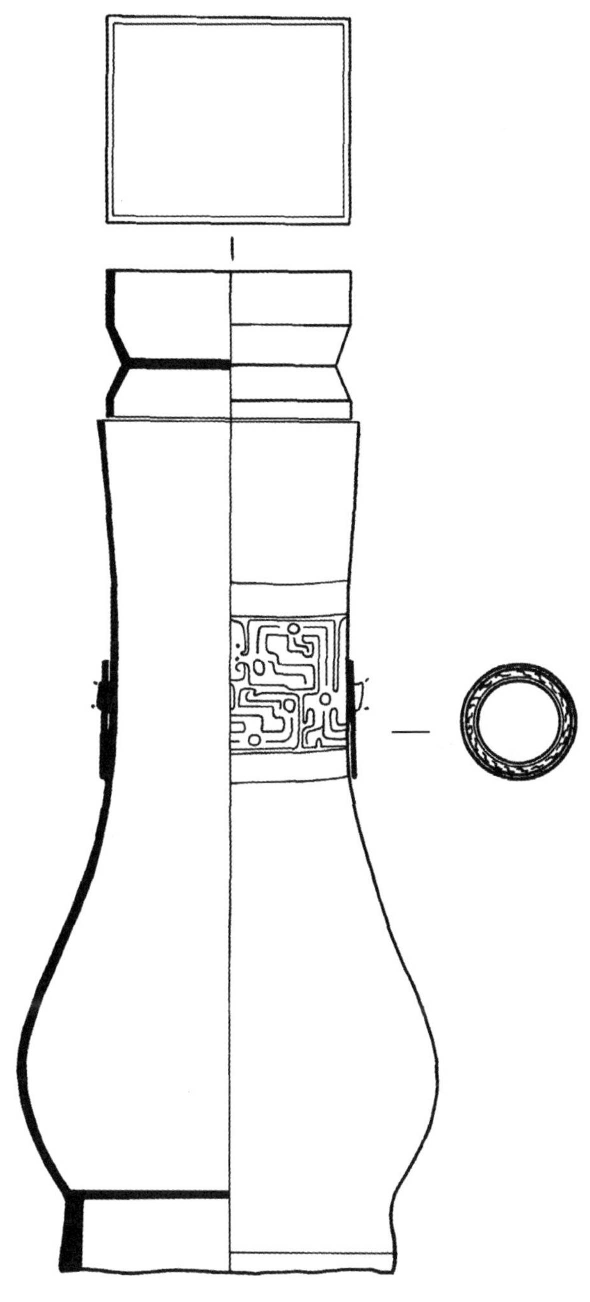

窃曲纹铜方壶（M8836：59）【春秋中期】

颈部饰一周窃曲纹。

洛阳市文物工作队：《洛阳体育场路西东周墓发掘报告》，文物出版社，2011 年 8 月。

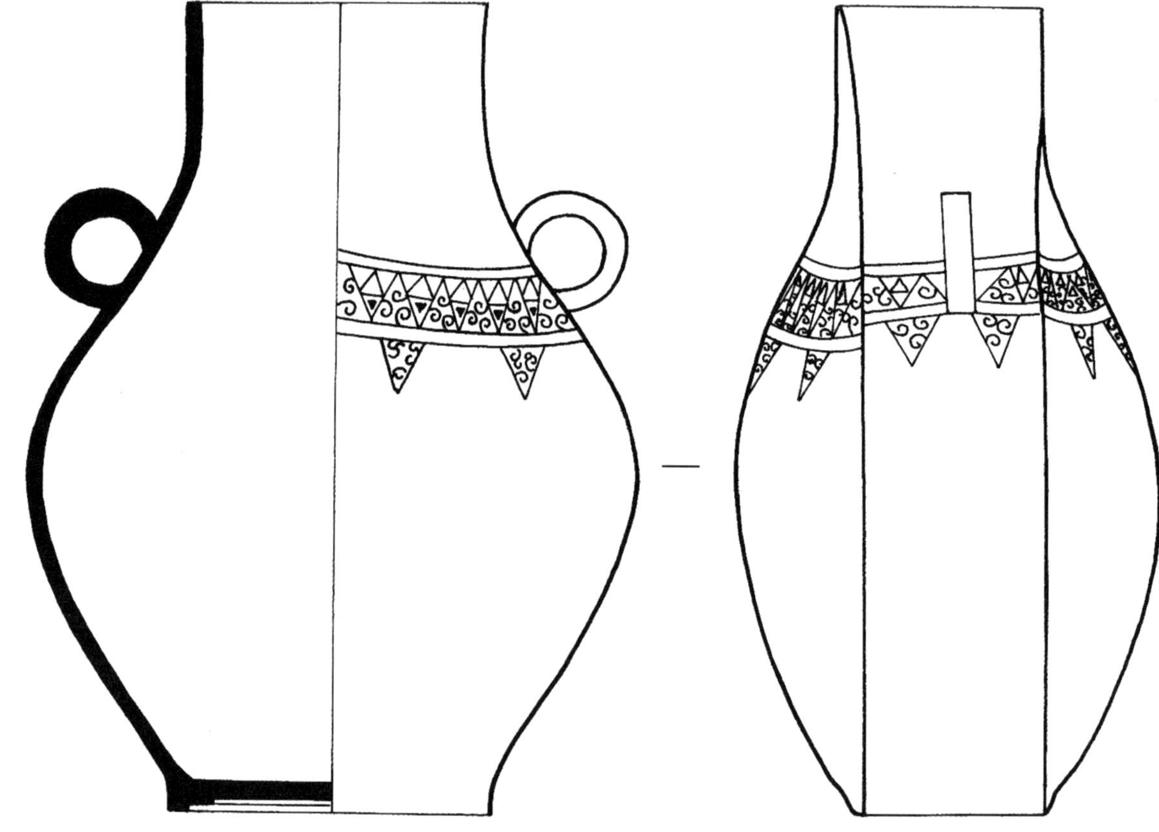

三角形纹铜扁壶（M8836：42）【春秋中期】

颈部饰一周正三角形纹宽带，三角形内饰涡纹。宽带下饰倒置的三角形纹，三角形内饰涡纹。

洛阳市文物工作队：《洛阳体育场路西东周墓发掘报告》，文物出版社，2011年8月。

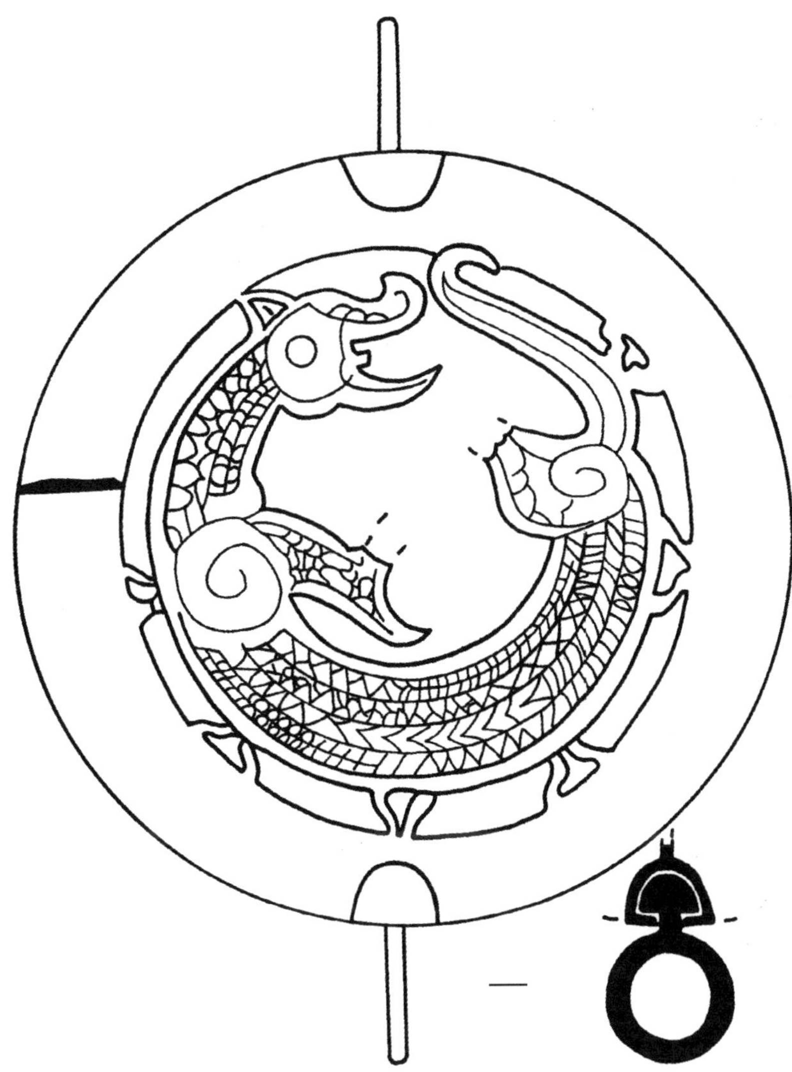

龙纹铜饰（M8836：24）【春秋中期】

环形饰一首尾相接圆曲的龙形，龙张口，身饰三角形纹。

洛阳市文物工作队：《洛阳体育场路西东周墓发掘报告》，文物出版社，2011年8月。

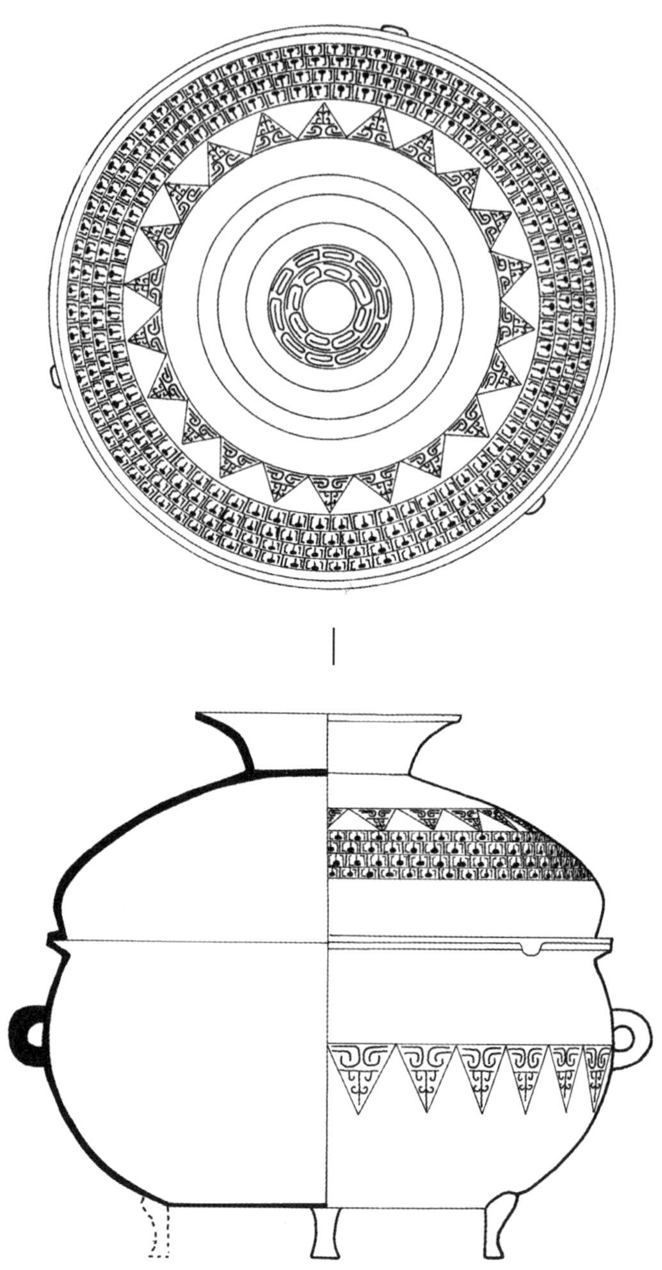

三角形纹铜簋（M8750：1）【春秋中期】

腹部饰一周三角形纹，盖面上部饰一周三角形纹，捉手内饰两周卷云纹。

洛阳市文物工作队：《洛阳体育场路西东周墓发掘报告》，文物出版社，2011年8月。

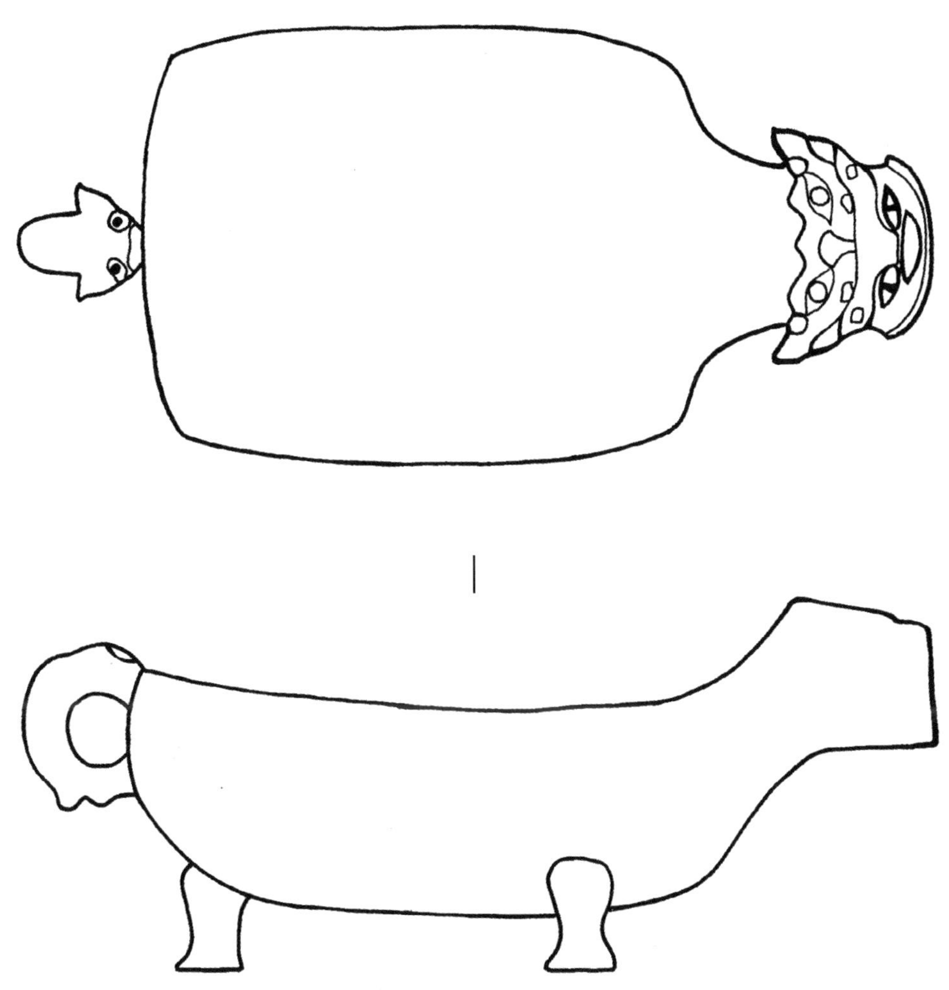

兽首铜匜（M8815：4）【春秋中期】

兽首纹管形流，后侧附一虎形錾。

洛阳市文物工作队：《洛阳体育场路西东周墓发掘报告》，文物出版社，2011 年 8 月。

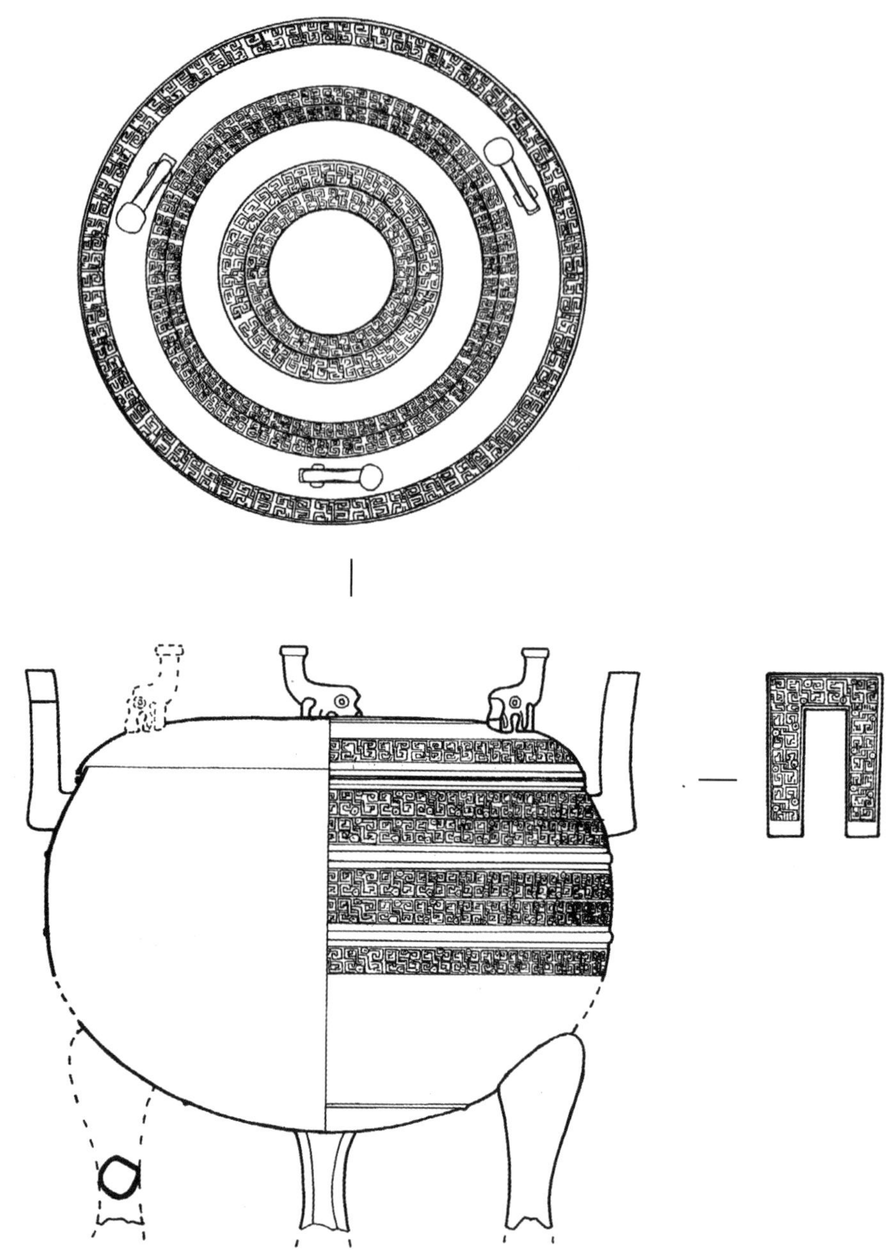

蟠螭纹铜鼎（M8830：20）【春秋中期】

上腹部满饰纹饰，腹部以两周凸棱间隔三组细密的蟠螭纹。盖面以内、中、外三周相互间隔的蟠螭纹装饰。耳内外均饰蟠螭纹。

洛阳市文物工作队：《洛阳体育场路西东周墓发掘报告》，文物出版社，2011年8月。

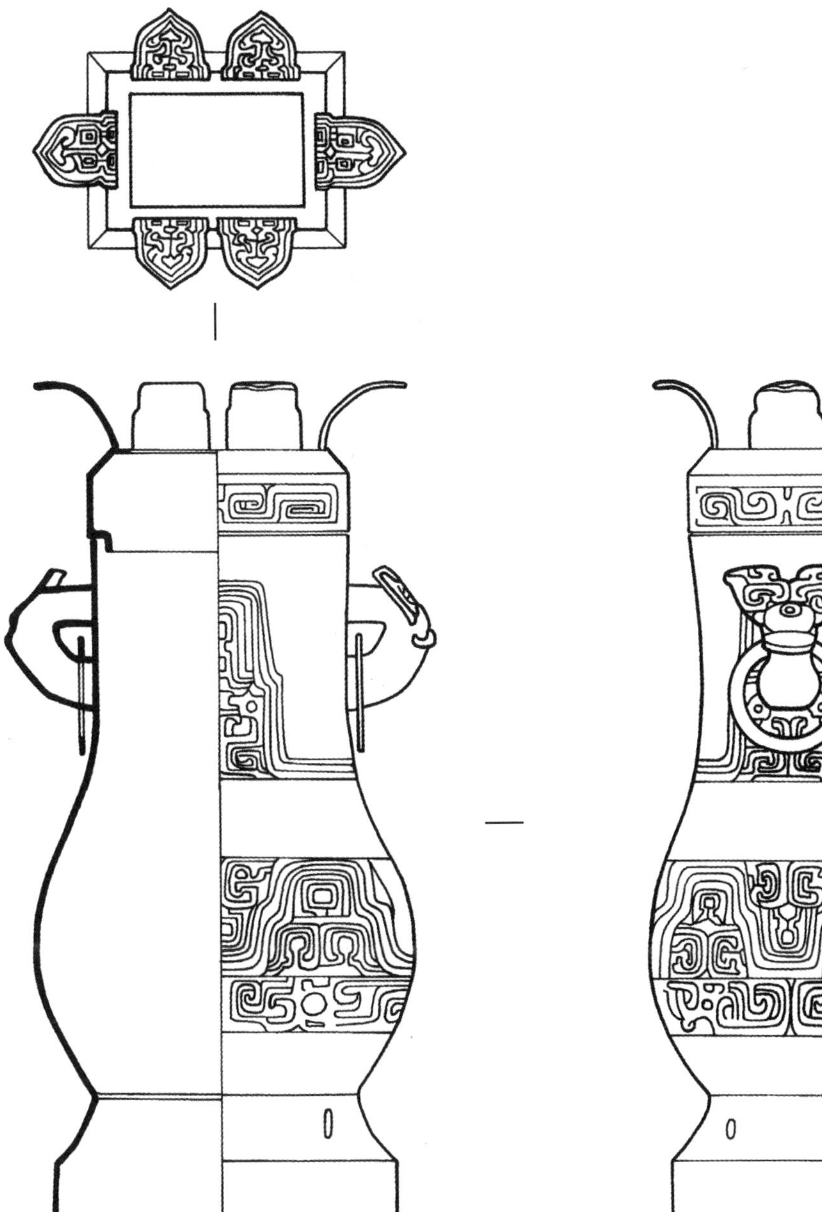

窃曲纹铜方壶（M8830：11）【春秋中期】

口沿有一周卷云纹，顶周环六瓣莲花形花瓣颈、腹部各饰一周窃曲纹。

洛阳市文物工作队：《洛阳体育场路西东周墓发掘报告》，文物出版社，2011年8月。

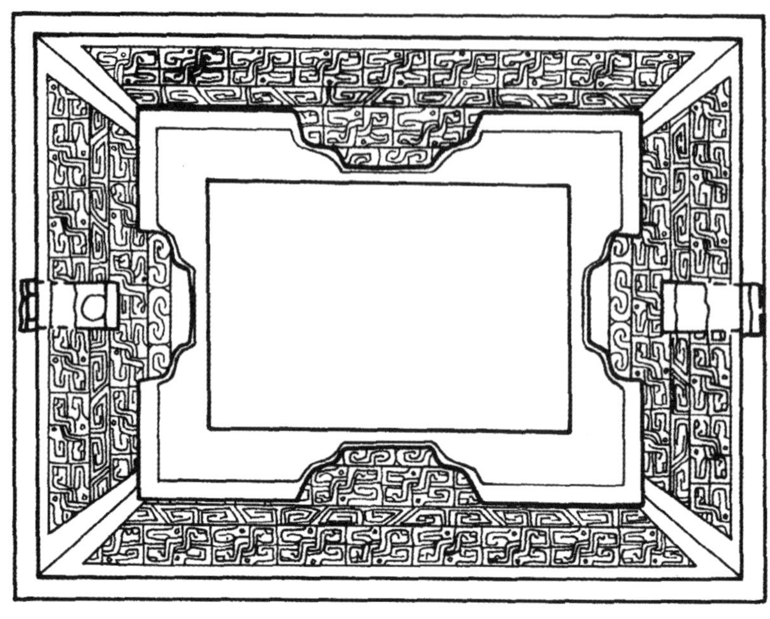

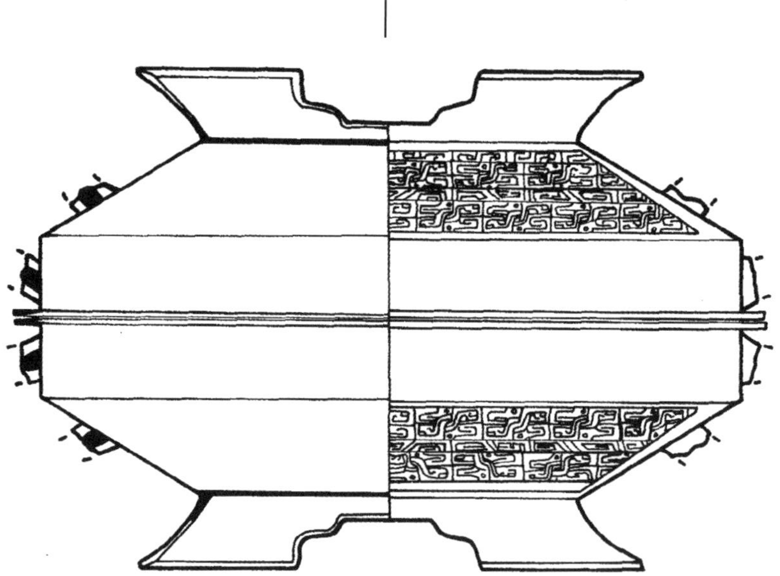

蟠虺纹铜簠（M8830：12）【春秋中期】

器腹纹饰分为上、中、下三组，上、下两组为细密的蟠虺纹带，中间以云雷纹带间隔。

洛阳市文物工作队：《洛阳体育场路西东周墓（M880）发掘简报》，《文物》2011年第8期。

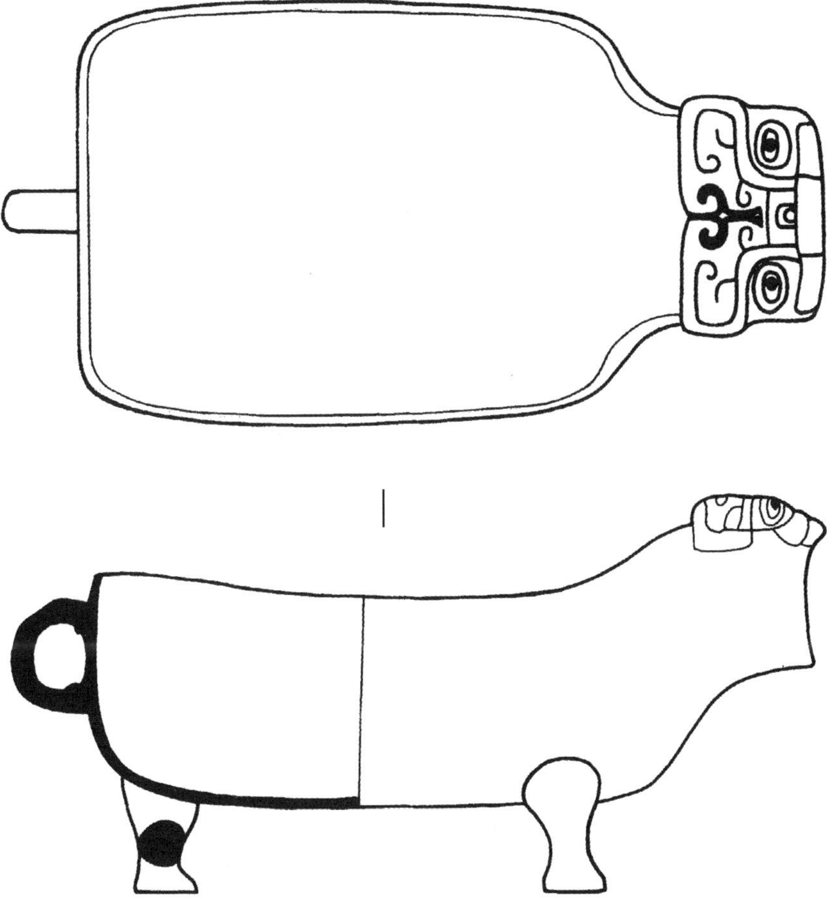

兽首铜匜（M8830：7）【春秋中期】

流上饰兽面纹。

洛阳市文物工作队：《洛阳体育场路东周墓（M8830）发掘简报》，《文物》2011年第8期。

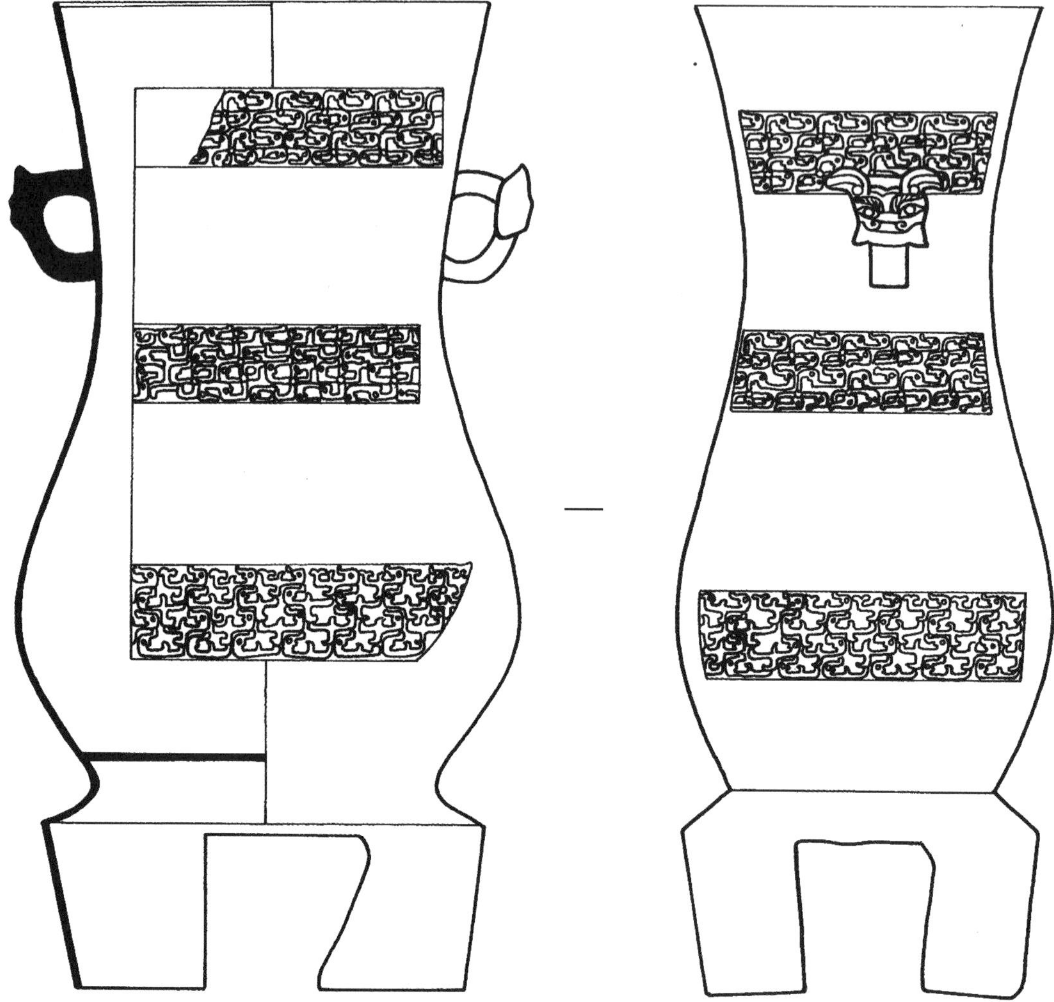

夔龙纹铜方壶（M8833：7）【春秋中期】

口、颈、腹部各饰一周夔龙纹。

洛阳市文物工作队：《洛阳体育场路西东周墓发掘报告》，文物出版社，2011年8月。

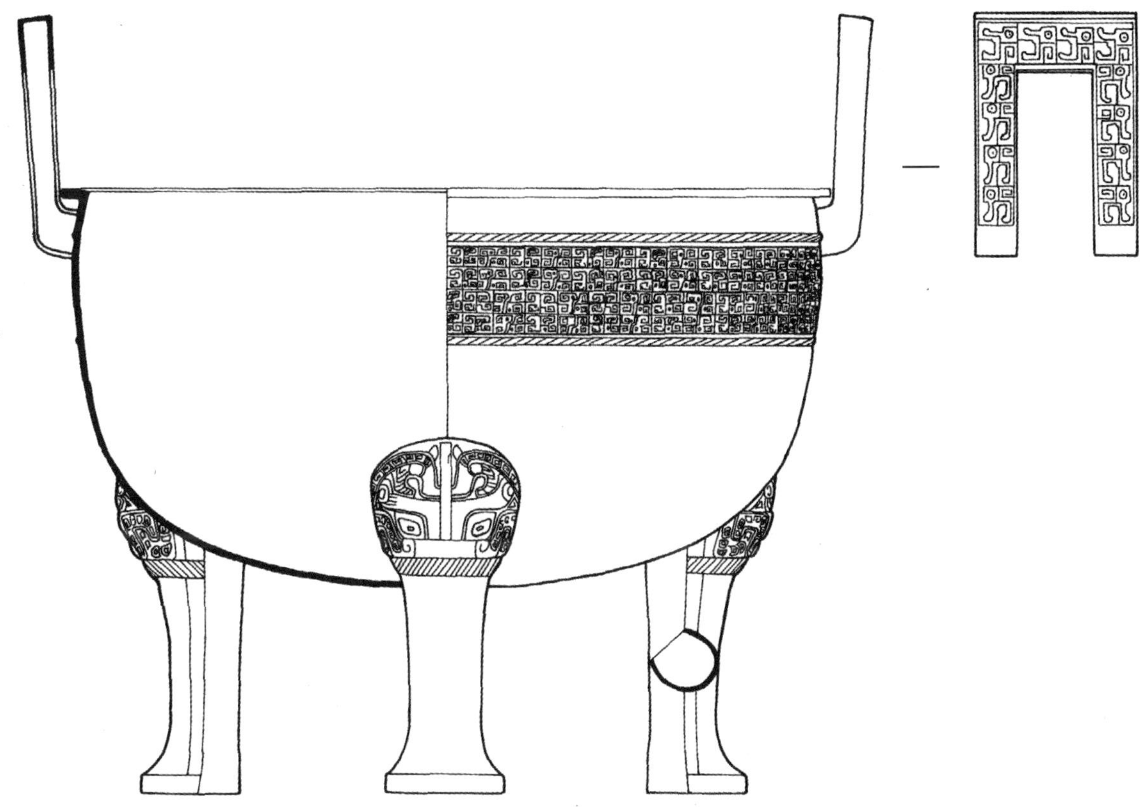

蟠螭纹铜鼎（C1M3427：17）【春秋中期】

腹上部有两周饰索纹的凸棱，凸棱之间饰蟠螭纹。足上部饰兽面纹，兽面正中起扉棱，两侧大眼凸目，双眉上翘，鼻向上卷起。

洛阳市文物考古研究院：《洛阳西小屯春秋墓发掘报告》，中州古籍出版社，2017年12月。

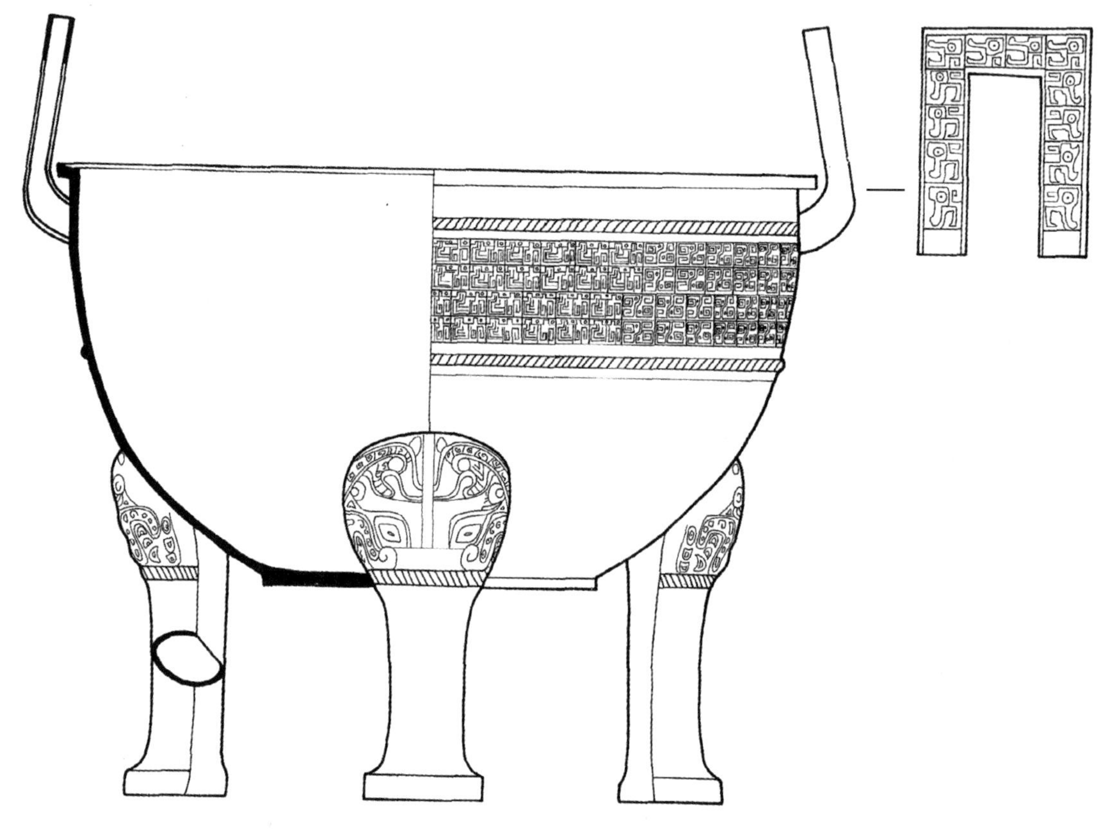

蟠螭纹铜鼎（C1M3427：16）【春秋中期】

腹部和双耳饰蟠螭纹，足上部饰兽面纹。

洛阳市文物考古研究院:《洛阳西小屯春秋墓发掘报告》，中州古籍出版社，2017 年 12 月。

蟠螭纹铜鼎（C1M3427：18）【春秋中期】

鼎腹部上下共饰三组纹饰：第一组上蟠螭纹，下波折纹；第二组为三周蟠螭纹；第三组上层为两周蟠螭纹，下为三角形纹，三角形内饰兽面纹。每组纹饰用凸棱相隔。足上部饰粗体兽面纹，兽面凸目，阔鼻，巨口。

洛阳市文物考古研究院：《洛阳西小屯春秋墓发掘报告》，中州古籍出版社，2017年12月。

正视图

高浮雕双身蟠龙纹铜壶（C1M3427：24）【春秋中期】

盖饰镂空蟠螭纹莲瓣，颈两侧有兽形半环耳套环，腹部宽面饰高浮雕双身蟠龙纹。龙头张口，凸目。龙身蜷曲，腹下部有二龙左右伸展至窄面，卷尾上翘。腹部窄面也饰高浮雕双身蟠龙纹；上部二龙身体蜷曲与双身龙缠绕在一起。龙的身部均呈宽带状。圈足上部饰变体雷纹。

洛阳市文物考古研究院：《洛阳西小屯春秋墓发掘报告》，中州古籍出版社，2017 年 12 月。

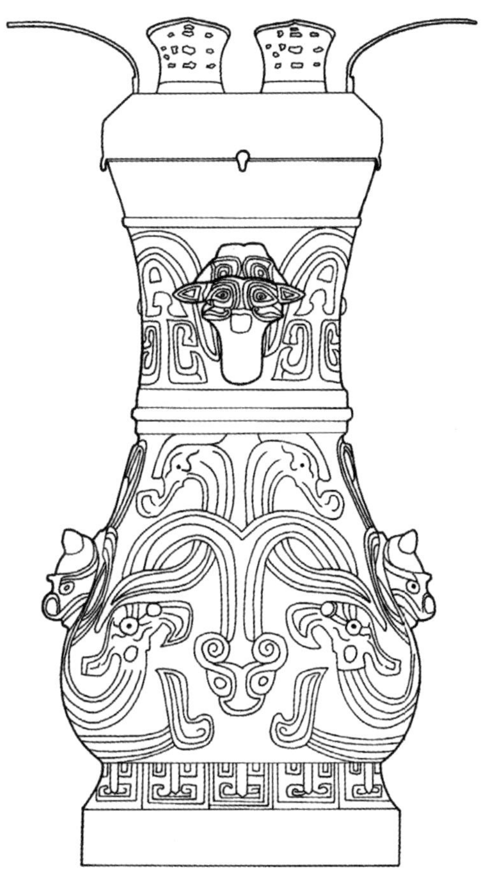

（C1M3427:24）侧视图

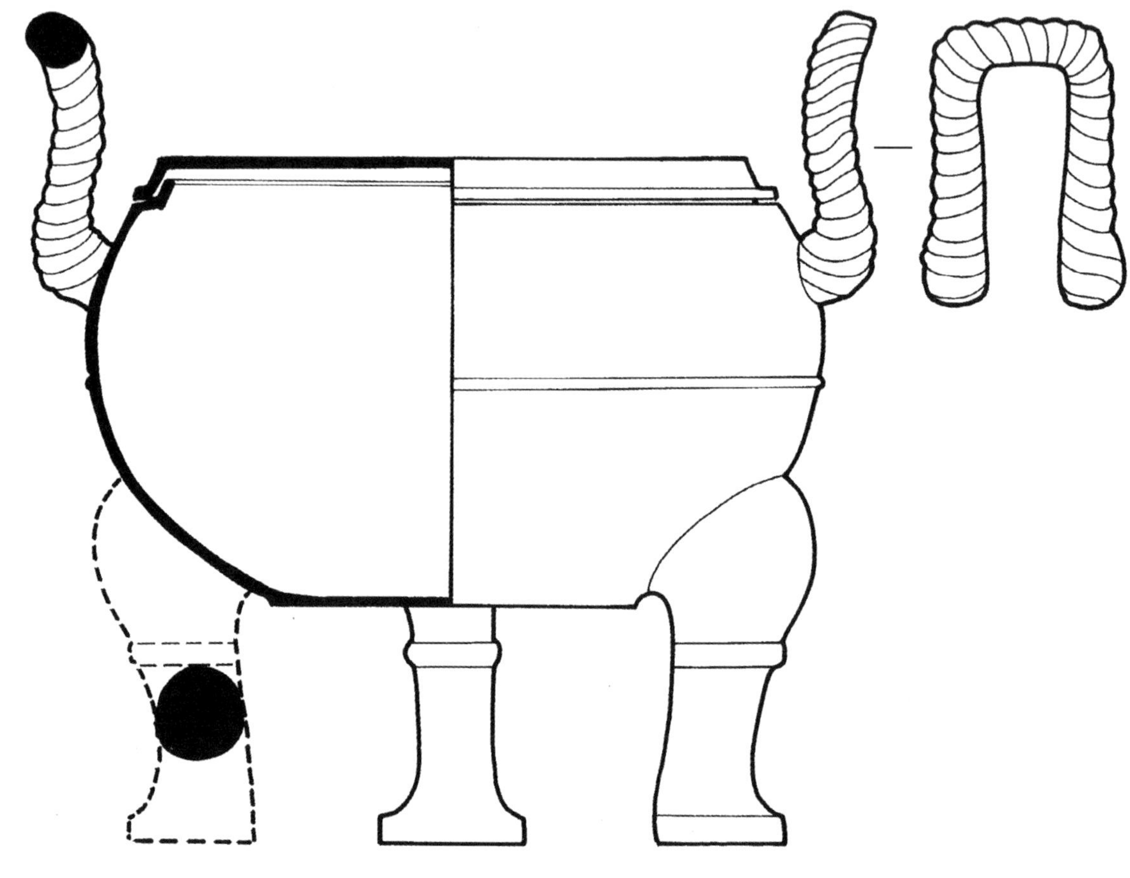

铜鼎（C1M3427：23）【春秋中期】

鼎附耳作粗绳索状，腹中部饰凸棱一周。

洛阳市文物考古研究院：《洛阳西小屯春秋墓发掘报告》，中州古籍出版社，2017 年 12 月。

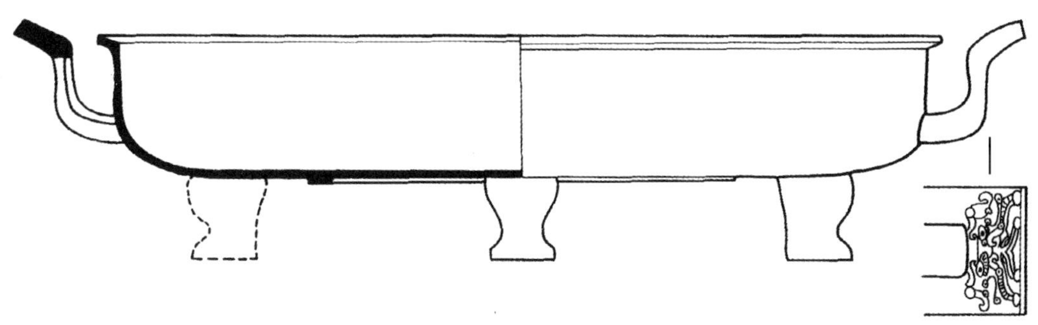

铜盘（C1M3427：15）【春秋中期】

耳上饰兽面纹。

洛阳市文物考古研究院：《洛阳西小屯春秋墓发掘报告》，中州古籍出版社，2017 年 12 月。

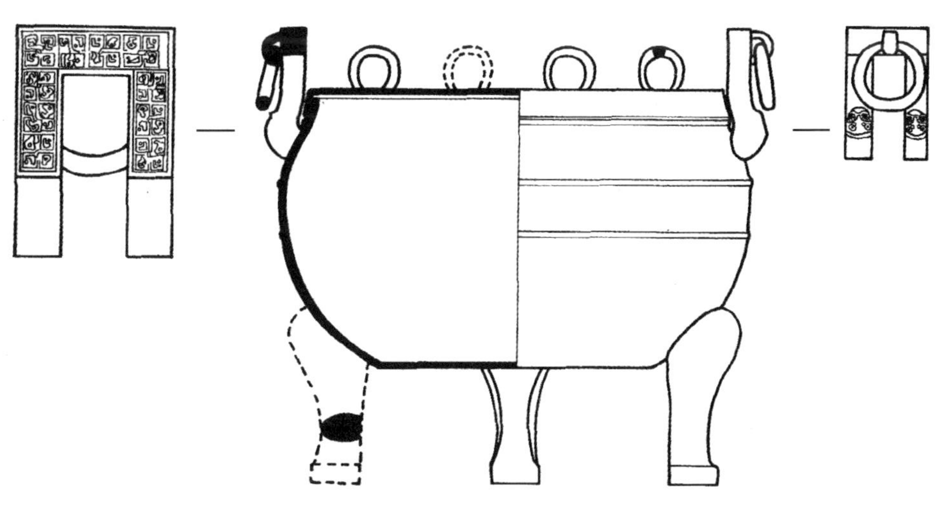

铜鼎（C1M3494：2）【春秋中期】

鼎口沿下及腹中部有三道凸棱，耳外侧下部两边各饰兽头纹，耳内外两侧均饰蟠螭纹。

洛阳市文物考古研究院：《洛阳西小屯春秋墓发掘报告》，中州古籍出版社，2017 年 12 月。

正视图

蟠螭纹铜方壶（C1M3494：9）【春秋中期】

盖沿镂空蟠螭纹莲瓣外侈。耳外侧饰双角兽头。上下两组纹饰相同，均为头大身细的小虺龙蜷曲成“S”形且相互勾连的蟠螭纹夹三角雷纹，中间一组为蟠螭纹。

洛阳市文物考古研究院：《洛阳西小屯春秋墓发掘报告》，中州古籍出版社，2017年12月。

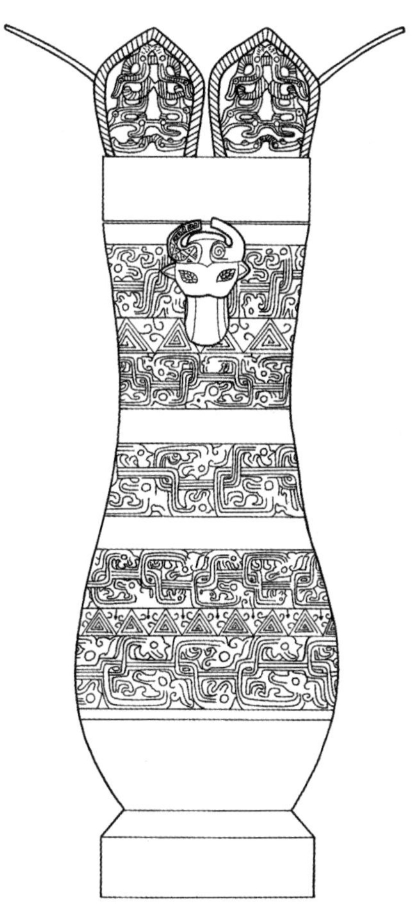

（C1M3494:9）侧视图

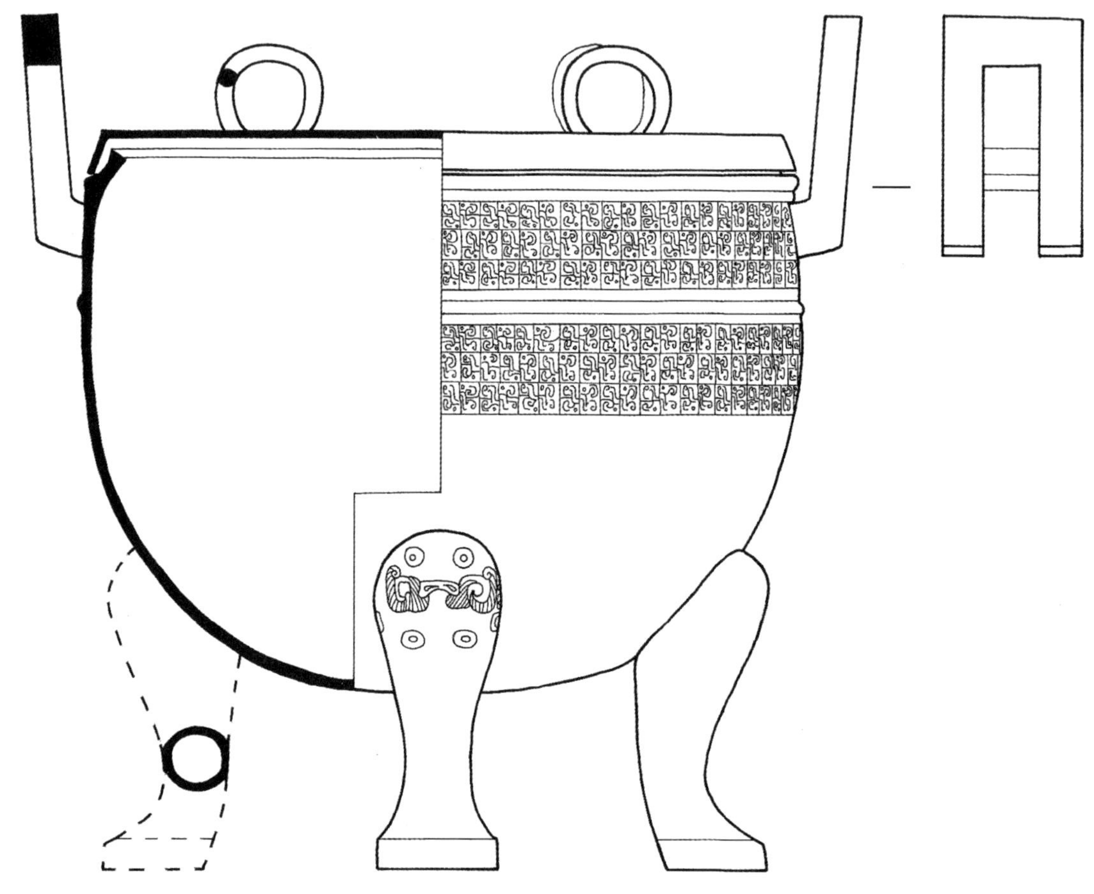

蟠螭纹铜鼎（C1M3494：4）【春秋中期】

足上部饰浮雕兽面纹，腹中部有一周凸棱，棱上下各饰三组细密的蟠螭纹，耳内外侧均饰蟠螭纹。

洛阳市文物考古研究院：《洛阳西小屯春秋墓发掘报告》，中州古籍出版社，2017 年 12 月。

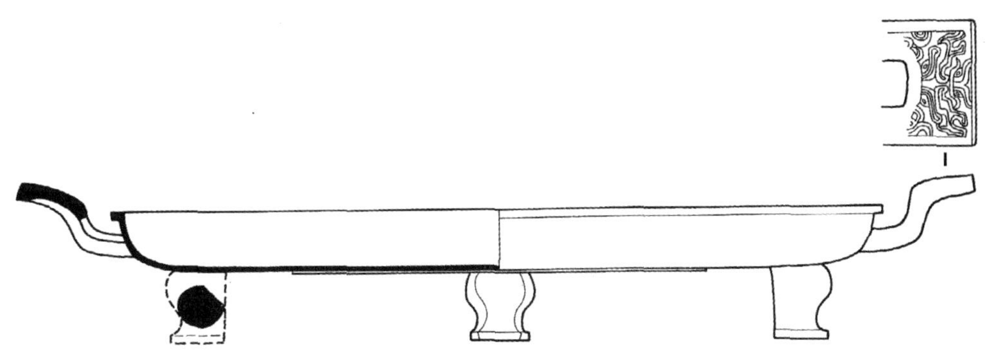

蟠螭纹铜盘（C1M3494：1）【春秋中期】

耳上饰蟠螭纹。

洛阳市文物考古研究院：《洛阳西小屯春秋墓发掘报告》，中州古籍出版社，2017 年 12 月。

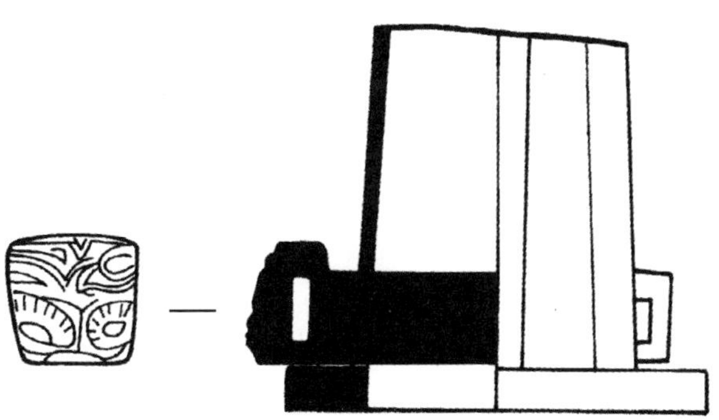

铜辖軎（C1M3494：14）【春秋中期】

辖首一端饰有方形兽头，辖键作扁方体。

洛阳市文物考古研究院：《洛阳西小屯春秋墓发掘报告》，中州古籍出版社，2017 年 12 月。

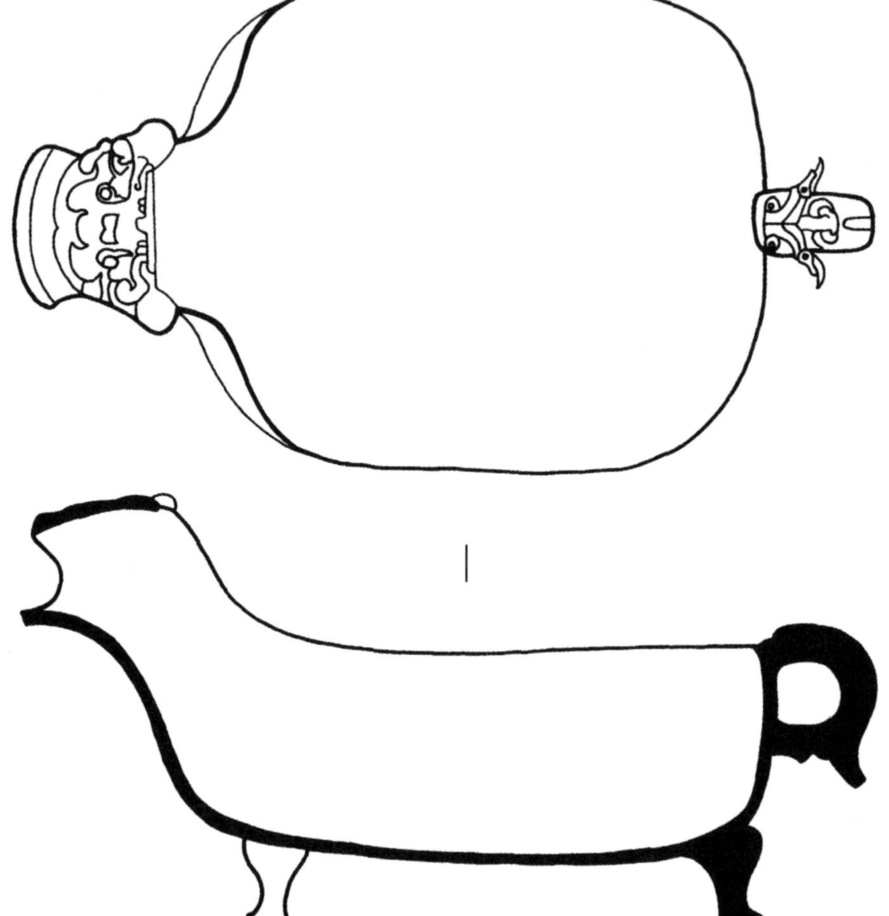

兽首铜匜（C1M3494：25）【春秋中期】

前端有兽首形流，流顶饰双角兽面纹，后端口沿下有一双角龙形半环鋬，鋬下龙尾呈一凸结。

洛阳市文物考古研究院：《洛阳西小屯春秋墓发掘报告》，中州古籍出版社，2017 年 12 月。

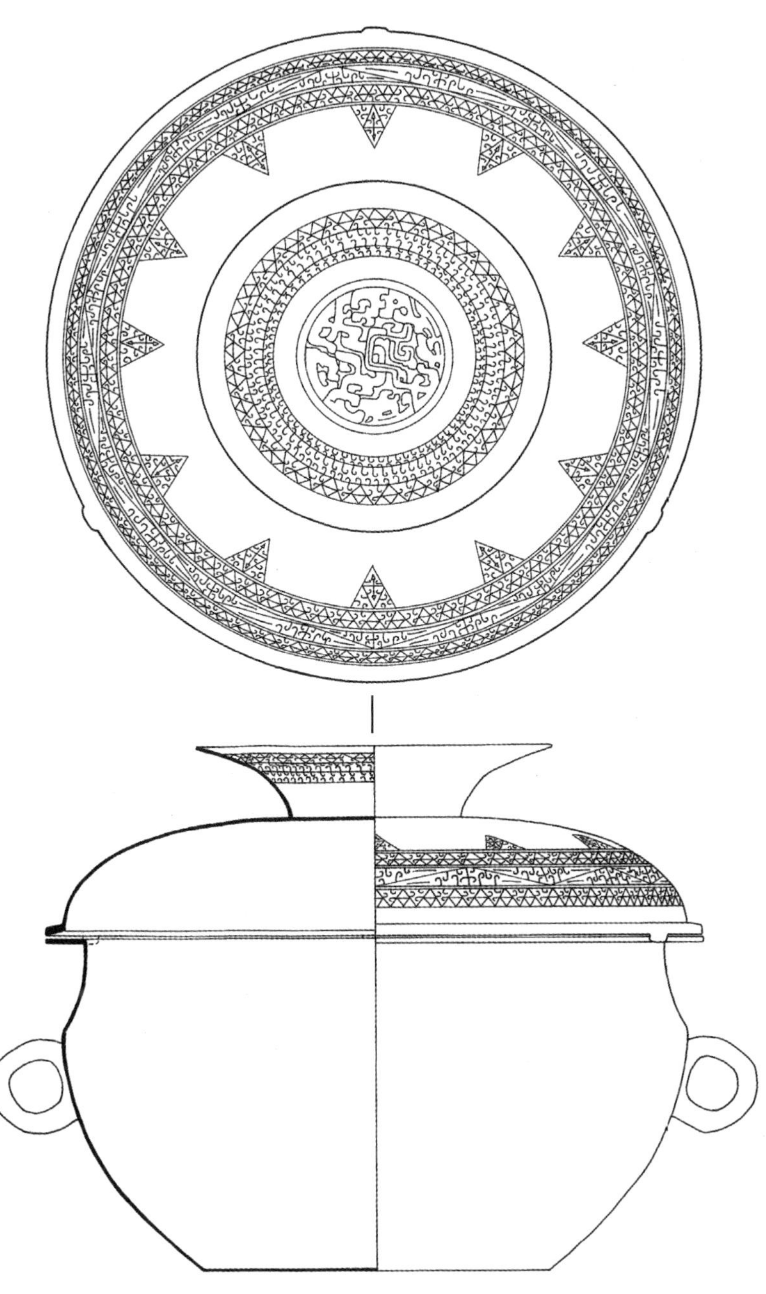

蟠螭纹铜敦（M9862：8）【春秋中期】

捉手和盖表面饰蟠螭纹、S 形云纹、立三角纹、倒三角纹、斜角云纹。

洛阳市文物工作队：《612 所地下车库工地发掘简报》，《洛阳考古发现》（2007）。

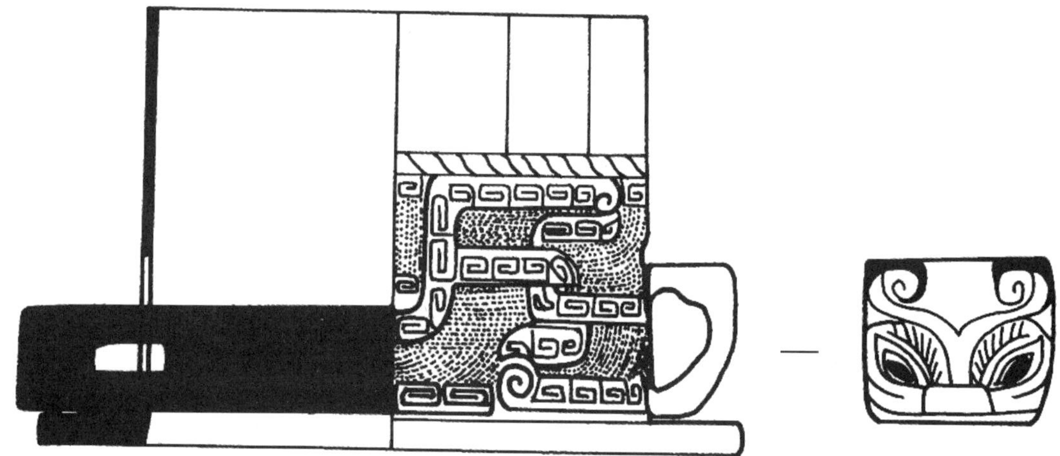

夔龙纹铜辖軎（LM8：9）【春秋中期】

軎身饰夔龙纹，内填雷纹和珍珠纹。

洛阳市文物工作队：《洛阳王城广场东周墓》，文物出版社，2009年10月。

蟠螭纹铜鼎盖【春秋中期】

盖上三环纽，上饰兽纹。从盖顶中到边缘共分四周蟠螭纹。

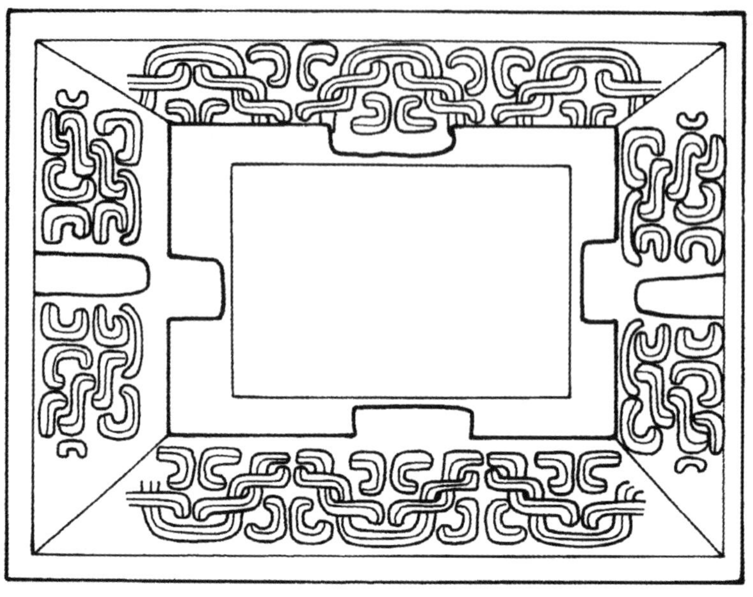

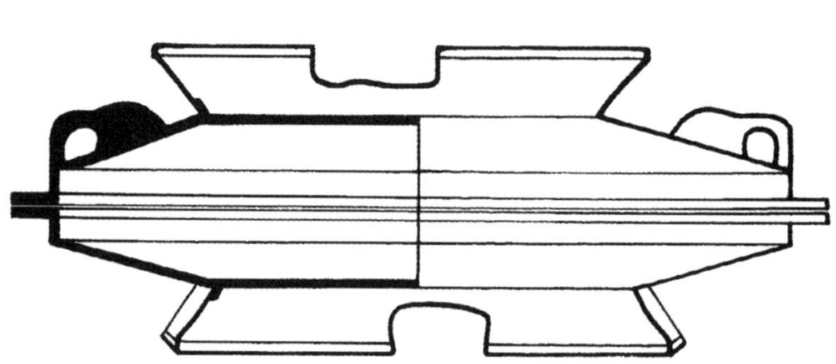

蟠螭纹铜簠（C1M3490：25）【春秋中晚期】

腹部饰双沟蟠螭纹。

洛阳市文物考古研究院：《洛阳西小屯春秋墓发掘报告》，中州古籍出版社，2017 年 12 月。

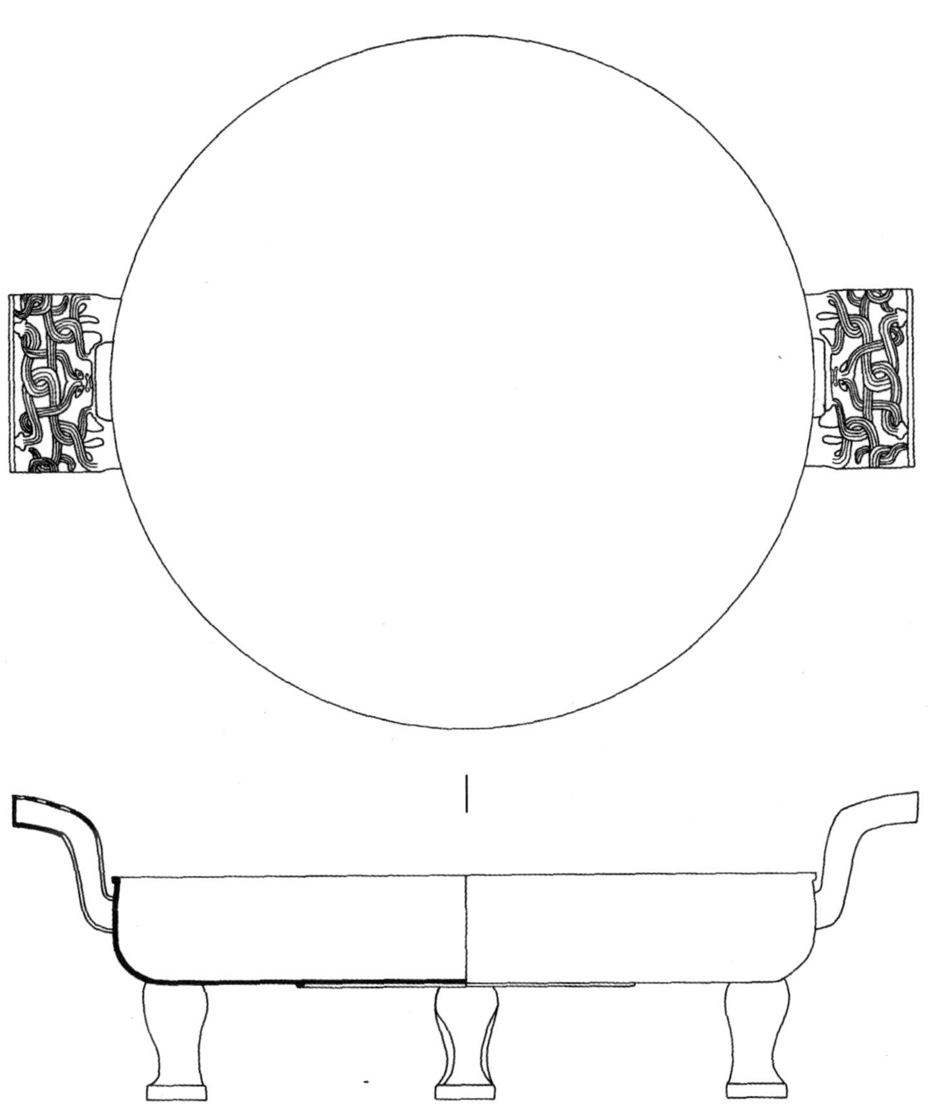

铜盘（C1M3490：10）【春秋中晚期】

耳面上饰镂空双身和小蛇相互缠绕的蟠螭纹。

洛阳市文物考古研究院：《洛阳西小屯春秋墓发掘报告》，中州古籍出版社，2017 年 12 月。

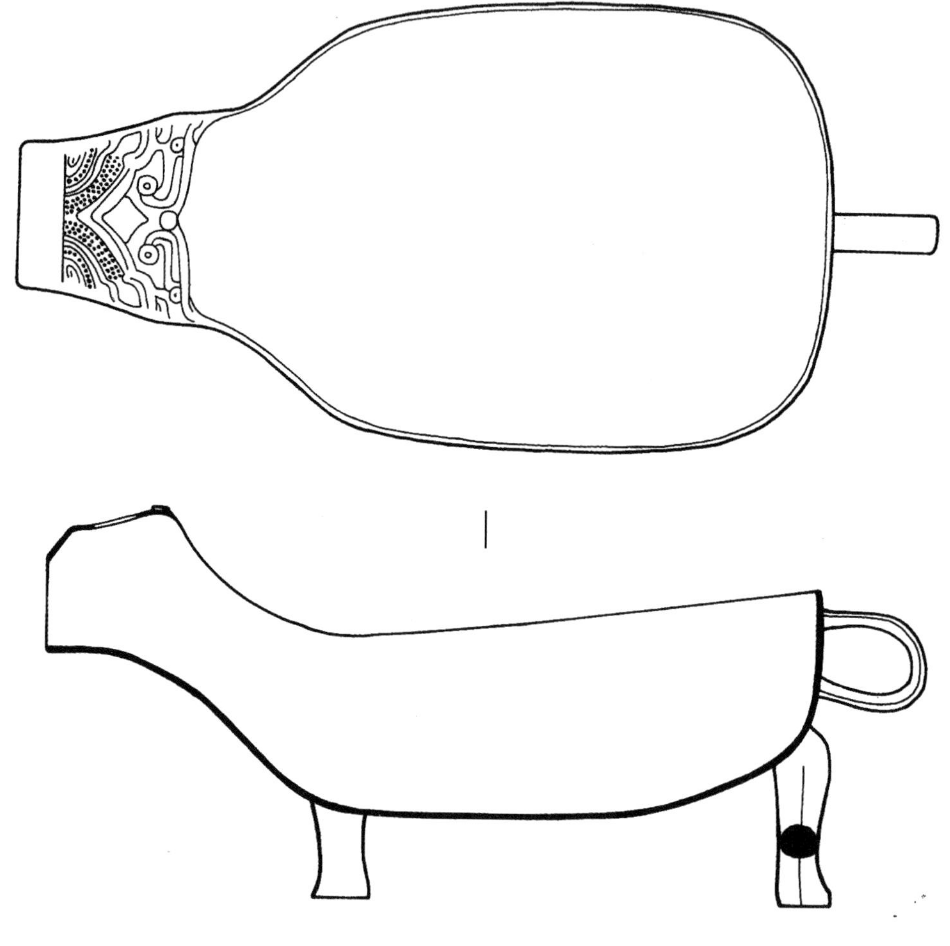

兽首铜匜（C1M3490：13）【春秋中晚期】

流上封盖，盖上饰兽面纹。

洛阳市文物考古研究院：《洛阳西小屯春秋墓发掘报告》，中州古籍出版社，2017年12月。

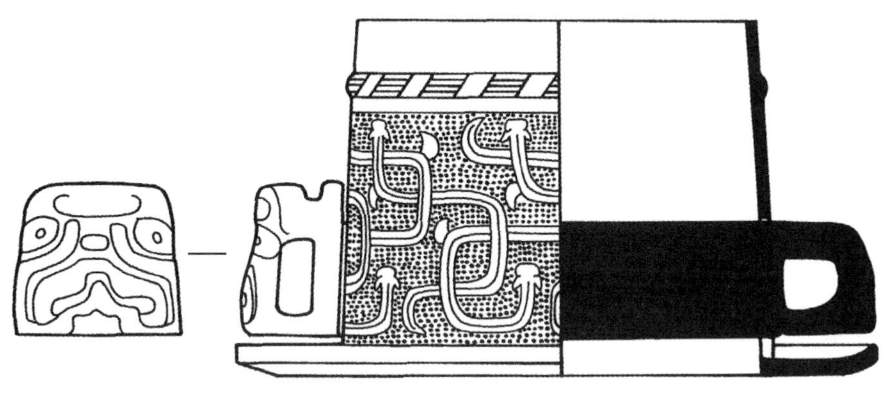

蟠虺纹铜辖軎（C1M3490：15–3）【春秋中晚期】

辖首上饰兽面纹，軎上饰小蛇相互缠绕的蟠虺纹，地纹为圆点纹。细端有一道索纹凸棱。

洛阳市文物考古研究院：《洛阳西小屯春秋墓发掘报告》，中州古籍出版社，2017年12月。

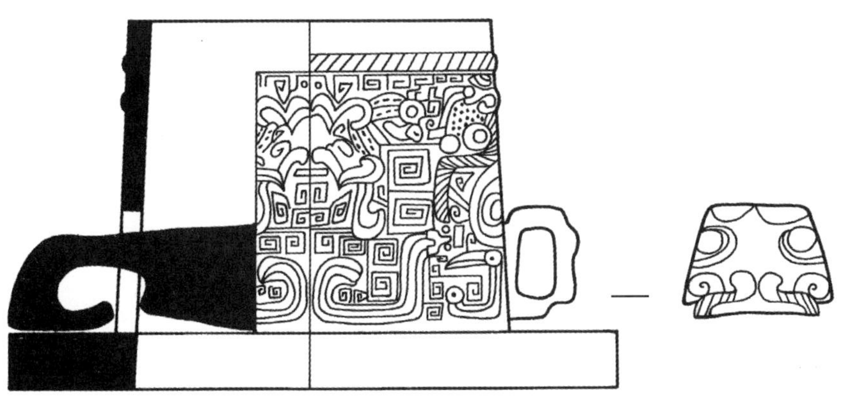

蟠螭纹铜辖軎（C1M3490：15–4）【春秋中晚期】

辖首上饰兽面纹，軎上饰蟠螭纹，云雷衬地。细端有一道索纹凸棱。

洛阳市文物考古研究院：《洛阳西小屯春秋墓发掘报告》，中州古籍出版社，2017年12月。

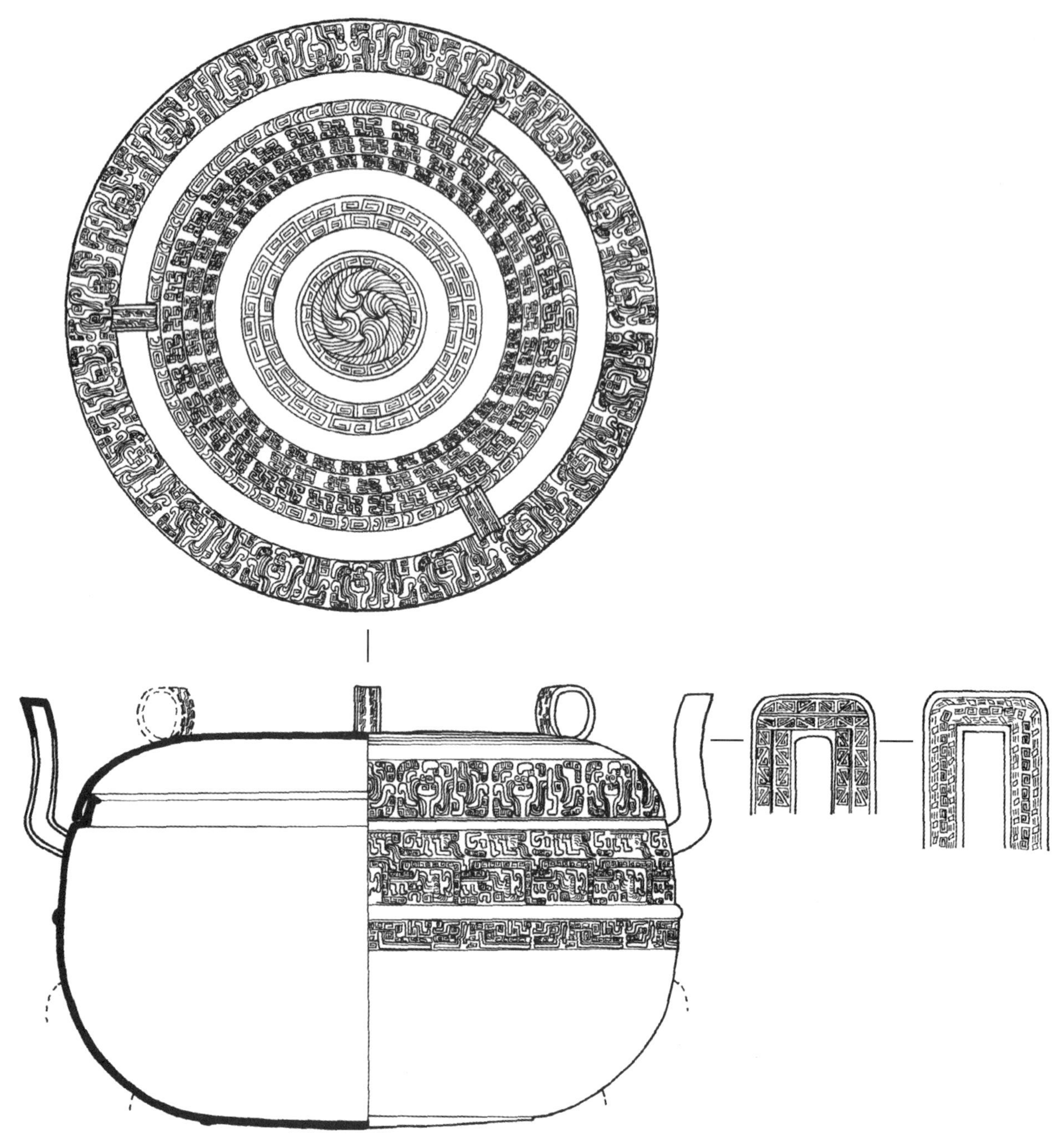

蟠螭纹铜鼎（C1M3422：3）【春秋中晚期】

顶有三扁环纽，纽上饰简易蟠螭纹。盖上从内到外分饰四组纹饰：第一组中心为涡纹及一周雷纹，第二组为两周雷纹，第三组为三周蟠螭纹一周重环纹，最外一组为蟠螭纹。每组纹饰以宽带分隔。两耳侧分别饰三角形雷纹和“S”形雷纹。腹中部有凸棱一周，上下分饰宽窄蟠螭纹。

洛阳市文物考古研究院：《洛阳西小屯春秋墓发掘报告》，中州古籍出版社，2017年12月。

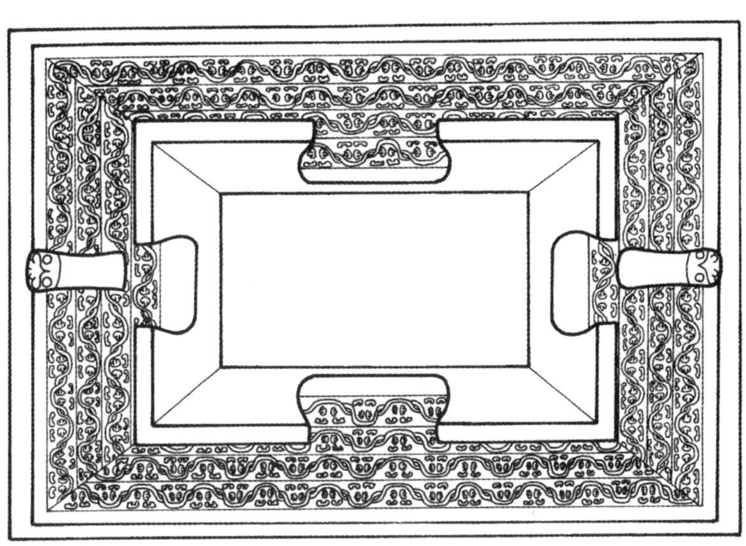

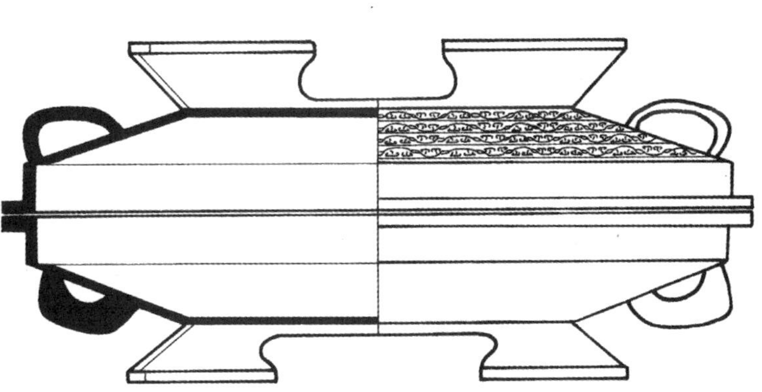

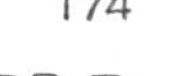

波曲纹铜簠（C1M3422：7）【春秋中晚期】

腹部饰波曲纹，耳上饰兽面纹。

洛阳市文物考古研究院：《洛阳西小屯春秋墓发掘报告》，中州古籍出版社，2017年12月。

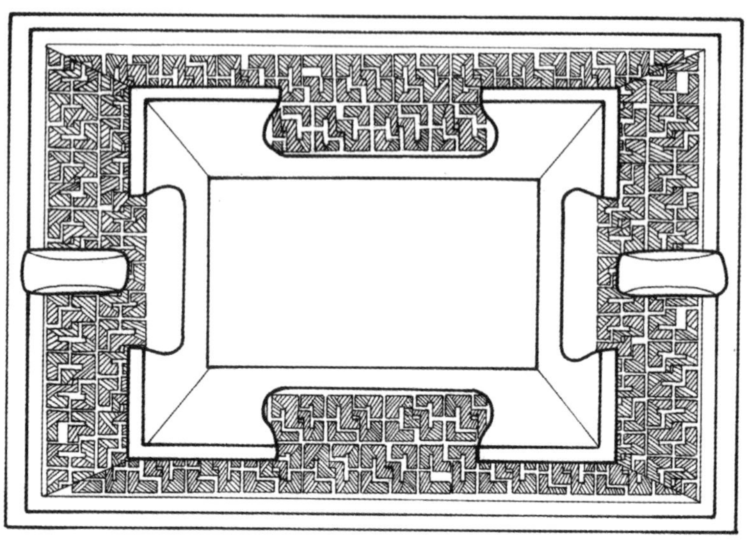

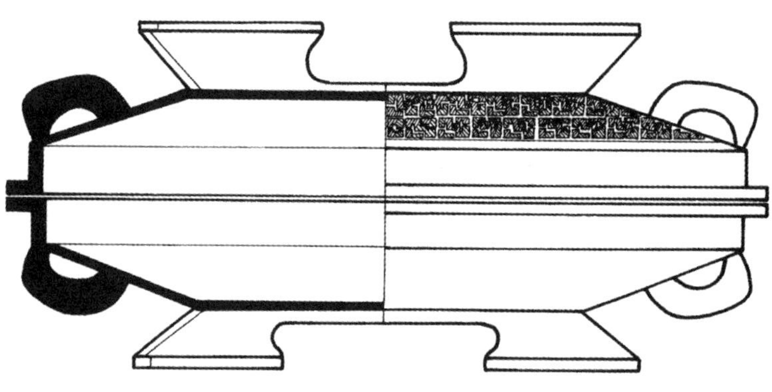

蟠螭纹铜簠（C1M3422：11）【春秋中晚期】

腹部饰以曲尺形及方曲折形纹上加斜线纹的变形简化蟠螭纹。

洛阳市文物考古研究院：《洛阳西小屯春秋墓发掘报告》，中州古籍出版社，2017 年 12 月。

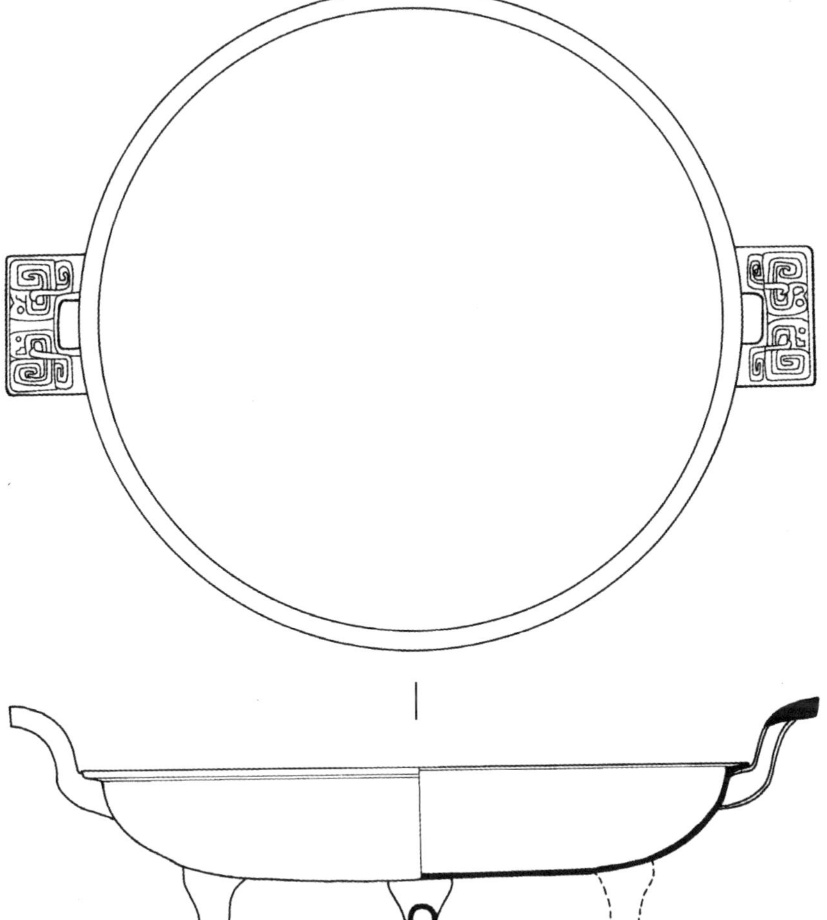

铜盘（C1M3422：4）【春秋中晚期】

耳上饰兽面纹。

洛阳市文物考古研究院：《洛阳西小屯春秋墓发掘报告》，中州古籍出版社，2017 年 12 月。

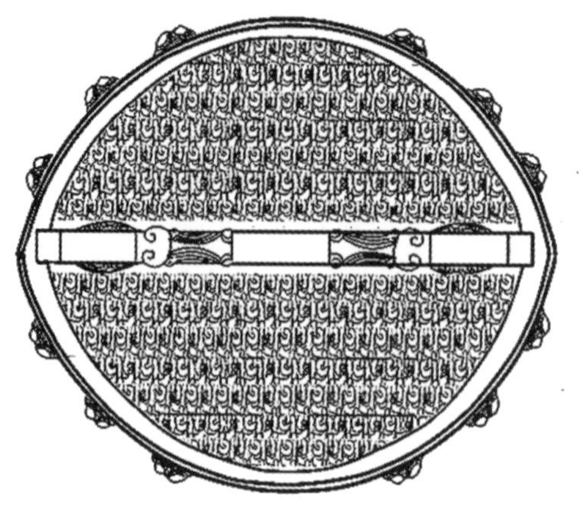

夔龙纹铜镈（西区 M2：2）【春秋中晚期】

纽部作两虎相背状。钲两侧各有三排九枚，枚作螺旋兽面形，舞、篆部饰夔龙纹，鼓部中间饰夔龙纹。钟体横截面呈椭圆形。鼓部中间饰七排四组夔龙纹，从上往下第一、二、三组为两排夔龙纹，第四组为一排夔龙纹。

郑州大学文物考古研究院（洛阳）、洛阳市文物考古研究院：《河南伊川徐阳东周墓地西区 2013—2015 年发掘》，《考古学报》2020 年第 4 期。

夔龙纹铜镈（西区 M2：5）【春秋中晚期】

纽部作两虎相背状。钲两侧各有三排九枚，枚作螺旋兽面形，舞、篆部饰夔龙纹，鼓部中间饰夔龙纹。钟体横截面呈椭圆形。鼓部中间饰六排夔龙纹。

郑州大学文物考古研究院（洛阳）、洛阳市文物考古研究院：《河南伊川徐阳东周墓地西区2013—2015 年发掘》，《考古学报》2020 年第 4 期。

夔龙纹铜镈（西区 M2：11）【春秋中晚期】

纽部作两虎相背状。钲两侧各有三排九枚，枚作螺旋兽面形，舞、篆部饰夔龙纹，鼓部中间饰四排夔龙纹。钟体横截面呈椭圆形。

郑州大学文物考古研究院（洛阳）、洛阳市文物考古研究院：《河南伊川徐阳东周墓地西区 2013—2015 年发掘》，《考古学报》2020 年第 4 期。

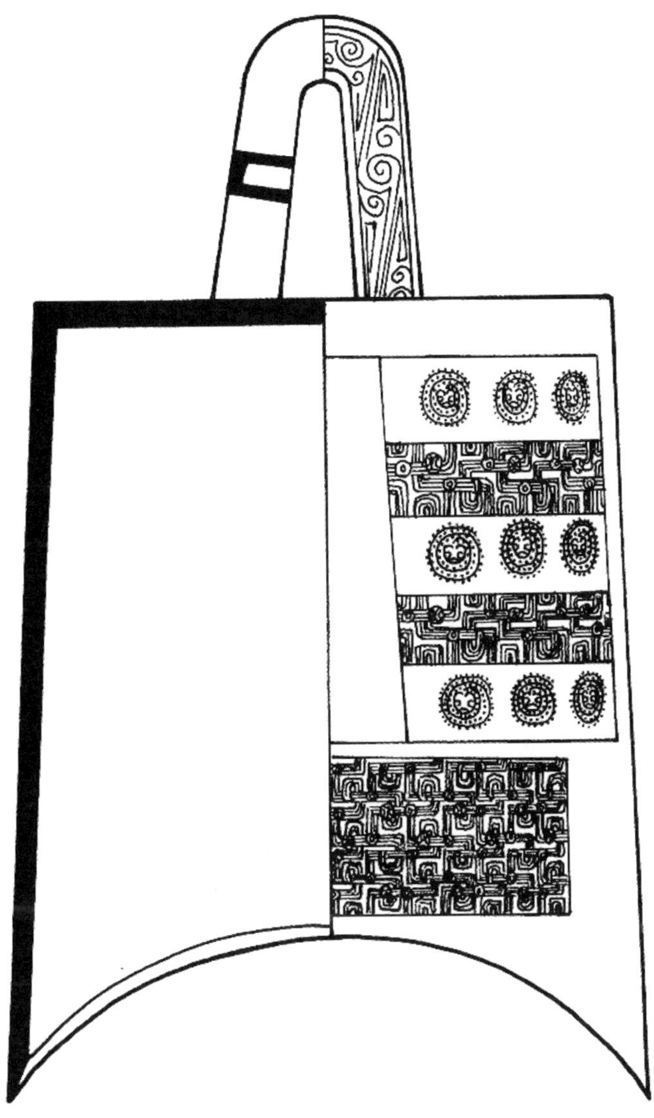

夔龙纹铜纽钟（西区 M2：4）【春秋中晚期】

纽部左右两侧各有三排九枚，枚作内兽面外螺旋形，钲舞顶素面，篆部饰两组夔龙纹，每组两排。纽面饰回纹、三角纹，鼓中部饰夔龙纹。

郑州大学文物考古研究院（洛阳）、洛阳市文物考古研究院：《河南伊川徐阳东周墓地西区2013—2015 年发掘》，《考古学报》2020 年第 4 期。

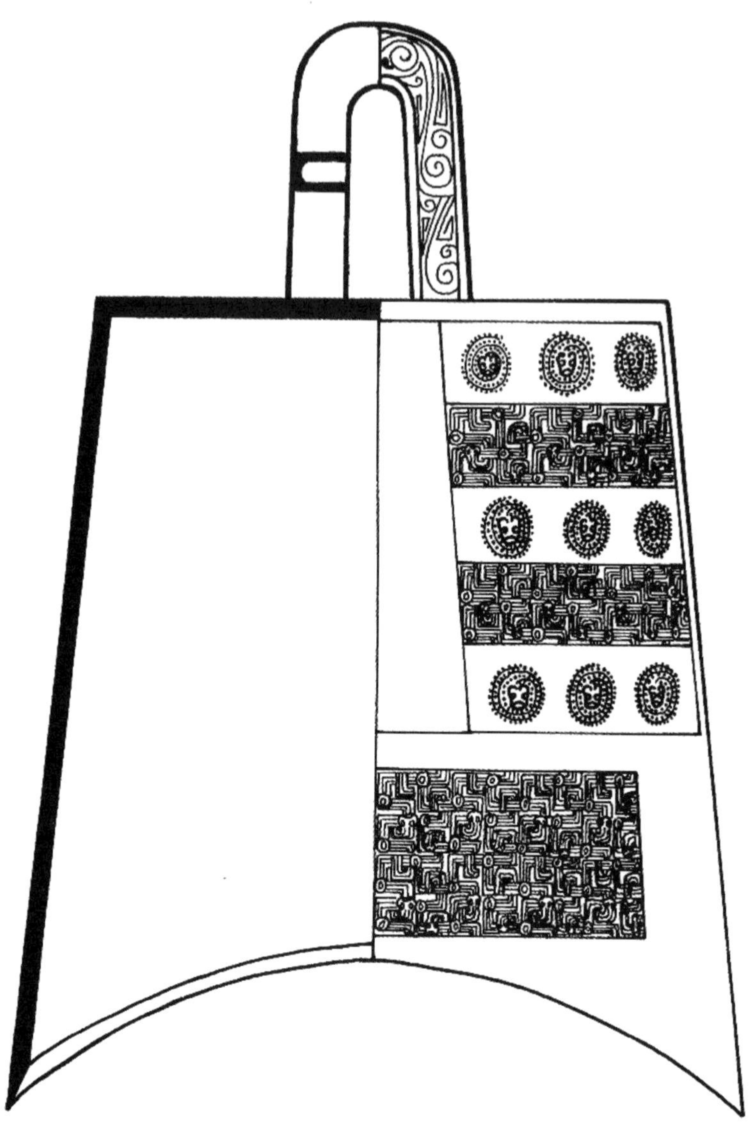

夔龙纹铜组钟（西区 M2：3）【春秋中晚期】

钲部左右两侧各有三排九枚，枚作内兽面外螺旋形，钅舞顶素面，篆部饰两组夔龙纹，每组两排。钮面饰回纹、三角纹，鼓部中部饰夔龙纹。

郑州大学文物考古研究院（洛阳）、洛阳市文物考古研究院：《河南伊川徐阳东周墓地西区2013—2015年发掘》，《考古学报》2020年第4期。

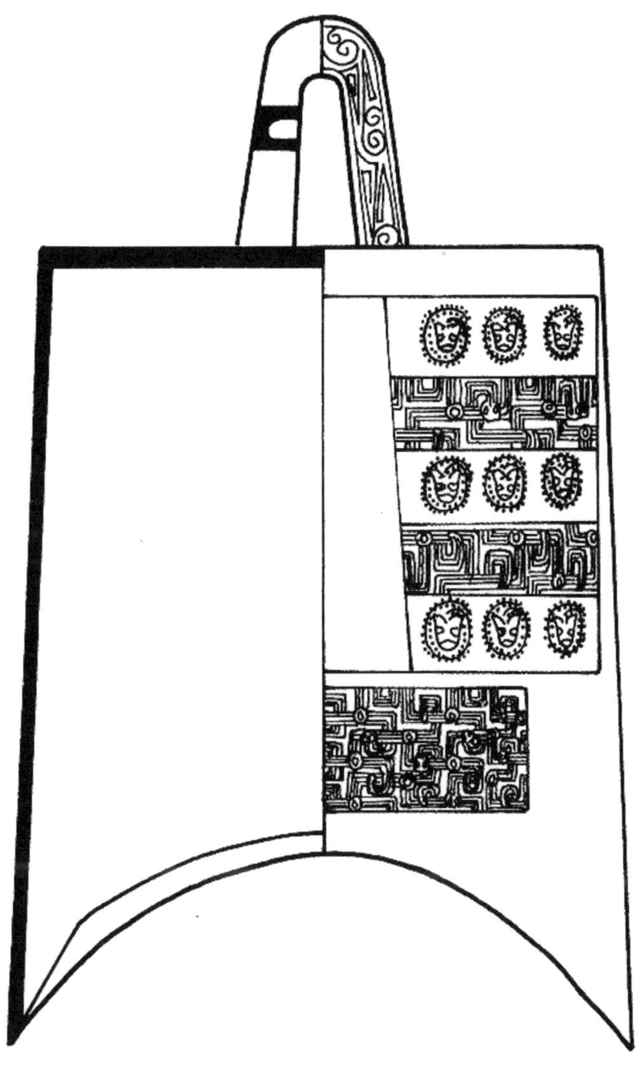

夔龙纹铜纽钟（西区 M2：7）【春秋中晚期】

纽部左右两侧各有三排九枚，枚作内兽面外螺旋形，甬舞顶素面，篆部饰两组夔龙纹，每组两排。纽面饰回纹、三角纹，鼓部中部饰夔龙纹。

郑州大学文物考古研究院（洛阳）、洛阳市文物考古研究院：《河南伊川徐阳东周墓地西区 2013—2015 年发掘》，《考古学报》2020 年第 4 期。

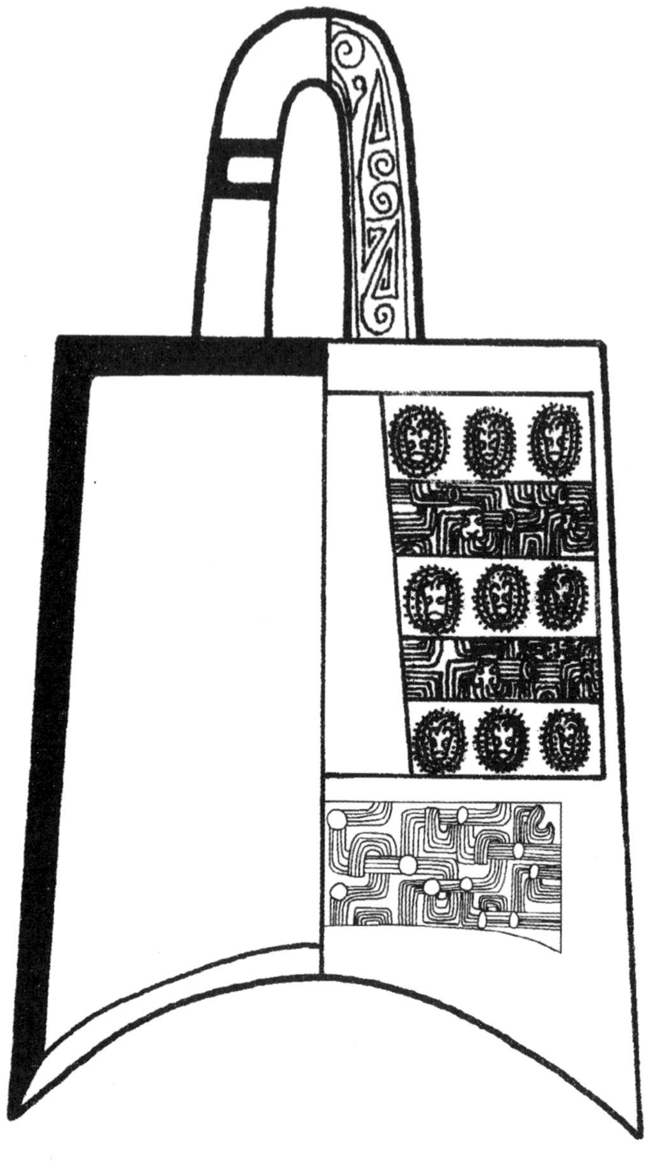

夔龙纹铜纽钟（西区 M2：13）【春秋中晚期】

纽部左右两侧各有三排九枚，枚作内兽面外螺旋形，钲舞顶素面，篆部饰两组夔龙纹，每组两排。纽面饰回纹、三角纹，鼓部中部饰夔龙纹。

郑州大学文物考古研究院（洛阳）、洛阳市文物考古研究院：《河南伊川徐阳东周墓地西区2013—2015年发掘》，《考古学报》2020年第4期。

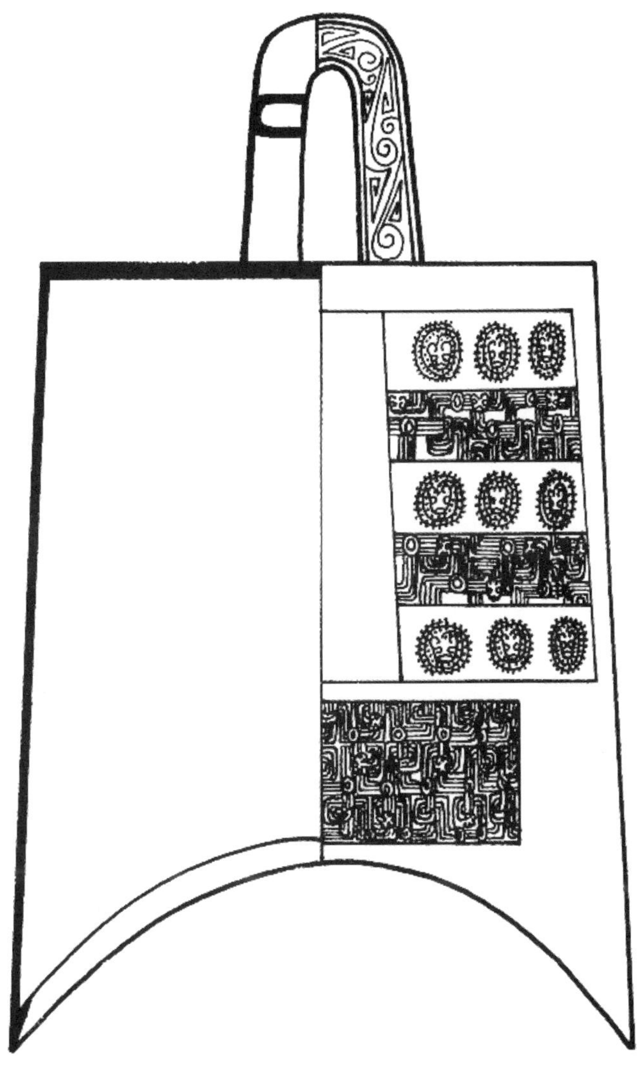

夔龙纹铜纽钟（西区 M2：6）【春秋中晚期】

纽部左右两侧各有三排九枚，枚作内兽面外螺旋形，钲舞顶素面，篆部饰两组夔龙纹，每组两排。纽面饰回纹、三角纹，鼓部中部饰夔龙纹。

郑州大学文物考古研究院（洛阳）、洛阳市文物考古研究院：《河南伊川徐阳东周墓地西区2013—2015年发掘》，《考古学报》2020年第4期。

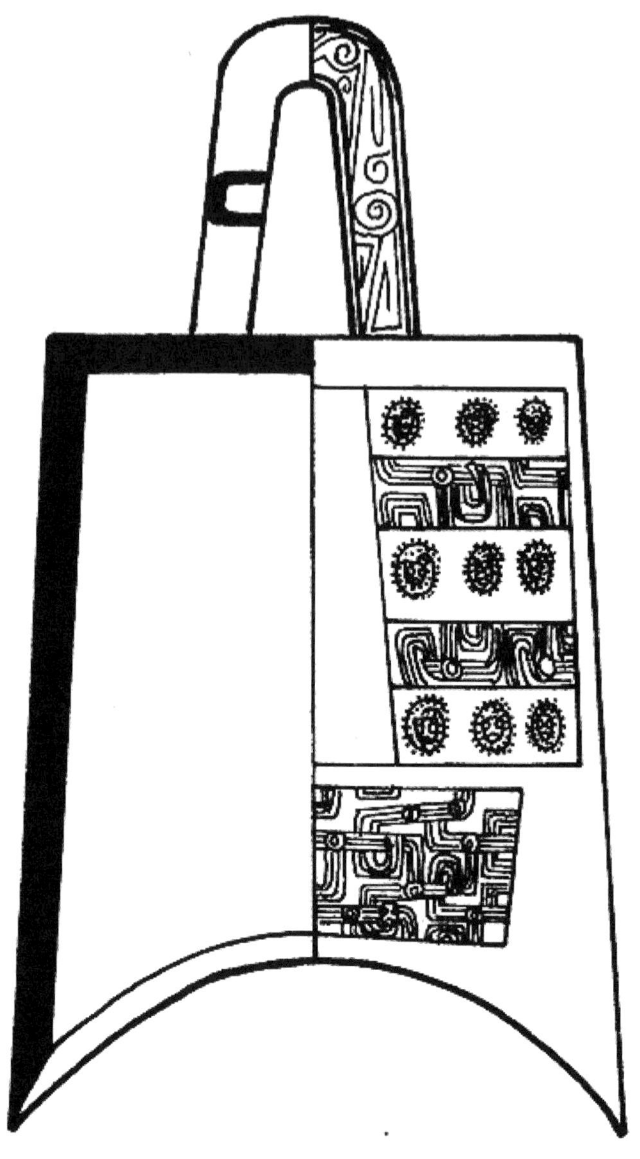

夔龙纹铜纽钟（西区 M2：12）【春秋中晚期】

纽部左右两侧各有三排九枚，枚作内兽面外螺旋形，甬舞顶素面，篆部饰两组夔龙纹，每组两排。纽面饰回纹、三角纹，鼓部中部饰夔龙纹。

郑州大学文物考古研究院（洛阳）、洛阳市文物考古研究院：《河南伊川徐阳东周墓地西区2013—2015年发掘》，《考古学报》2020年第4期。

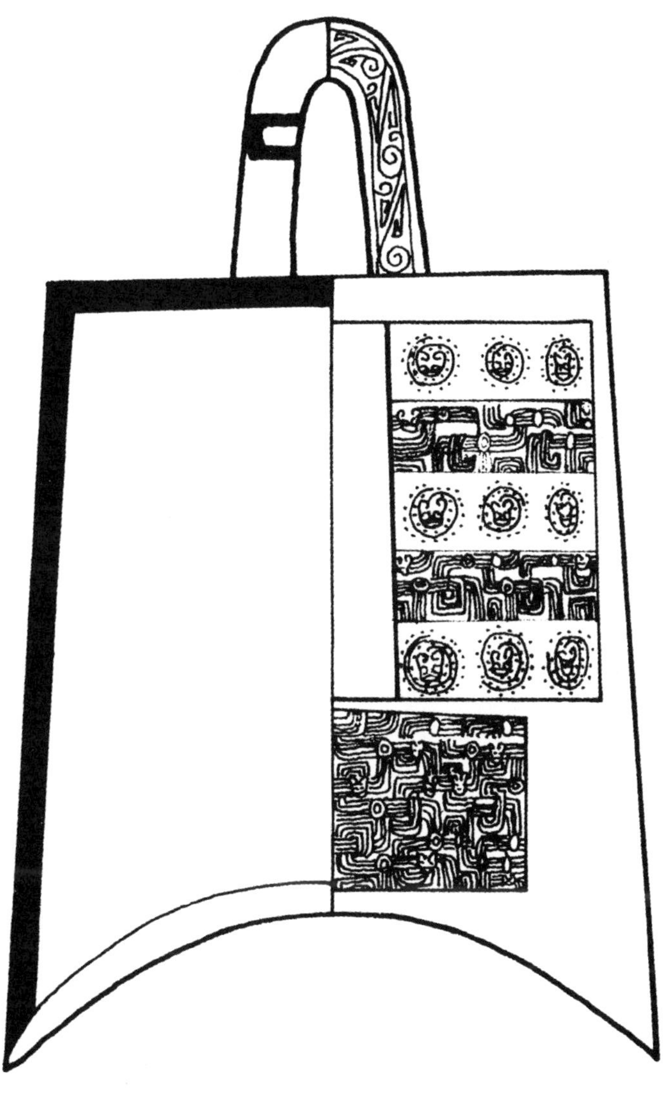

夔龙纹铜纽钟（西区 M2：9）【春秋中晚期】

纽部左右两侧各有三排九枚，枚作内兽面外螺旋形，钲舞顶素面，篆部饰两组夔龙纹，每组两排。纽面饰回纹、三角纹，鼓部中部饰夔龙纹。

郑州大学文物考古研究院（洛阳）、洛阳市文物考古研究院：《河南伊川徐阳东周墓地西区 2013—2015 年发掘》，《考古学报》2020 年第 4 期。

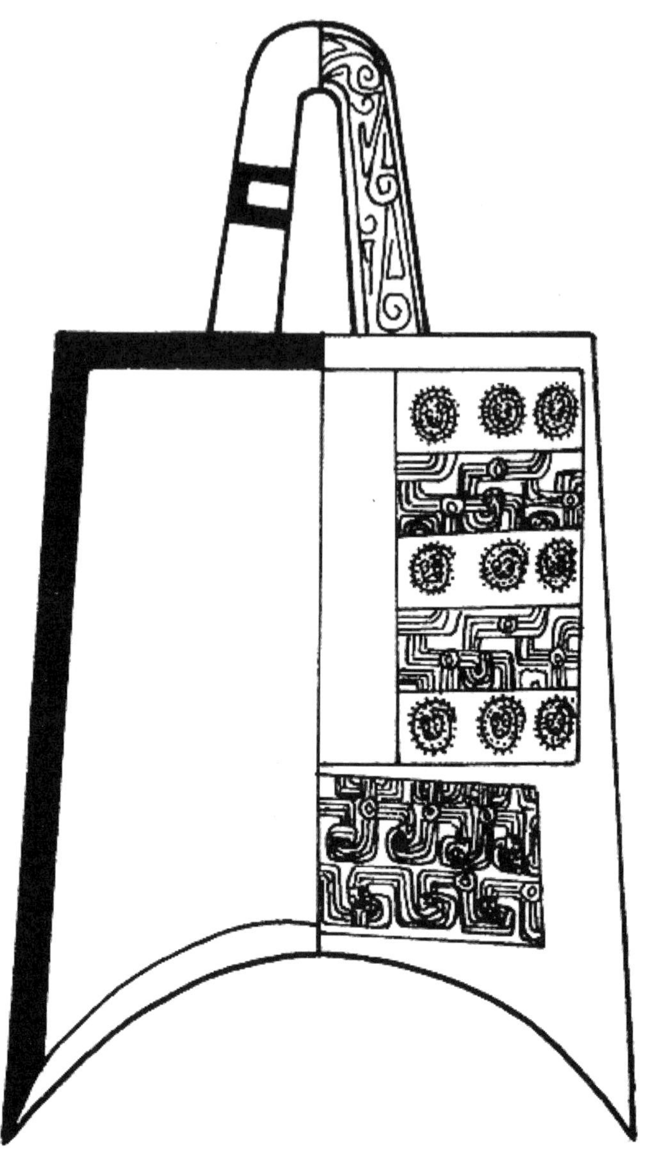

夔龙纹铜纽钟（西区 M2：1）【春秋中晚期】

纽部左右两侧各有三排九枚，枚作内兽面外螺旋形，窄舞顶素面，篆部饰两组夔龙纹，每组两排。纽面饰回纹、三角纹，鼓部中部饰夔龙纹。

郑州大学文物考古研究院（洛阳）、洛阳市文物考古研究院：《河南伊川徐阳东周墓地西区 2013—2015 年发掘》，《考古学报》2020 年第 4 期。

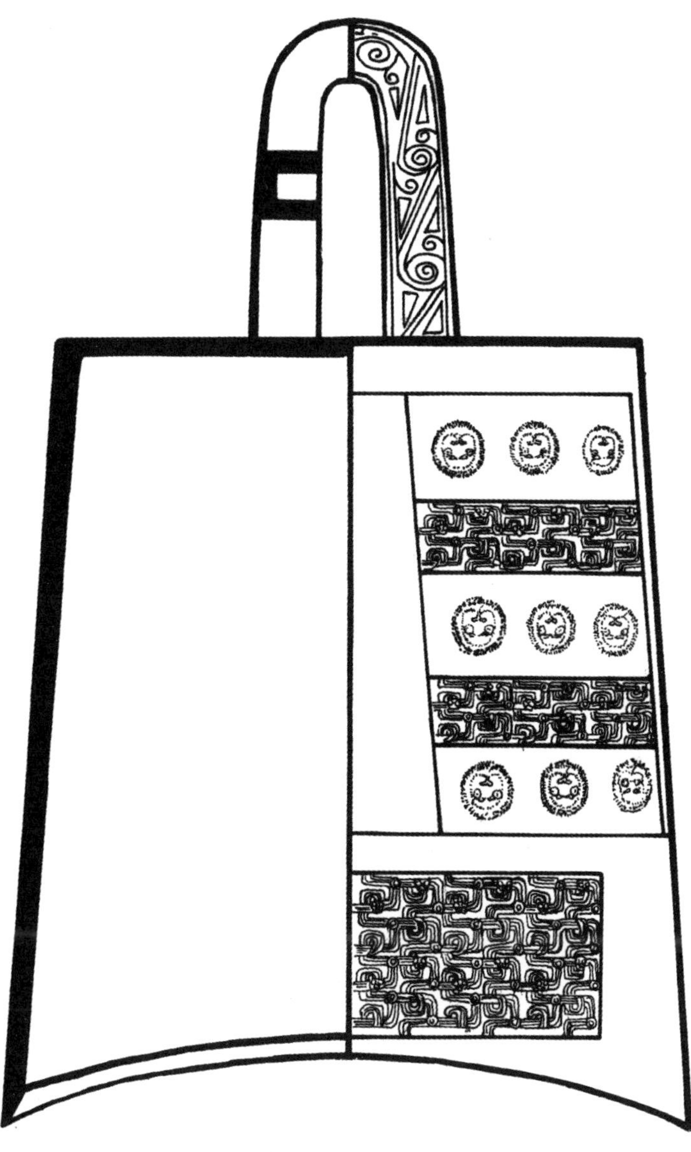

夔龙纹铜纽钟（西区 M2：10）【春秋中晚期】

纽部左右两侧各有三排九枚，枚作内兽面外螺旋形，钲舞顶素面，篆部饰两组夔龙纹，每组两排。纽面饰回纹、三角纹，鼓部中部饰夔龙纹。

郑州大学文物考古研究院（洛阳）、洛阳市文物考古研究院：《河南伊川徐阳东周墓地西区 2013—2015 年发掘》，《考古学报》2020 年第 4 期。

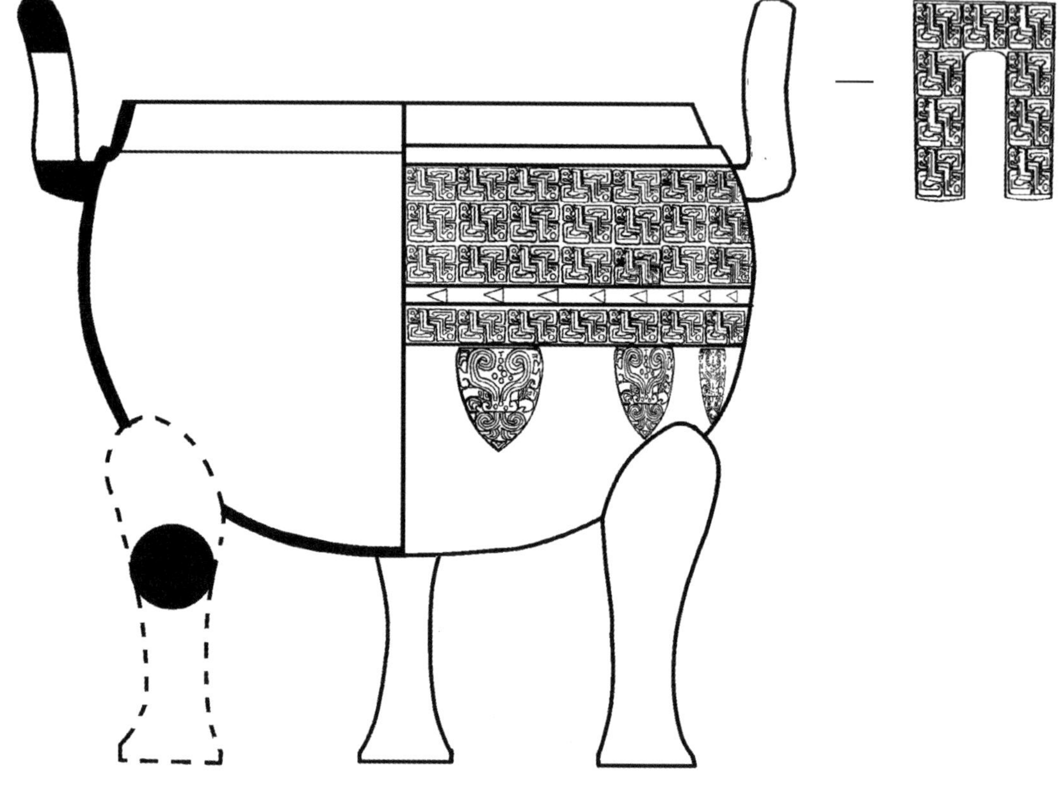

夔龙纹铜鼎（西区 M12：1）【春秋中晚期】

腹部纹饰从口部往下依次为：第一周由三排夔龙纹组成夔龙纹带，第二周由三角形组成纹饰带，第三周由一排夔龙纹组成夔龙纹带，第四周为心形垂叶纹，内填回纹。

郑州大学文物考古研究院（洛阳）、洛阳市文物考古研究院：《河南伊川徐阳东周墓地西区2013—2015 年发掘》，《考古学报》2020 年第 4 期。

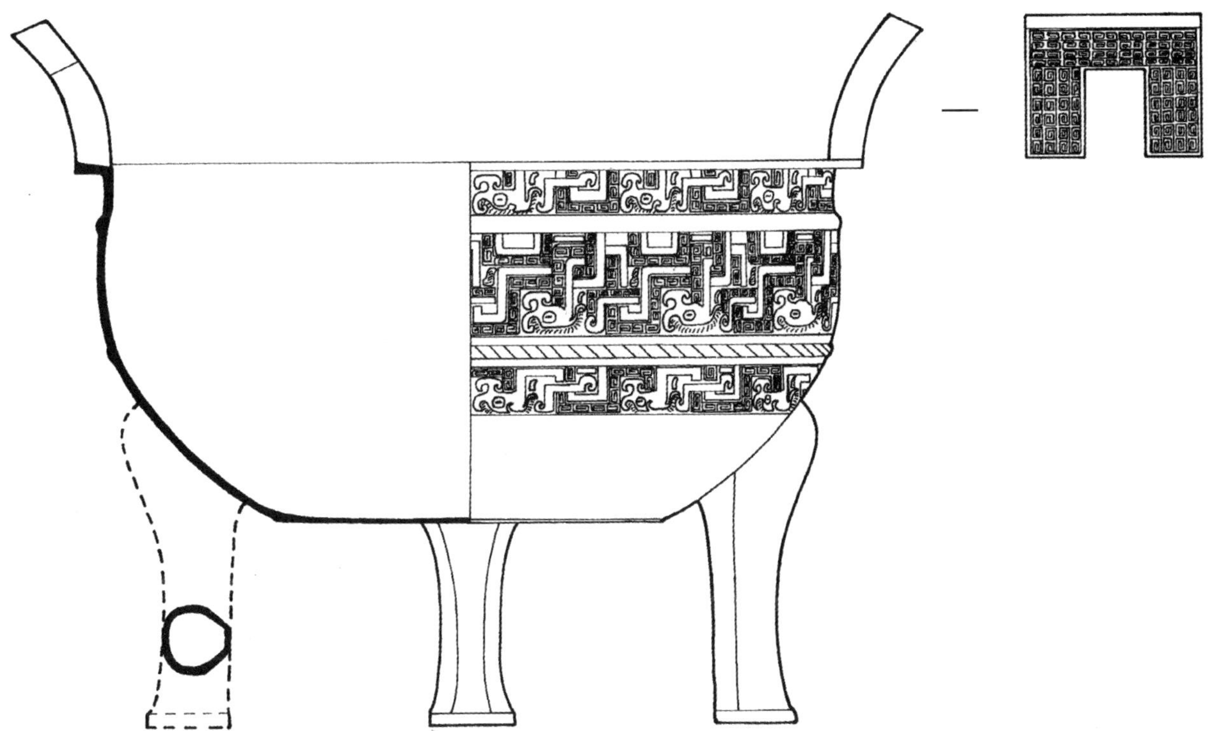

蟠螭纹铜鼎（西区 M6：14）【春秋中晚期】

耳外饰卷云纹，沿下至腹部从上到下饰三周蟠螭纹、卷云纹，均以凸棱相间隔。

郑州大学文物考古研究院（洛阳）、洛阳市文物考古研究院：《河南伊川徐阳东周墓地西区2013—2015年发掘》，《考古学报》2020年第4期。

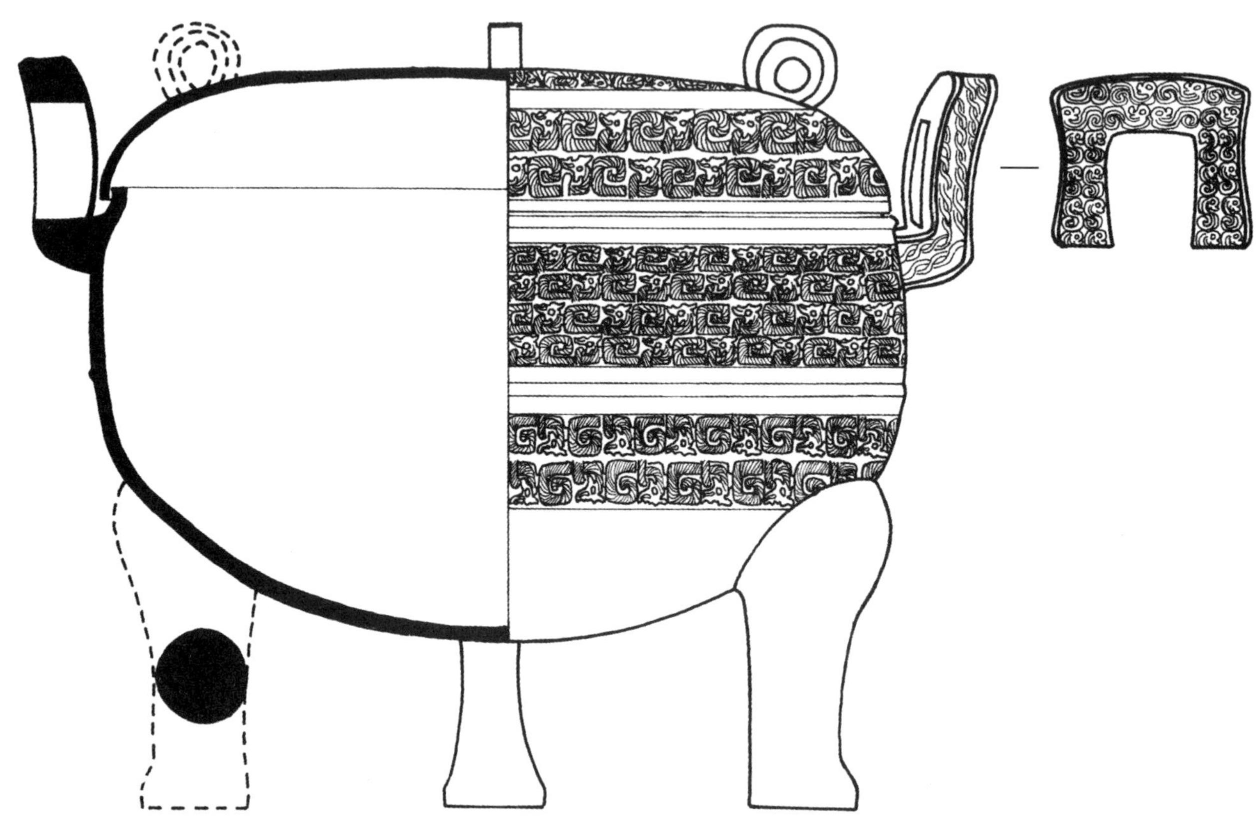

夔龙纹铜鼎（西区 M2：27）【春秋中晚期】

盖顶有凸棱和夔龙纹带，纹饰从内向外有四周夔龙纹带，每周夔龙纹之间以两周凸棱为界格。腹部饰两周纹饰，从口部往下依次为：第一周由四排夔龙纹组成夔龙纹带，第二周由两排夔龙纹组成夔龙纹带。

郑州大学文物考古研究院（洛阳）、洛阳市文物考古研究院：《河南伊川徐阳东周墓地西区 2013—2015 年发掘》，《考古学报》2020 年第 4 期。

夔龙纹铜鼎盖（西区 M2：27）

蟠螭纹铜鼎盖【春秋中晚期】

盖中间饰窃曲纹，中部饰蟠螭纹，外侧饰蟠虺纹。

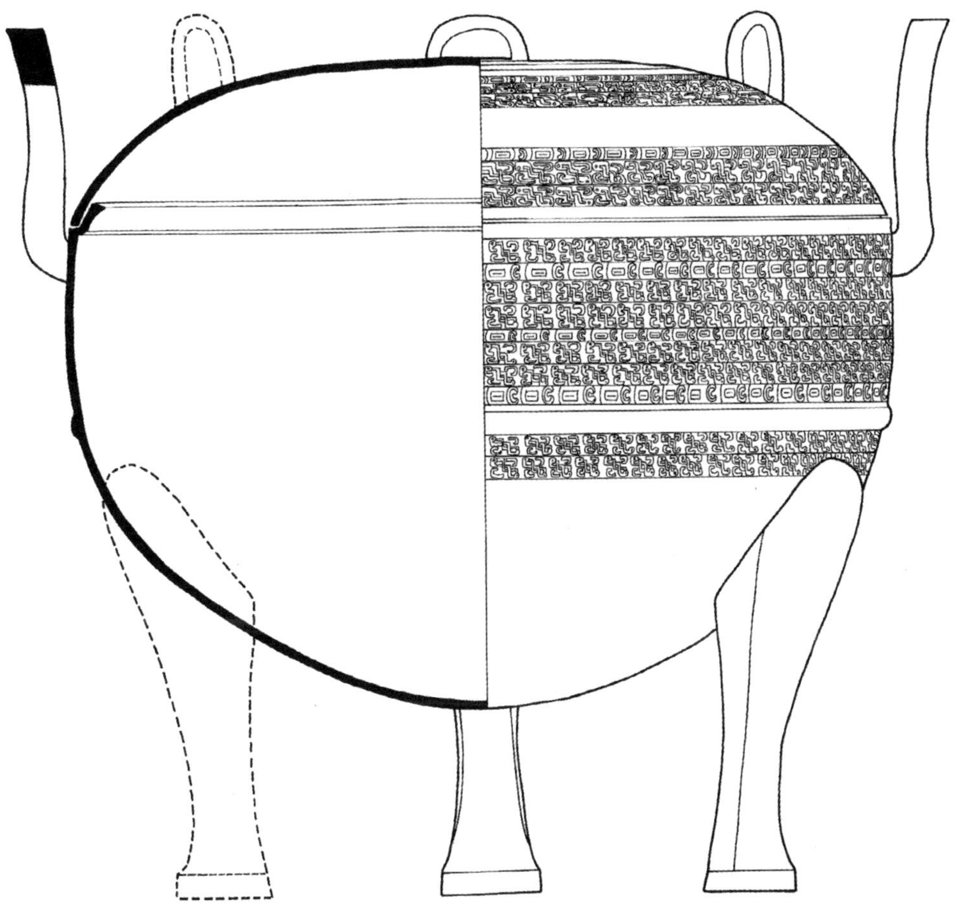

蟠螭纹铜鼎【春秋中晚期】

盖上饰两周较窄的蟠螭纹，腹部饰上宽下窄的两周蟠螭纹。

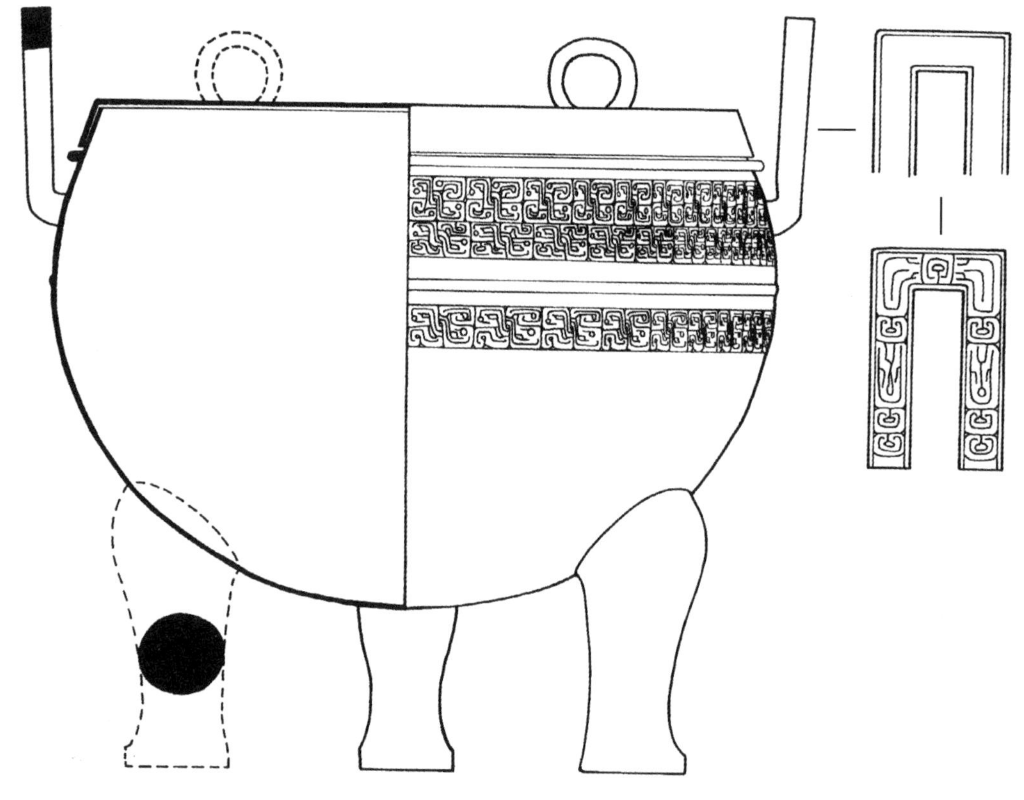

蟠螭纹铜鼎（C1M9863：17）【春秋中晚期】

上腹部以一周凸棱为界，饰上宽下窄的蟠螭纹各一周。

蟠螭纹铜鼎盖【春秋中晚期】

盖正中饰涡纹，外饰窃曲纹，主体纹饰为蟠螭纹。

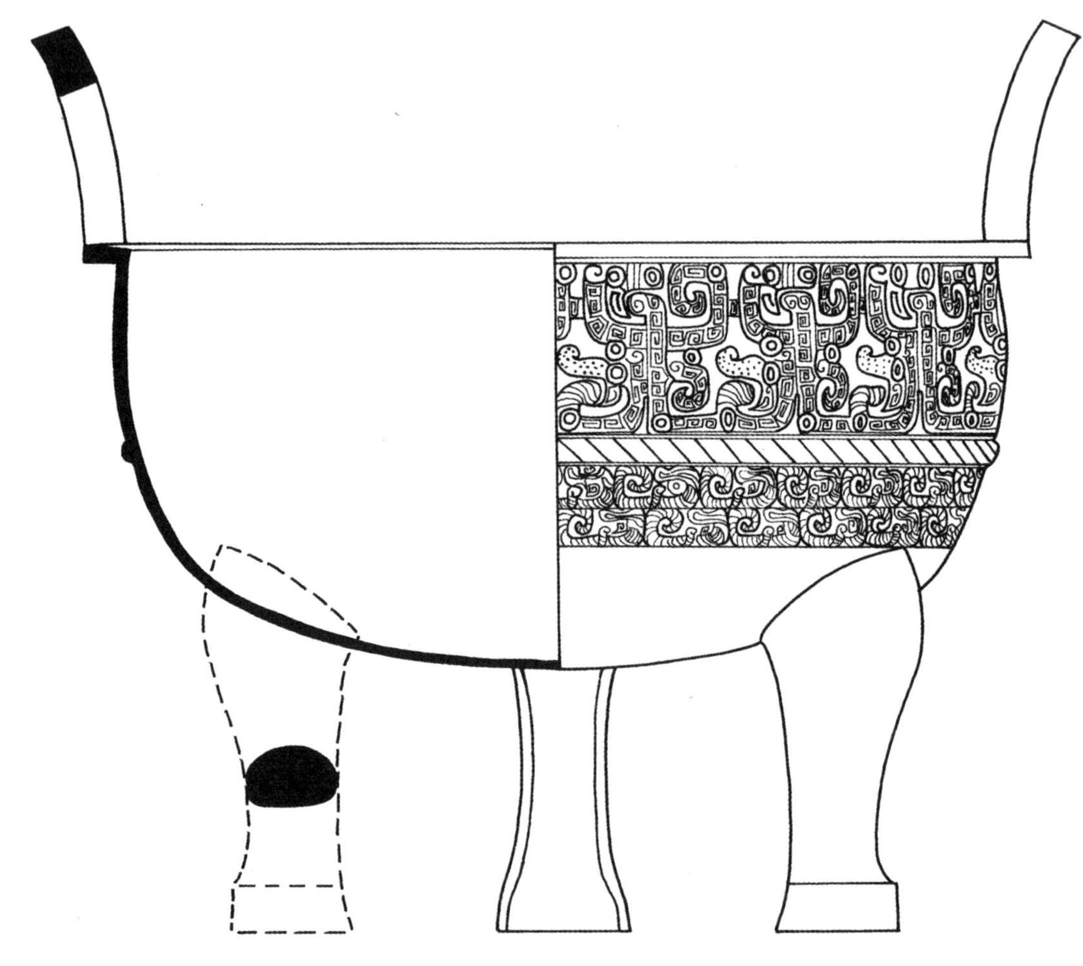

蟠螭纹铜鼎（C1M3498：8）【春秋晚期】

腹中部饰绹纹一周，将腹部纹饰分为上下两部分，上部饰身躯缠绕在一起的大蟠螭纹，下部饰两层同向但前后错位的小龙形蟠螭纹。

洛阳市文物考古研究院：《洛阳西小屯春秋墓发掘报告》，中州古籍出版社，2017年12月。

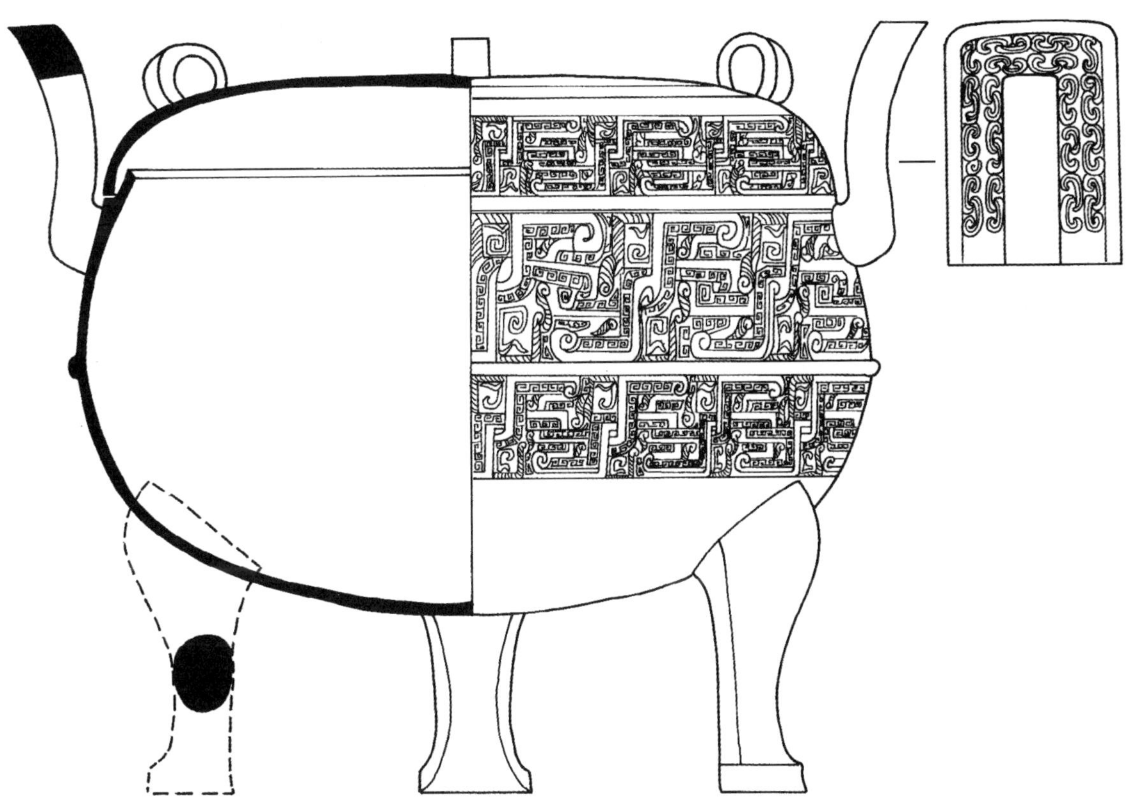

蟠螭纹铜鼎（C1M3498：11）【春秋晚期】

盖顶中间饰圆形涡纹，涡纹以外至盖缘以宽带分三组，分别饰不同形式的蟠螭纹。第一组为连续“S”形变体蟠螭纹，云雷纹地；第二组为回首蜷尾的小形龙纹，内填小斜线纹；第三组为双勾方折蟠缡纹，内填云雷纹。耳内外两侧均饰有蟠虺纹，腹部一周凸弦纹上下均饰同鼎盖第三组纹饰相同的双勾方折蟠虺纹。

洛阳市文物考古研究院：《洛阳西小屯春秋墓发掘报告》，中州古籍出版社，2017 年 12 月。

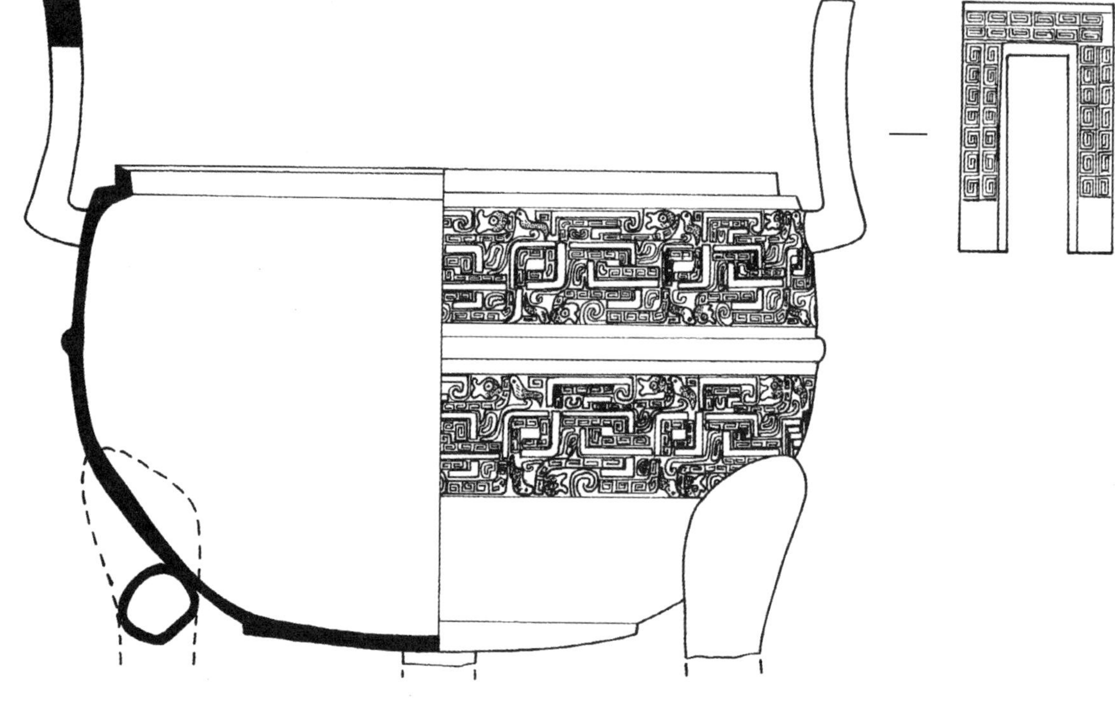

蟠螭纹铜鼎（C1M3498：10）【春秋晚期】

耳内外饰蟠螭纹，腹部有上下两组变体的蟠螭纹，两组中间有一周凸弦纹。

洛阳市文物考古研究院：《洛阳西小屯春秋墓发掘报告》，中州古籍出版社，2017 年 12 月。

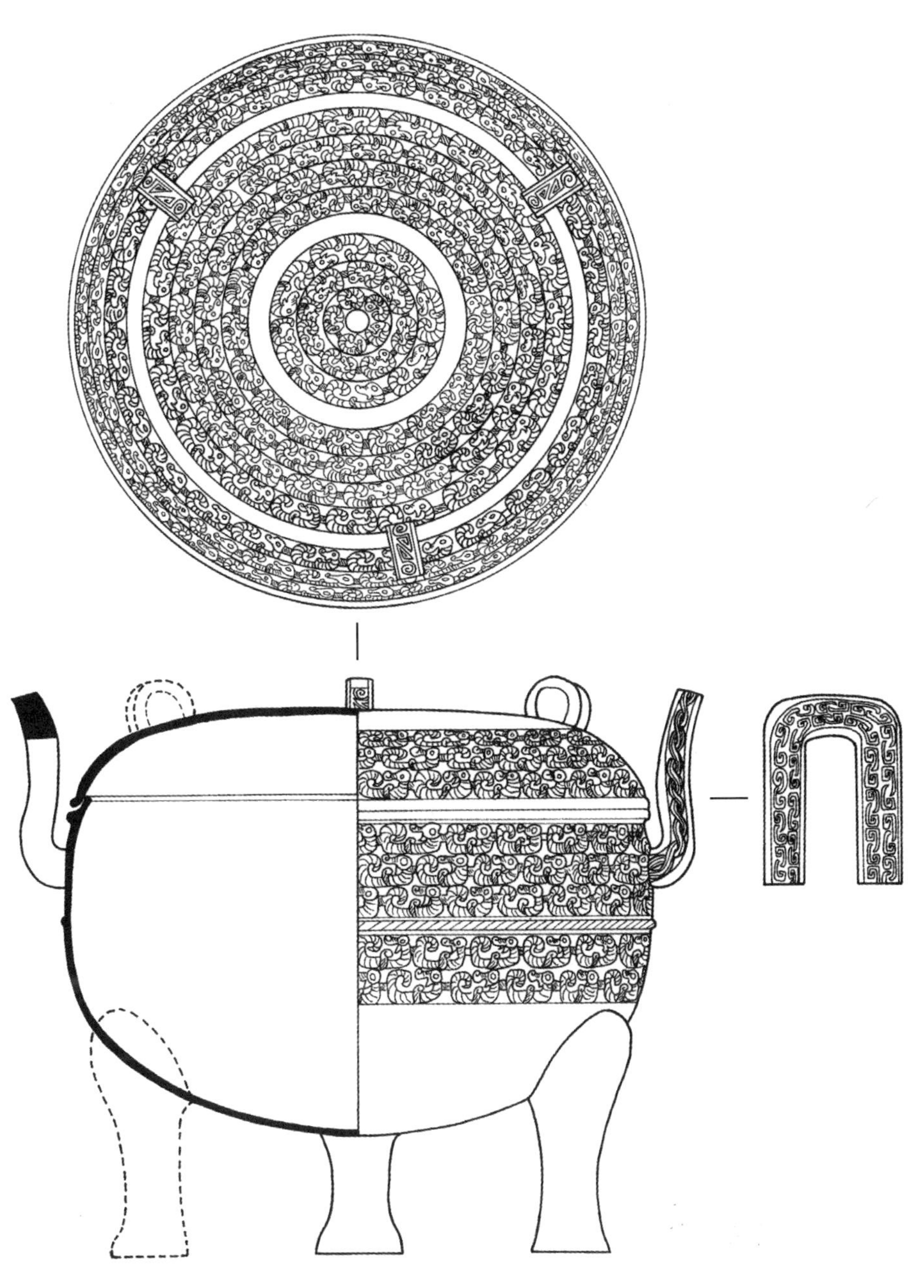

蟠螭纹铜鼎（C1M3498：12）【春秋晚期】

盖中心为一小圆饼纹，圆饼外至盖缘饰三组分别为三层、四层和三层的小龙形蟠螭纹。腹部饰凸弦纹一周，将腹部纹饰分为上下两组，均为与盖相同的小龙形蟠螭纹。耳内外面饰蟠螭纹，侧面饰绳索纹。

洛阳市文物考古研究院：《洛阳西小屯春秋墓发掘报告》，中州古籍出版社，2017 年 12 月。

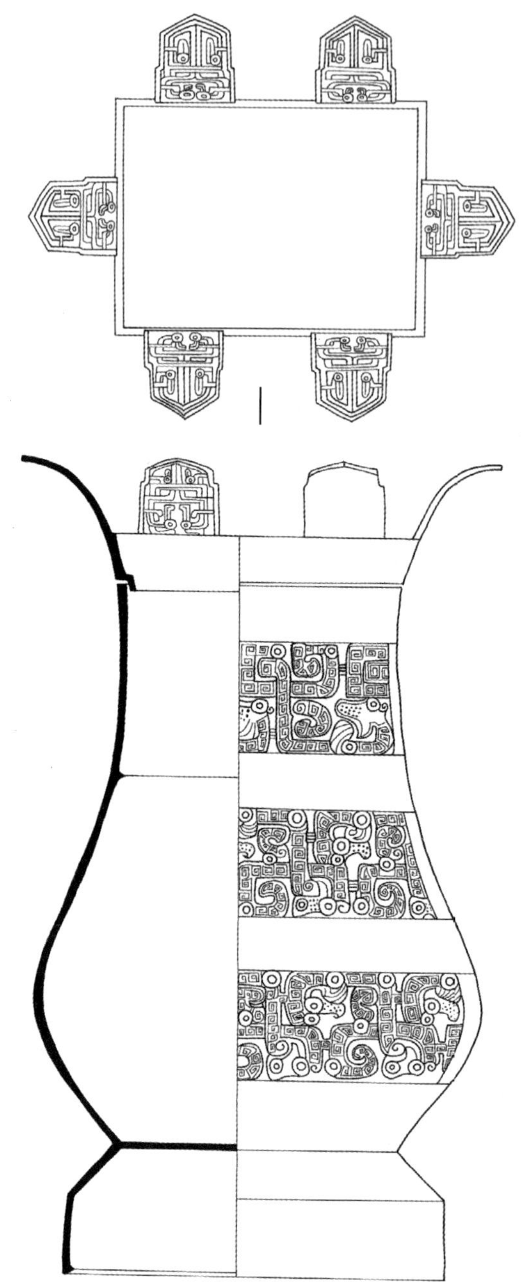

蟠螭纹铜方壶（C1M3498：2）【春秋晚期】

长方形盖沿上有六个莲花瓣，花瓣上饰浅浮雕蟠螭纹，颈、腹部分别饰有一组和两组蟠螭纹，纹饰间以宽带纹相隔。

洛阳市文物考古研究院：《洛阳西小屯春秋墓发掘报告》，中州古籍出版社，2017 年 12 月。

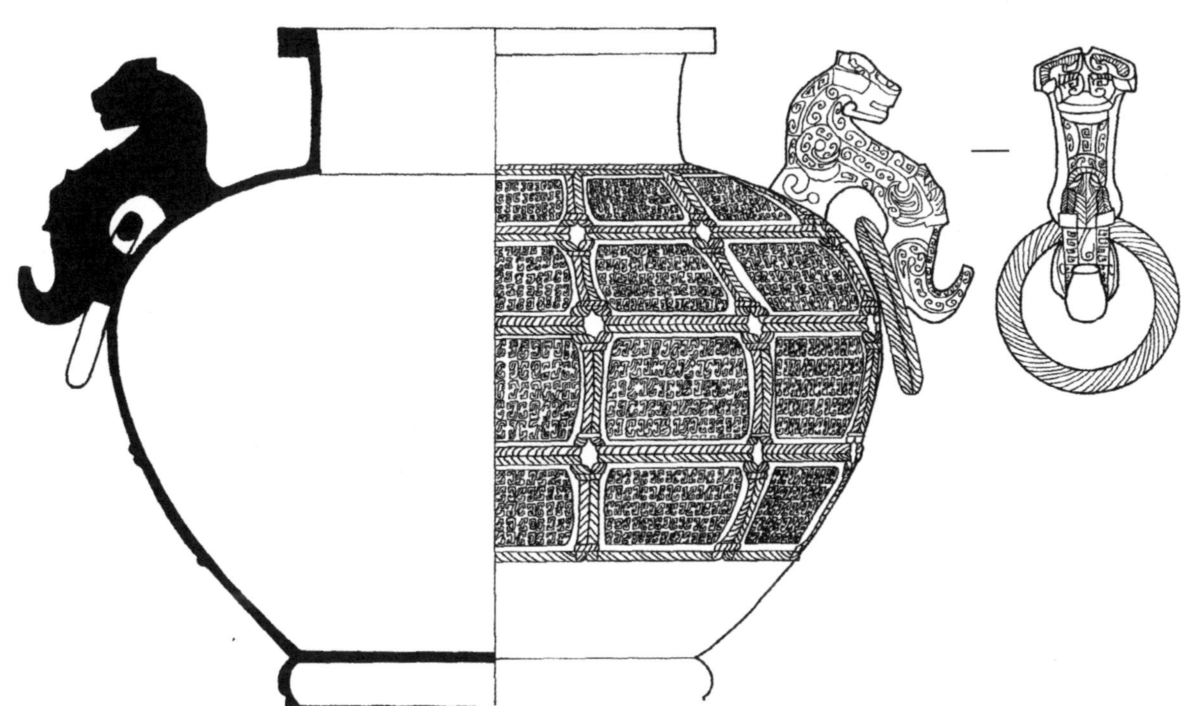

蟠虺纹铜罍（C1M3498：5）【春秋晚期】

肩部有两个圆雕双立兽形带环耳。兽身饰云雷纹，二兽足间有一绳索纹圆环。肩腹部饰有四层每层12个长方形络绳纹，长方块内满饰蟠虺纹。

洛阳市文物考古研究院：《洛阳西小屯春秋墓发掘报告》，中州古籍出版社，2017年12月。

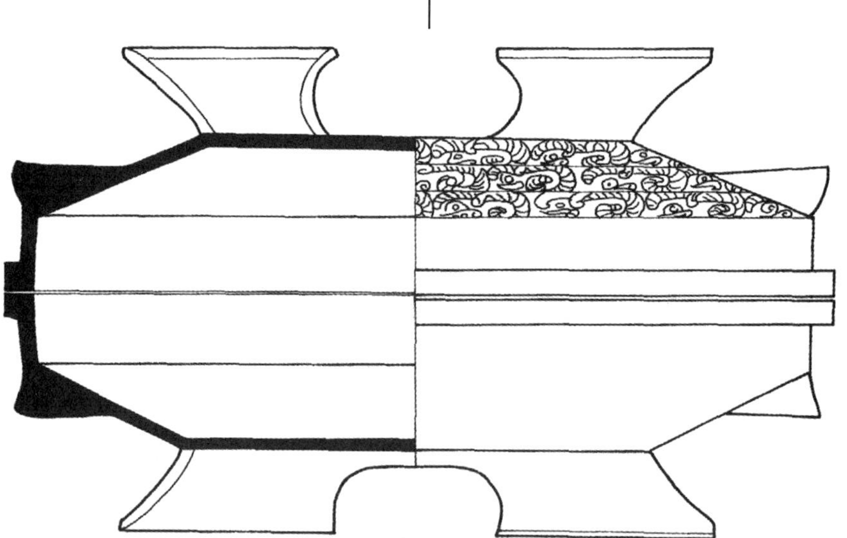

蟠螭纹铜簠（C1M3498：13）【春秋晚期】

腹四面斜壁上均饰三层小龙形蟠螭纹。

洛阳市文物考古研究院：《洛阳西小屯春秋墓发掘报告》，中州古籍出版社，2017年12月。

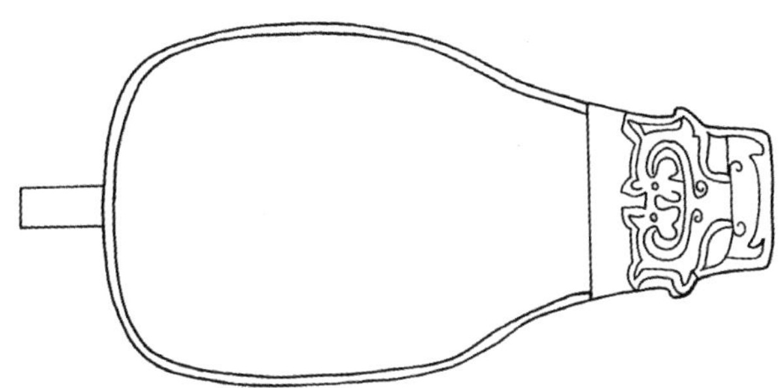

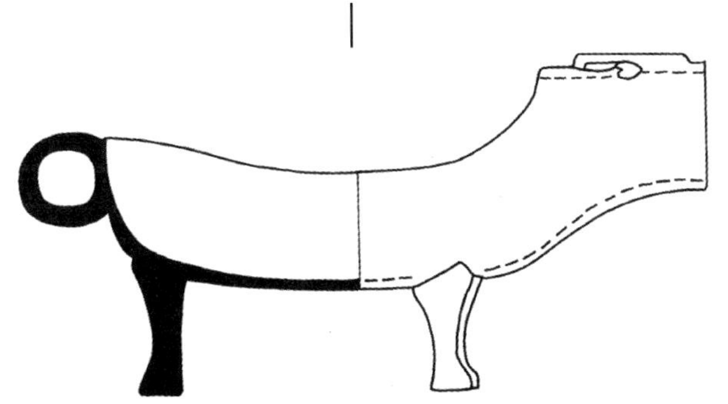

兽首铜匜（C1M3498：6）【春秋晚期】

流上有封盖，上饰兽面纹，兽有双角作双龙形。

洛阳市文物考古研究院：《洛阳西小屯春秋墓发掘报告》，中州古籍出版社，2017 年 12 月。

兽首形铜鐏（C1M3498：33）【春秋晚期】

为镂孔兽首形，兽舌呈八棱柱形前伸。一端有銎，銎中部凸棱，銎沿饰二周贝纹。

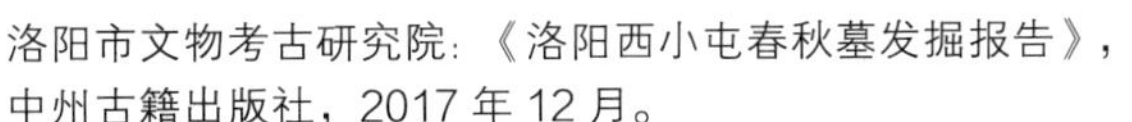

洛阳市文物考古研究院：《洛阳西小屯春秋墓发掘报告》，中州古籍出版社，2017 年 12 月。

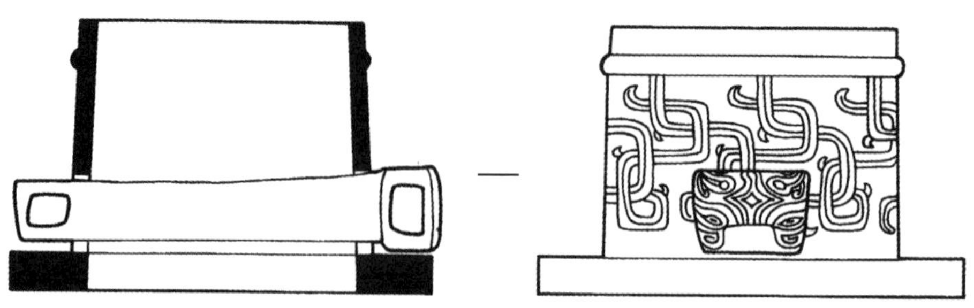

蟠虺纹铜辖軎（C1M3498：27）【春秋晚期】

軎作圆筒形，细端沿下有一道箍，身上饰由小蛇组成的蟠虺纹。辖首为方形，上饰兽面纹。

洛阳市文物考古研究院：《洛阳西小屯春秋墓发掘报告》，中州古籍出版社，2017年12月。

蟠螭纹铜辖軎（M37：63）【春秋晚期】

穿中置辖，辖首作兽面纹，上有一穿。辖身长条形，近末端有一长方形穿。軎身饰蟠螭纹，以点纹作衬底。

洛阳市文物工作队：《洛阳王城广场战国墓（西区M37）发掘简报》，《文物》2009年第11期。

蟠虺纹铜瓿（C1M3750：8）【春秋晚期】

口部折沿处饰贝纹一周，肩及腹部饰凸弦纹三周，颈及肩部饰蟠虺纹，腹下部饰垂叶纹，圈足饰云雷纹。

洛阳市文物工作队：《洛阳市中州中路东周墓》，《文物》1995年第8期。

蟠螭纹铜鼎盖（C1M3750：7）【春秋晚期】

盖正中饰三条龙纹，主体纹饰为蟠虺纹。

洛阳市文物工作队：《洛阳市中州中路东周墓》，《文物》1995 年第 8 期。

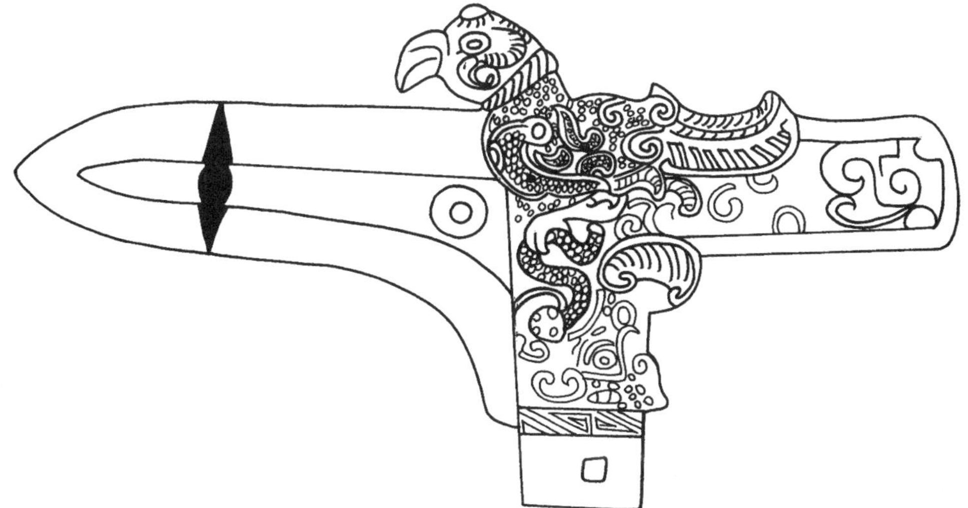

鸟攫蛇铜戈（C1M3729：3）【春秋晚期】

銎上部铸一鸟，首、尾上翘，爪紧抓一弯曲扭动的蛇；下部一方穿孔。鸟、蛇饰羽状纹及圆点纹，銎管、内部饰卷云纹等。

洛阳市文物工作队：《洛阳市中州中路东周墓》，《文物》1995年第8期。

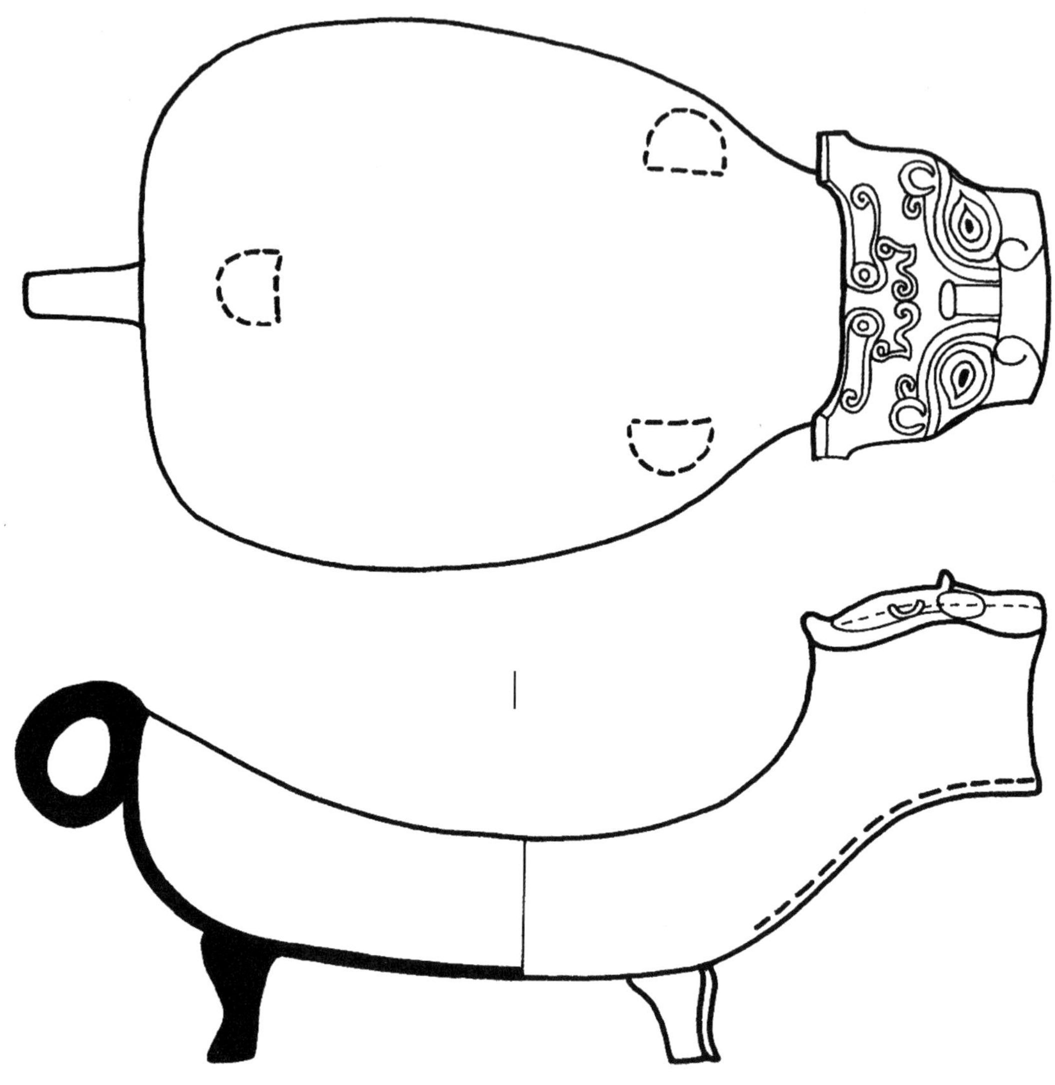

兽首铜匜【春秋晚期】

流顶饰兽面纹

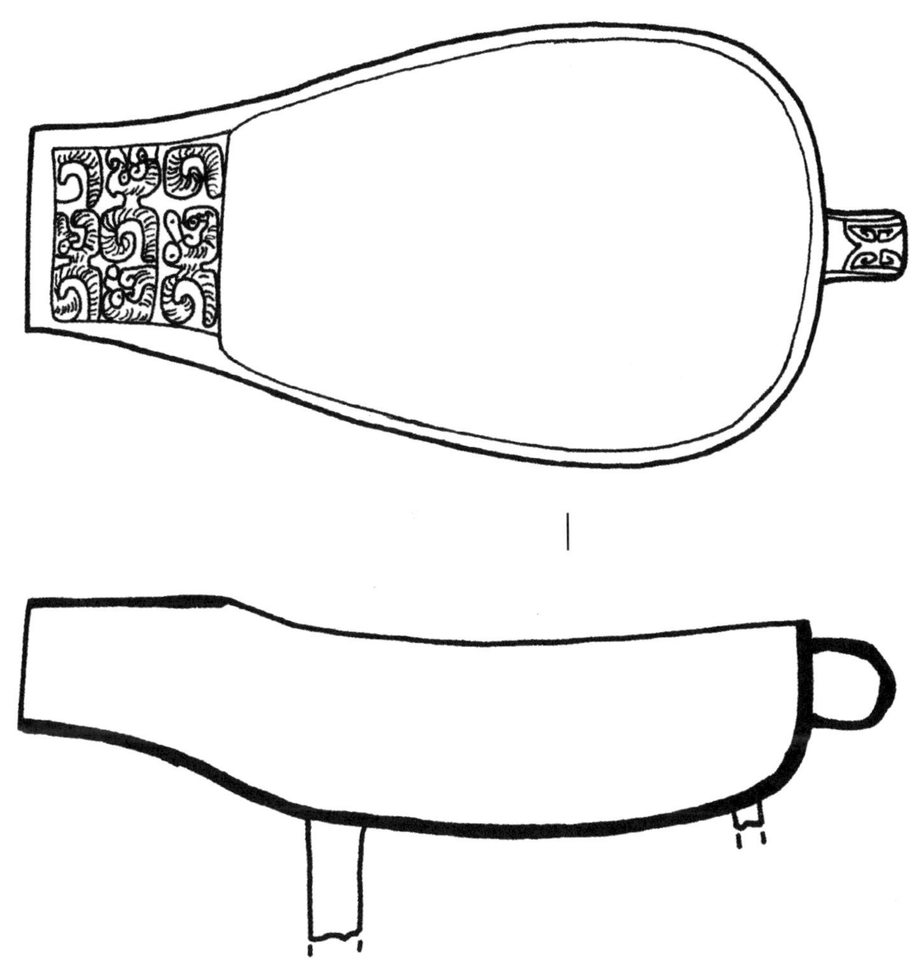

铜匜（M37：33）【战国早期】

流面上饰夔龙纹，鋬饰三角回纹。

洛阳市文物工作队：《洛阳王城广场战国墓（西区 M37）发掘简报》，《文物》2009 年第 11 期。

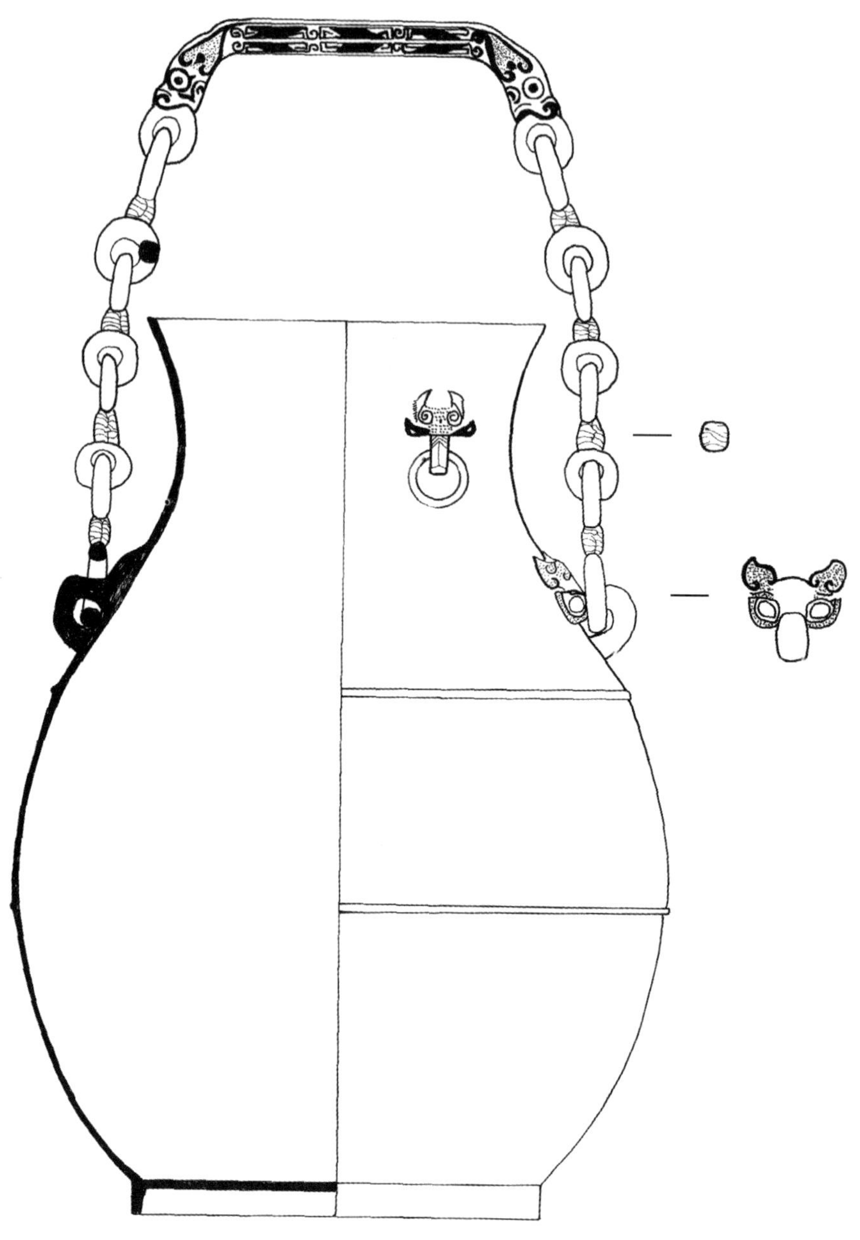

提链铜壶（M37：30）【战国早期】

颈上饰四个辅首衔环，肩上有两个辅首，与提链相连接，肩与腹各饰一周凸弦纹。

洛阳市文物工作队：《洛阳王城广场战国墓（西区 M37）发掘简报》，《文物》2009 年第 11 期。

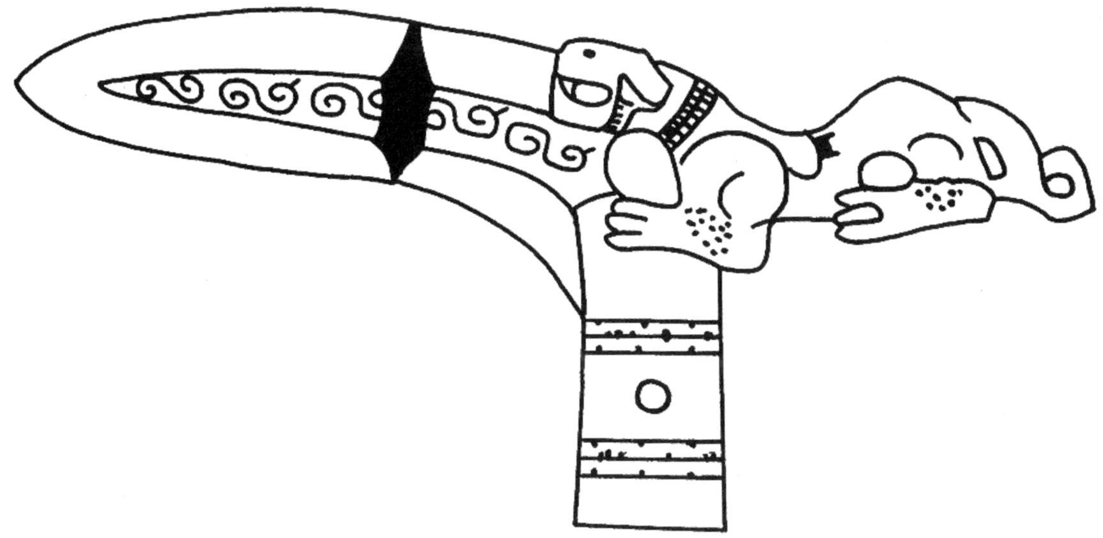

虎内铜戈（M2547：32）【战国早期】

短援上饰“S”形云纹。短胡下连筒形銎，上饰两周贝带纹，内作立体卧虎形，前爪左右抱銎。

赵振华：《河南洛阳新发现随葬钱币的东周墓葬》，《考古》1991年第6期。

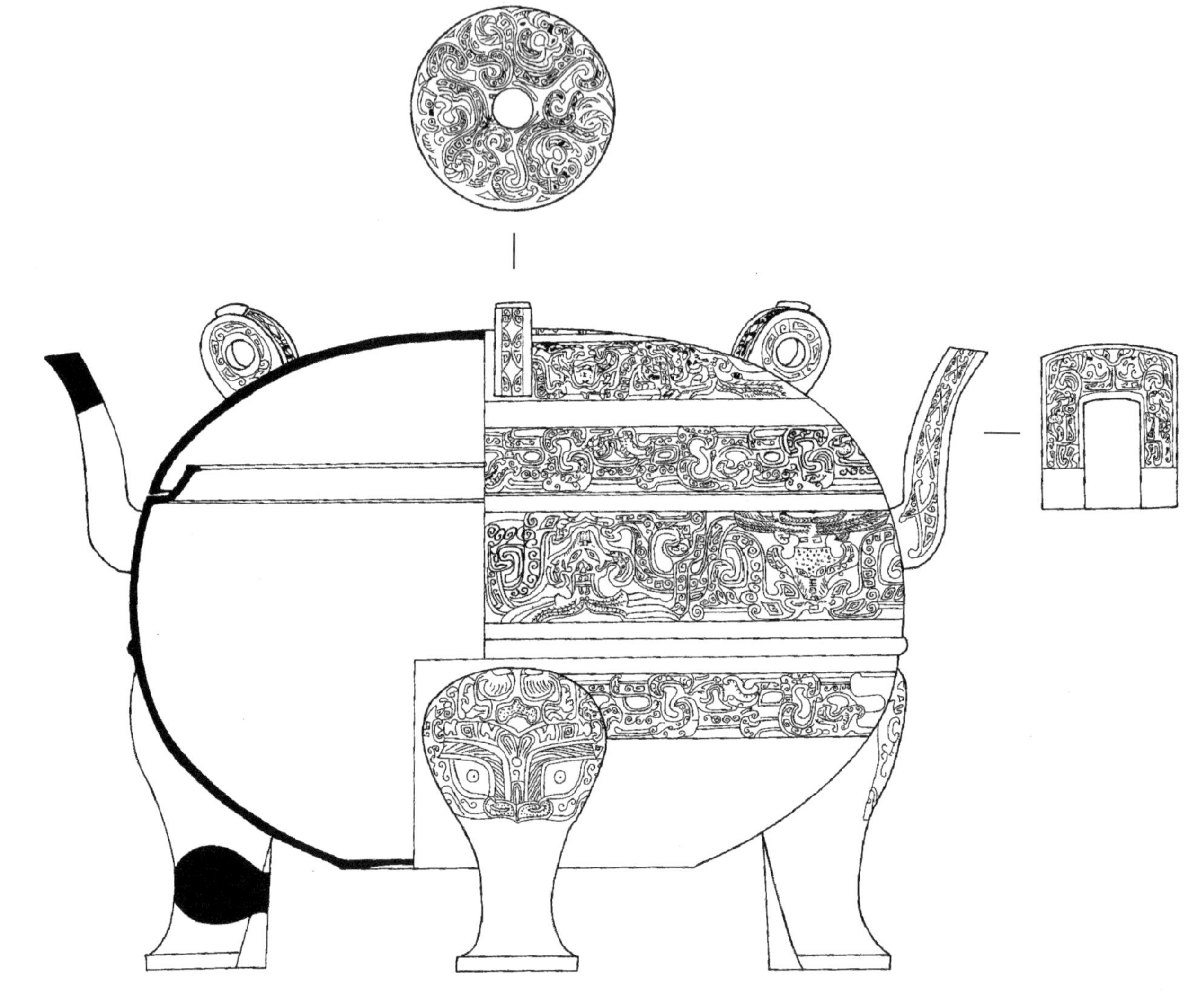

蟠螭纹铜鼎（M203：3）【战国早期】

腹上部饰一周兽首龙身蟠螭纹，身上饰云雷纹；腹下部饰蟠螭纹一周，足部饰兽面纹。鼎盖上、下部各饰一周蟠螭纹，中部饰兽首龙身蟠螭纹。鼎纽两面饰钩状涡纹，上部饰一乳钉和卷云纹。鼎耳两面饰蟠螭纹，顶部饰圆涡纹和菱形涡纹。

洛阳市文物工作队：《洛阳西工区 203 号战国墓清理简报》，《中原文物》1984 年第 3 期。

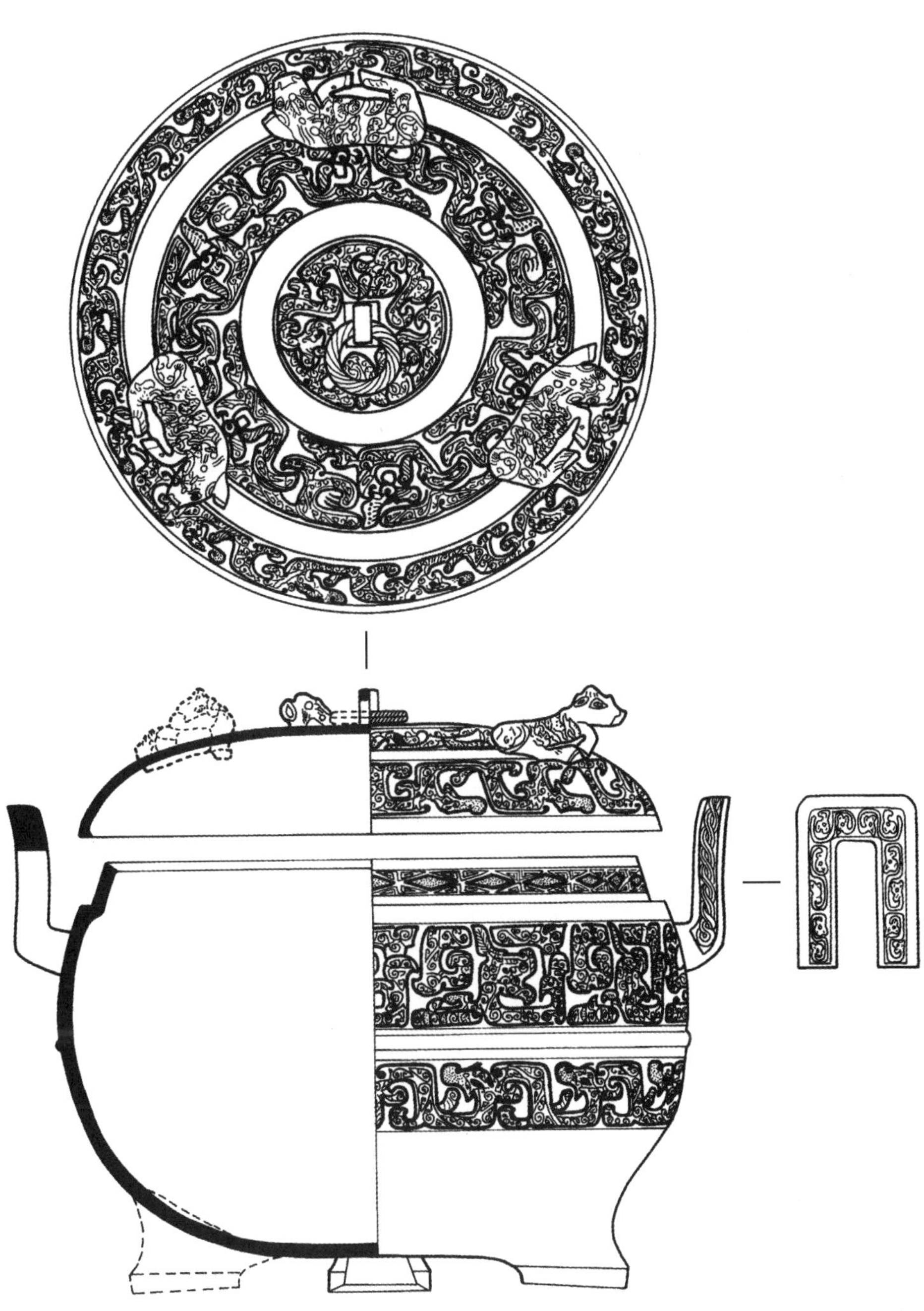

夔龙纹铜鼎（XM150：10）【战国早期】

盖附三个立体卧伏犀牛。沿子口一周饰菱纹、三角回纹带，腹身中部饰一周绹纹，上下各饰一周夔龙纹带，间以云纹和三角回纹，耳侧面为绹纹，正面为“S”形夔龙纹，盖面饰三周夔龙纹带，间以云纹和三角回纹，纽环饰绹纹。

洛阳市文物工作队：《洛阳王城广场东周墓》，文物出版社，2009年10月。

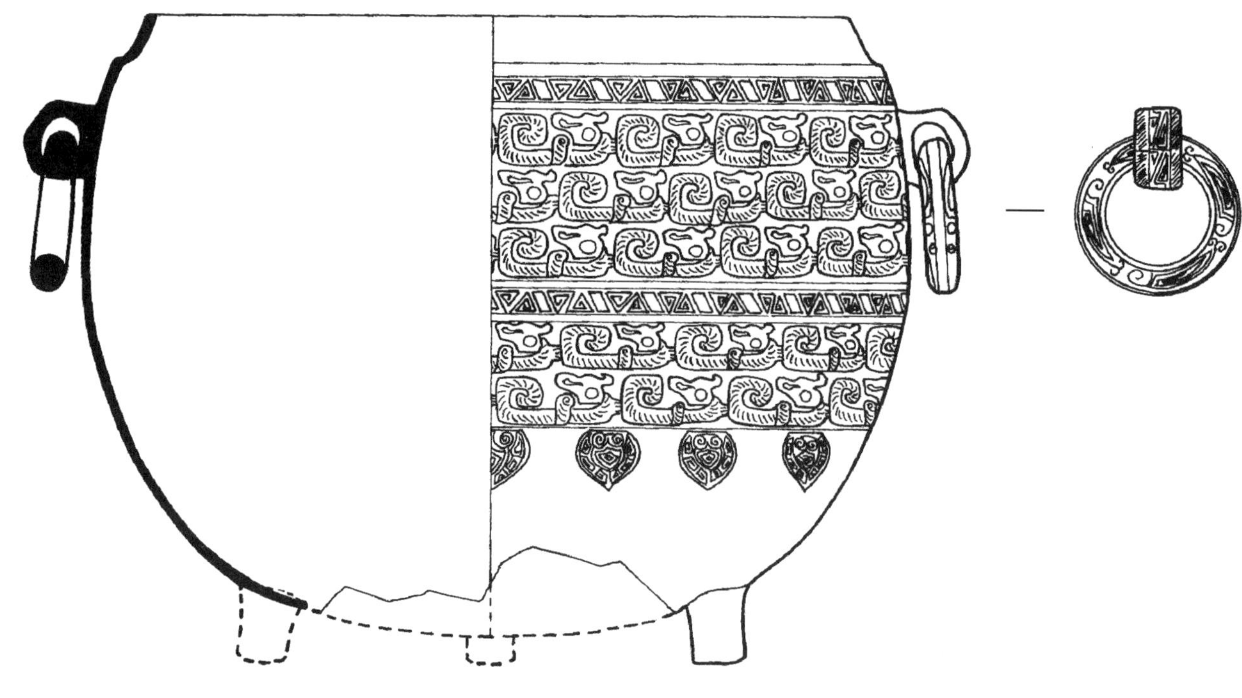

夔龙纹铜鼎（LM7：1）【战国早期】

腹部饰五周纹饰，第一周为较窄的三角回纹组成的纹饰，第二周为由三排夔龙纹组成的夔龙纹带，第三周与第一周的三角回纹相同，第四周为由两排夔龙组成的夔龙纹带，第五周为心形垂叶纹，内填回纹。耳面中部饰三角回纹，两边饰斜线纹，环两侧饰三角回纹。

洛阳市文物工作队：《洛阳王城广场东周墓》，文物出版社，2009 年 10 月。

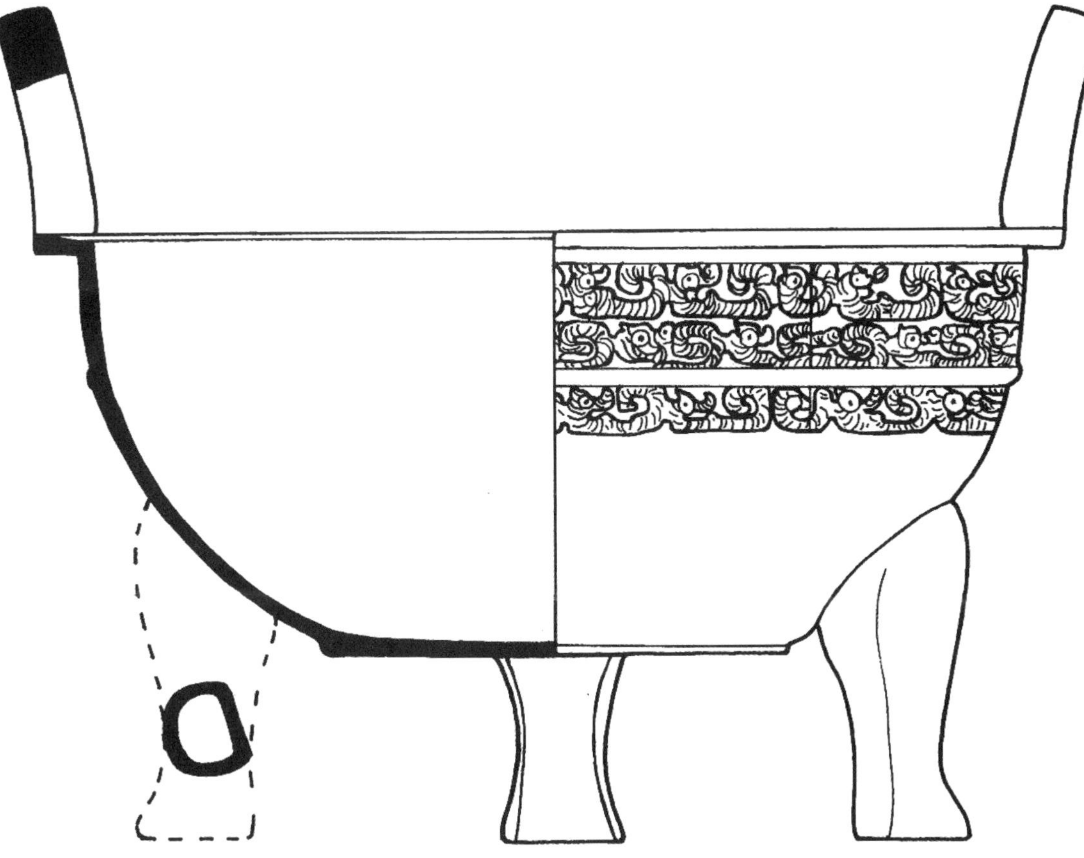

夔龙纹铜鼎（XM37：23）【战国早期】

腹部饰两周夔龙纹，中间以凸弦纹相隔。

洛阳市文物工作队：《洛阳王城广场东周墓》，文物出版社，2009 年 10 月。

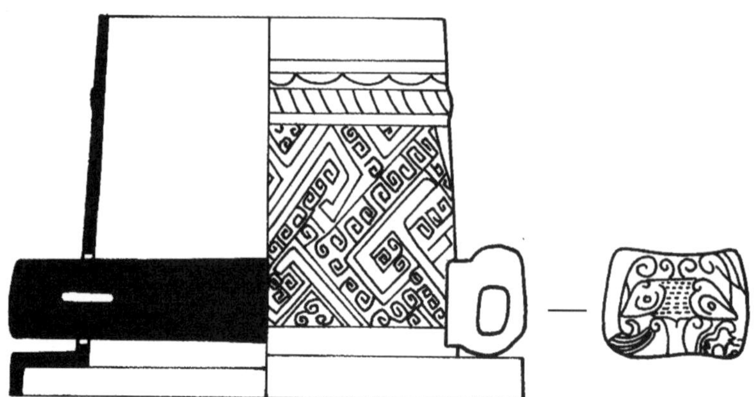

勾连雷纹铜辖軎（XM102：25）【战国早期】

軎身饰勾连雷纹。

洛阳市文物工作队：《洛阳王城广场东周墓》，文物出版社，2009年10月。

夔龙纹铜軎（XM37：44）【战国早期】

軎身饰夔龙纹。

洛阳市文物工作队：《洛阳王城广场东周墓》，文物出版社，2009年10月。

夔龙纹铜辖軎（XM149：10）【战国早期】

軎身饰一周夔龙纹，近尾端有一周凸弦纹。

洛阳市文物工作队：《洛阳王城广场东周墓》，文物出版社，2009 年 10 月。

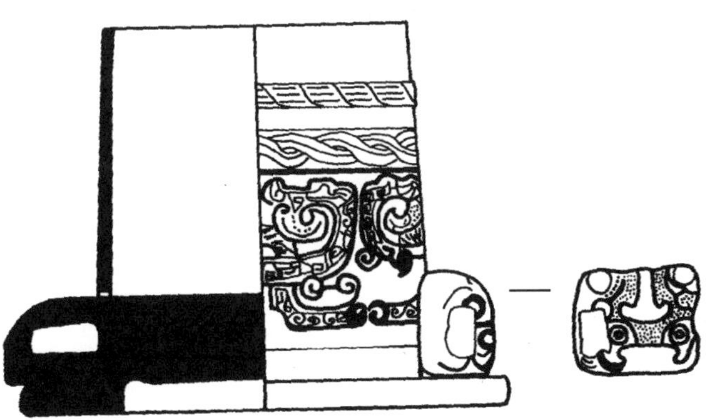

蟠螭纹铜辖軎（XM150：22）【战国早期】

軎身饰一周蟠螭纹，尾端饰一周绹纹。

洛阳市文物工作队：《洛阳王城广场东周墓》，文物出版社，2009 年 10 月。

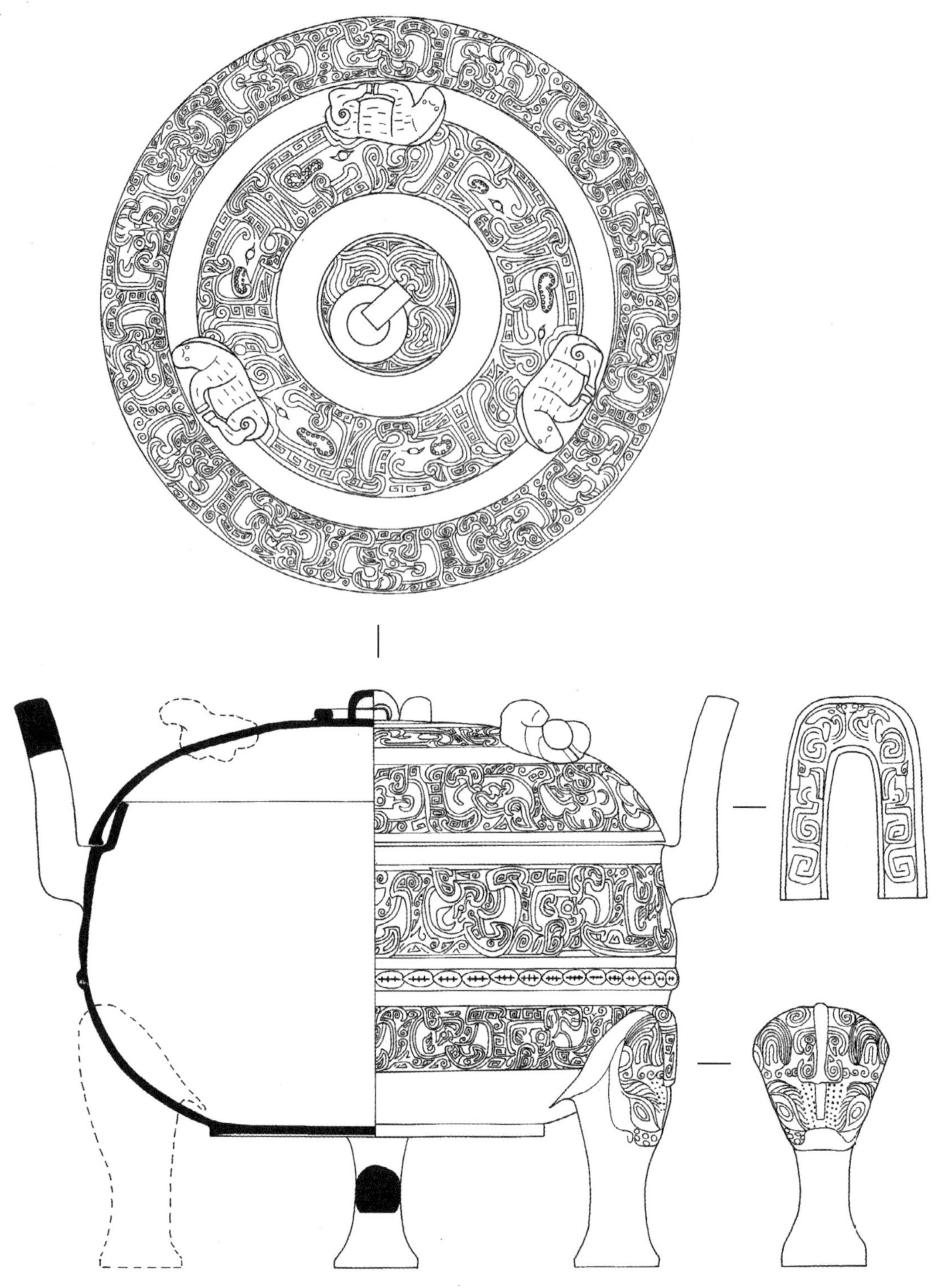

蟠螭纹铜鼎（C1M2547）【战国早期】

腹中部饰贝带纹一周，贝带上下各饰窃曲纹一周。蹄足上部饰兽首。弧形盖上饰三卧兽，桥形纽中套一圆环。纽周饰柿蒂纹，外饰窃曲纹两周，盖腹均饰蟠螭纹。

赵振华：《河南洛阳新发现随葬钱币的东周墓葬》，《考古》1991 年第 6 期。

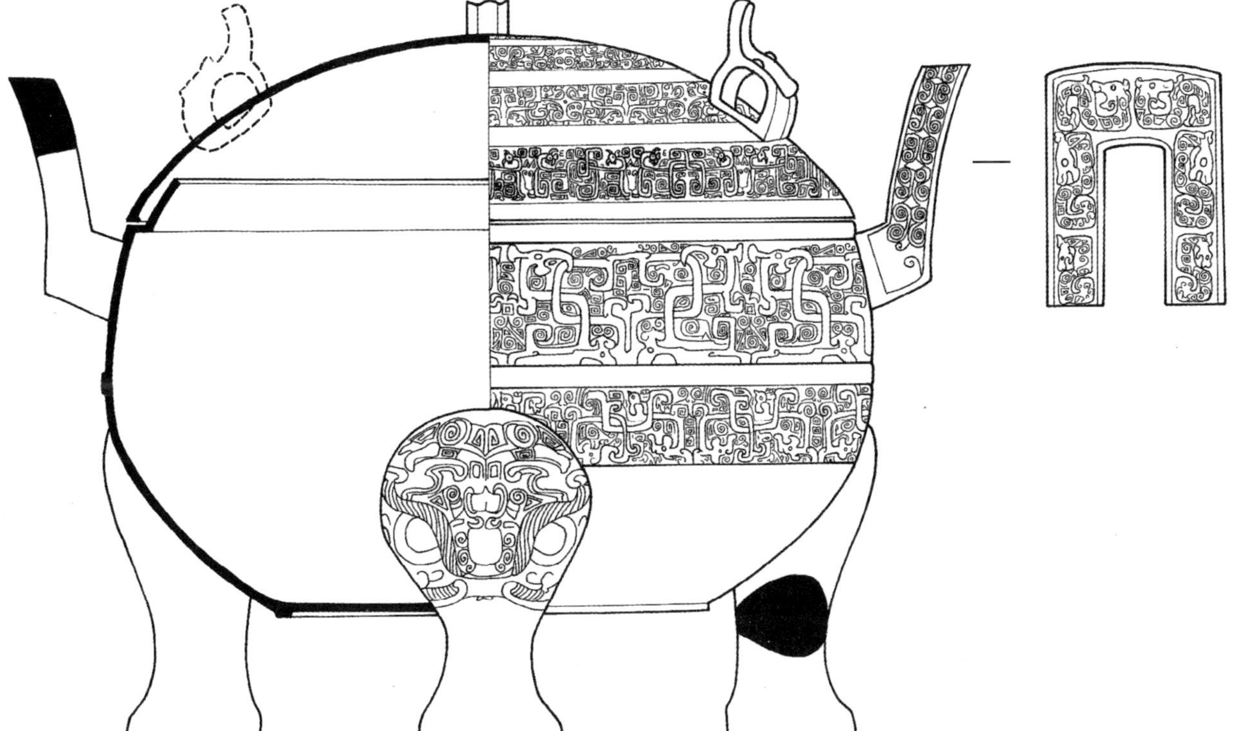

蟠螭纹铜鼎【战国早期】

盖上饰三周蟠螭纹，腹部饰两周蟠螭纹，足上部饰兽面纹。

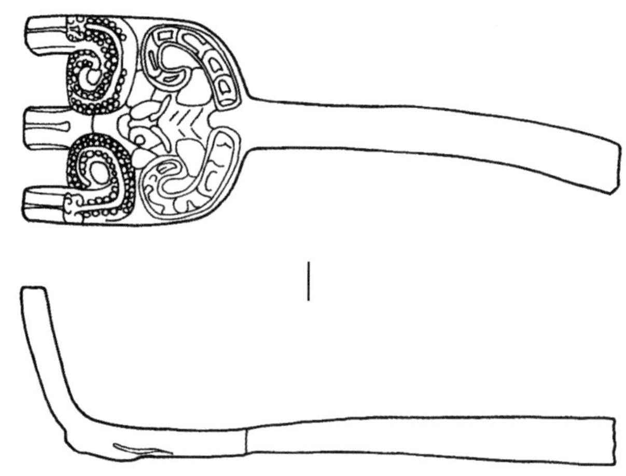

兽形纹铜爪（C1M5560：58）【战国中期】

兽形三齿抓，上饰兽形纹。

洛阳市文物工作队：《洛阳唐宫路小学 C1M5560 战国墓发掘简报》，《文物》2004 年第 7 期。

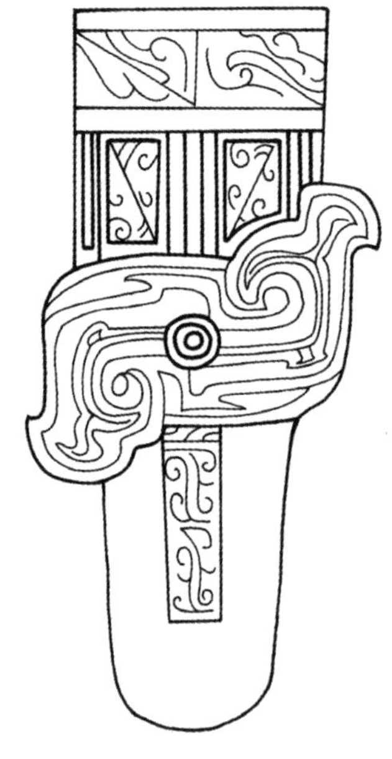

错金兽面纹铜镦（C1M5560：62）【战国中期】

身上饰错金兽面纹。

洛阳市文物工作队：《洛阳唐宫路小学 C1M5560 战国墓发掘简报》，《文物》2004 年第 7 期。

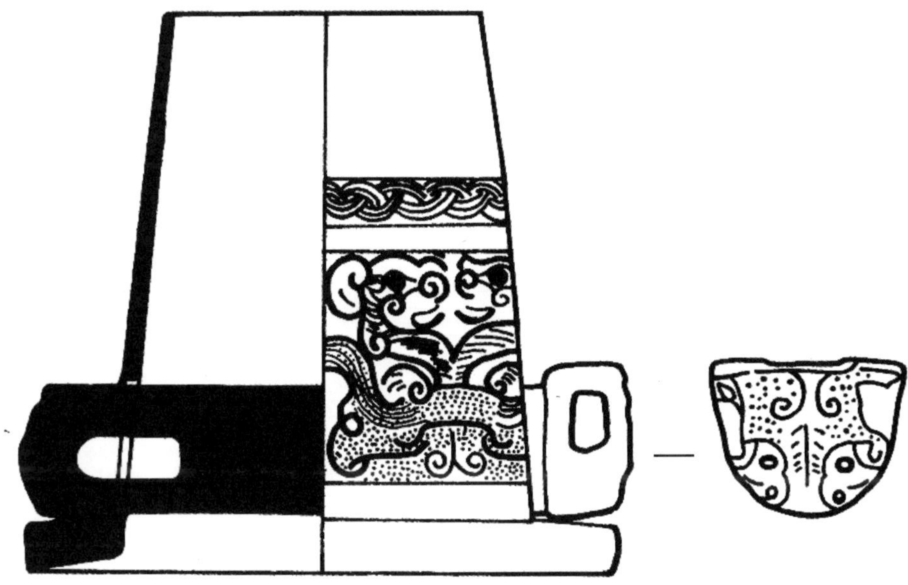

夔龙纹铜辖軎（XM99：12-2）【战国中期】

軎身饰一周夔龙纹、一周绹纹。

洛阳市文物工作队：《洛阳王城广场东周墓》，文物出版社，2009 年 10 月。

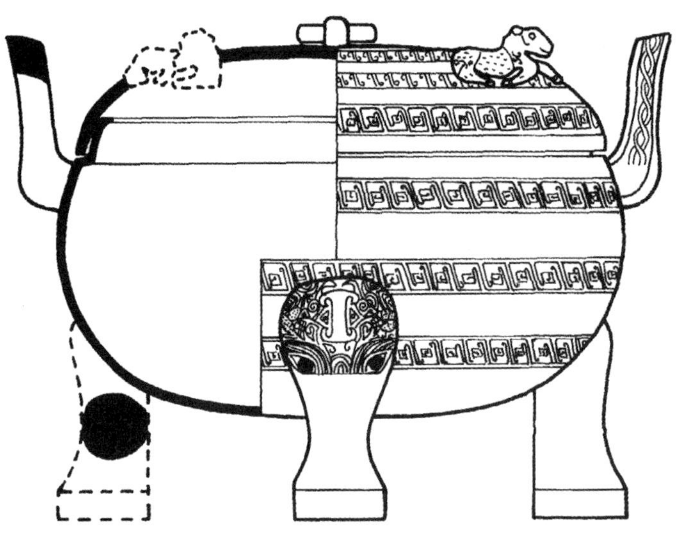

蟠螭纹铜鼎（C1M8371：4）【战国中期】

盖顶有一活动环纽，上有三个卧兽形纽。中央饰六瓣叶纹，外饰一周圆涡纹，再外饰两周云雷纹，缘上饰涡纹。耳上饰绹纹和蟠螭纹。腹部饰三周云雷纹，足部饰兽首纹。

洛阳市文物工作队：《洛阳中州中路东周墓发掘简报》，《文物》2006 年第 3 期。

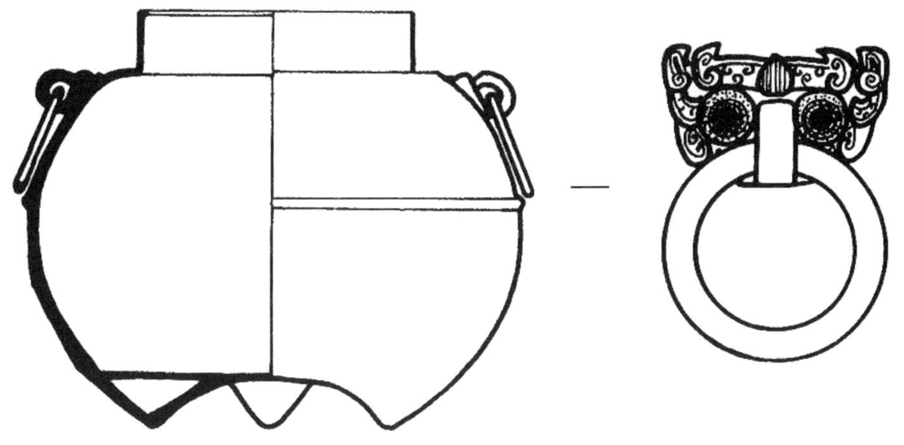

铜鬲（C1M8371：7）【战国中期】

肩部有铺首衔环。

洛阳市文物工作队：《洛阳中州中路东周墓发掘简报》，《文物》2006年第3期。

铜虎（C1M8371：55）【战国中期】

虎首上昂，平视前方，身微卷曲，尾上卷，四肢直立。颈部饰珍珠纹，腹身饰涡纹、线纹，尾部饰斜线纹。

洛阳市文物工作队：《洛阳中州中路东周墓发掘简报》，《文物》2006年第3期。

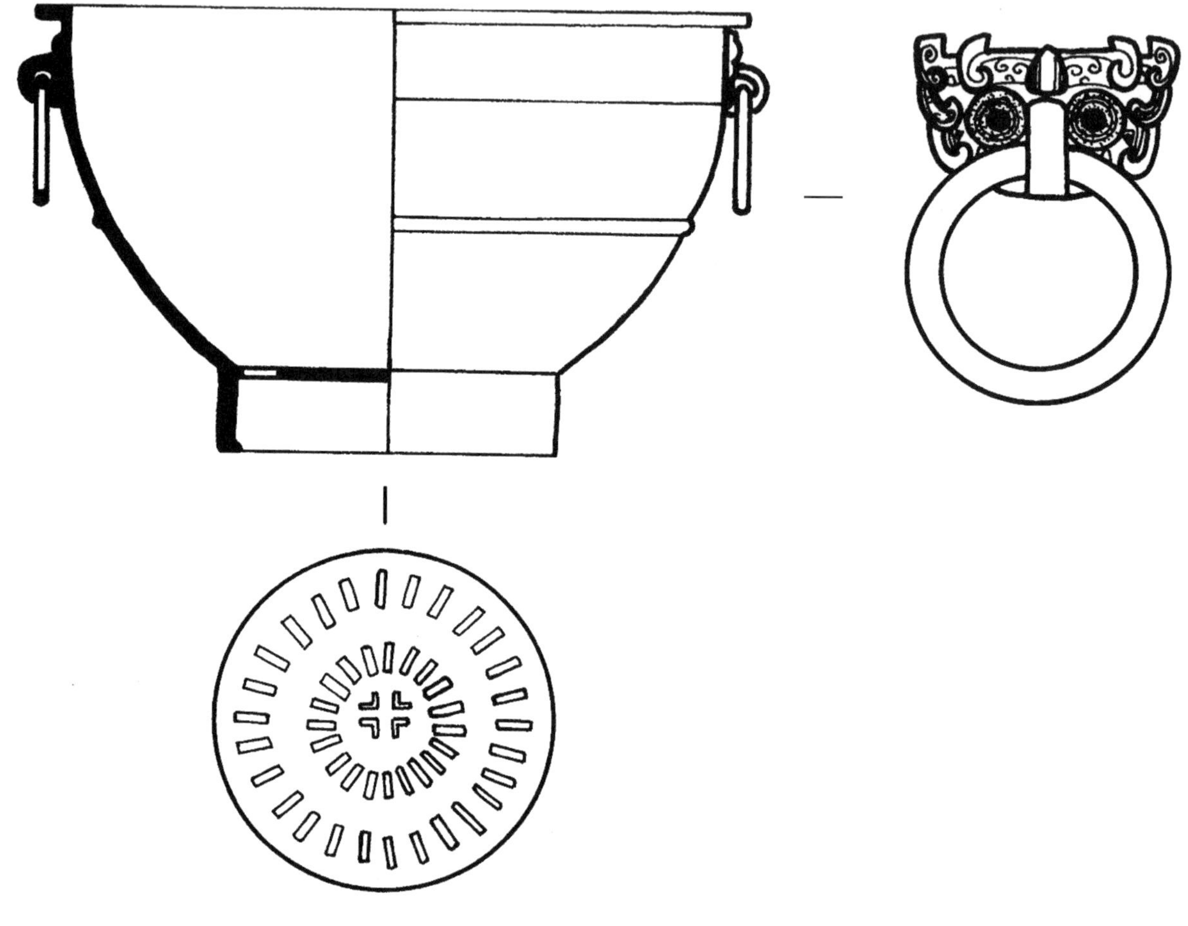

铜甑（C1M8371：2）【战国中期】

腹部有对称铺首衔环。

洛阳市文物工作队：《洛阳中州中路东周墓发掘简报》，《文物》2006年第3期。

错金菱形纹铜带钩（C1M8371：82）【战国中期】

兽首形钩，背部有一圆形纽。腹部饰错金菱形纹和变形云纹。

洛阳市文物工作队：《洛阳中州中路东周墓发掘简报》，《文物》2006 年第 3 期。

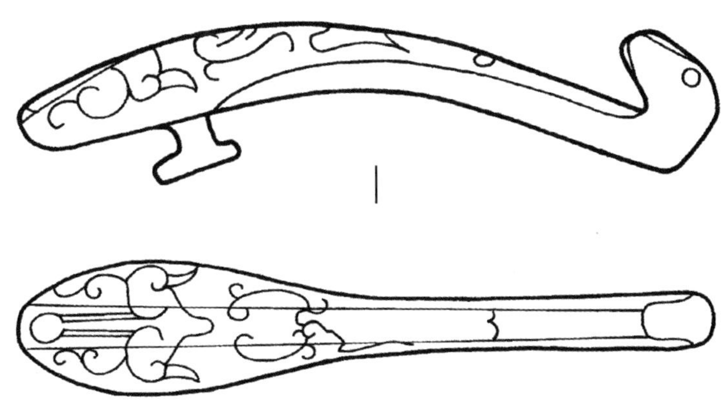

错金变形纹铜带钩（C1M8371：23-1）【战国中期】

兽首形钩，平脊，背部有一圆形纽，腹部饰错金变形纹。

洛阳市文物工作队：《洛阳中州中路东周墓发掘简报》，《文物》2006 年第 3 期。

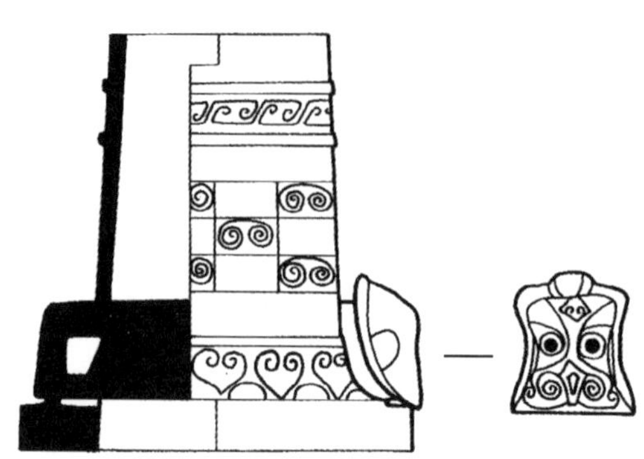

雷纹铜辖軎（C1M8371：114-1）【战国中期】

辖首呈兽头状，有长方形孔。辖身饰一周雷纹、三周涡纹和一周叶纹。

洛阳市文物工作队：《洛阳中州中路东周墓发掘简报》，《文物》2006年第3期。

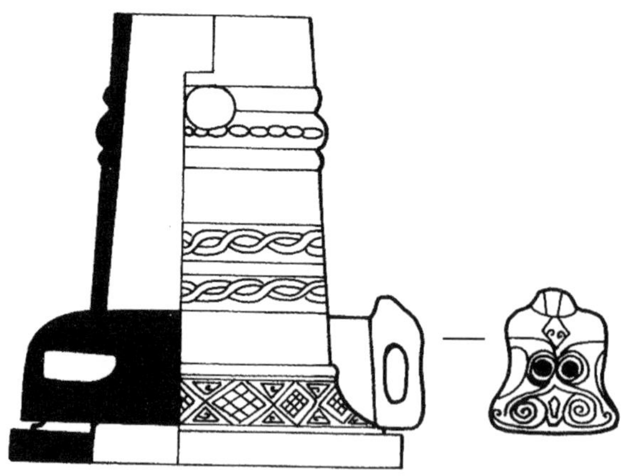

菱形纹铜辖軎（C1M8371：115）【战国中期】

軎身饰一周凸圆点纹、两周绹纹和一周菱形纹。

洛阳市文物工作队：《洛阳中州中路东周墓发掘简报》，《文物》2006年第3期。

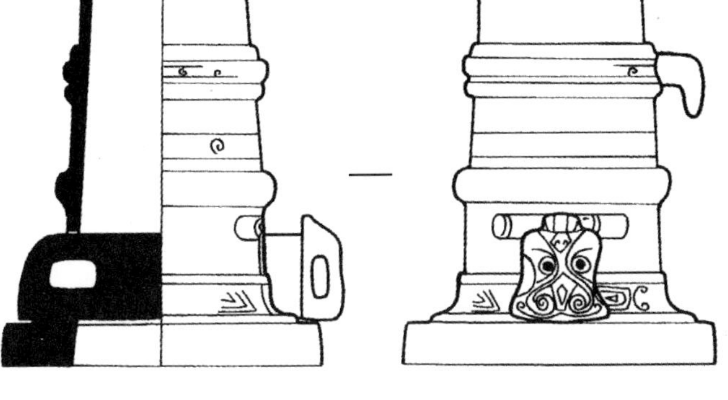

铜辖軎（C1M8371：116）【战国中期】

軎身饰两周凸棱和几何纹。

洛阳市文物工作队：《洛阳中州中路东周墓发掘简报》，《文物》2006 年第 3 期。

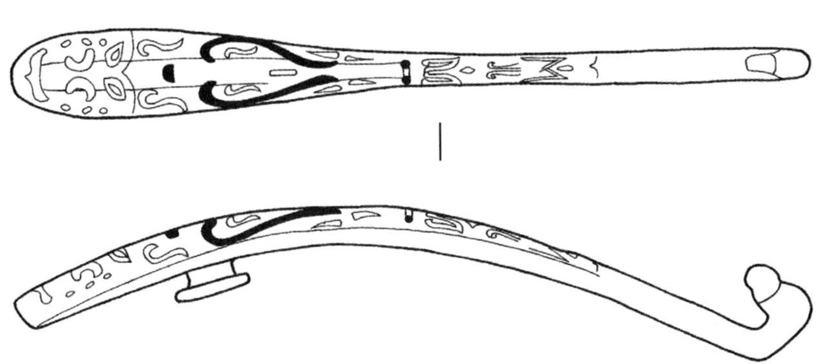

错金铜带钩（M7602：13）【战国中期】

腹部饰错金“S”形图案，嵌绿松石。

洛阳市文物工作队：《洛阳西工区 M7602 的清理》，《文物》2004 年 7 月。

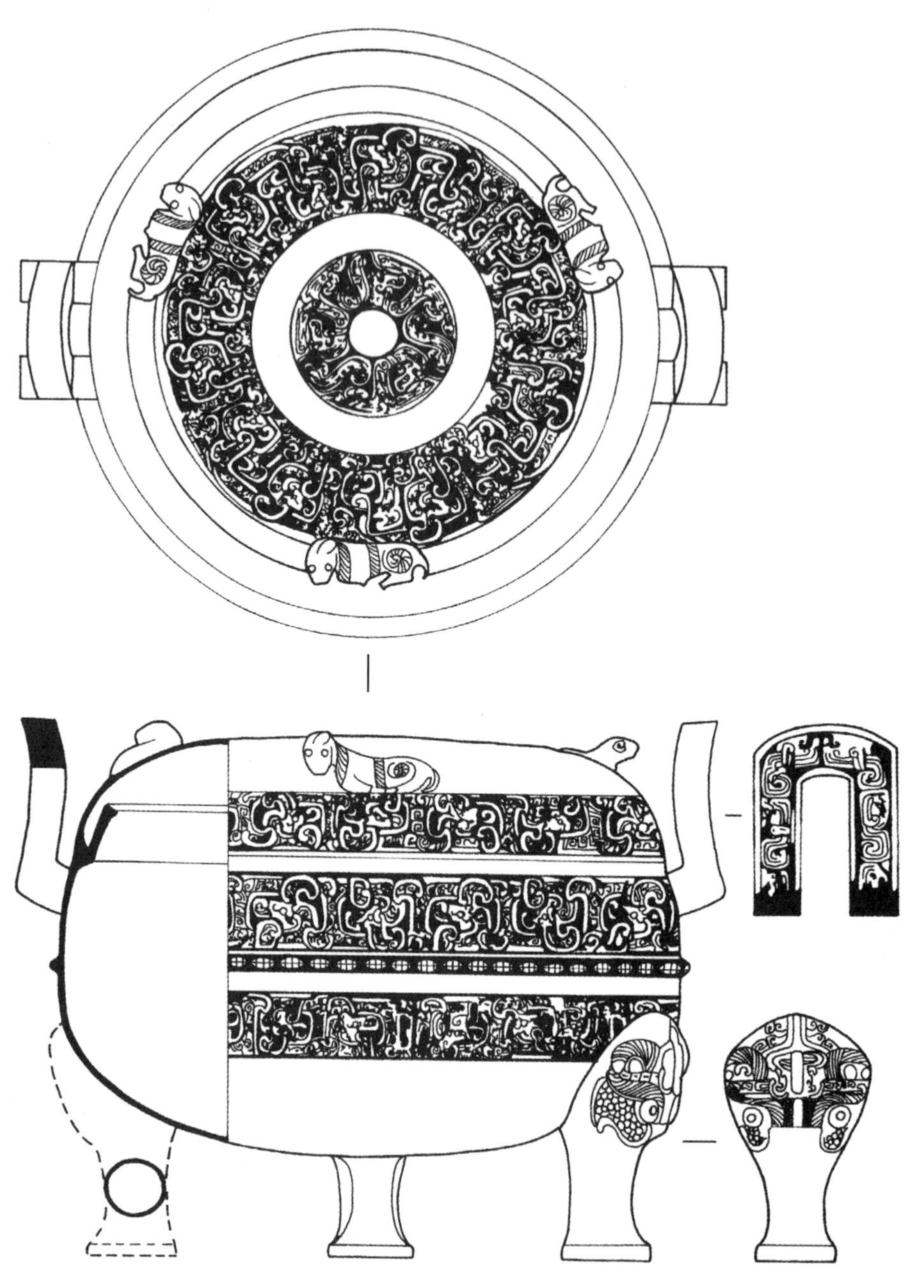

蟠螭纹铜鼎（M131：30）【战国中期】

盖上饰三环纽，缘部饰绹纹一周。腹中部饰凸弦纹二周，间以绹纹一周，盖腹均饰蟠螭纹。

蔡运章、梁晓景、张长森：《洛阳西工131号战国墓》，《文物》1994年第7期。

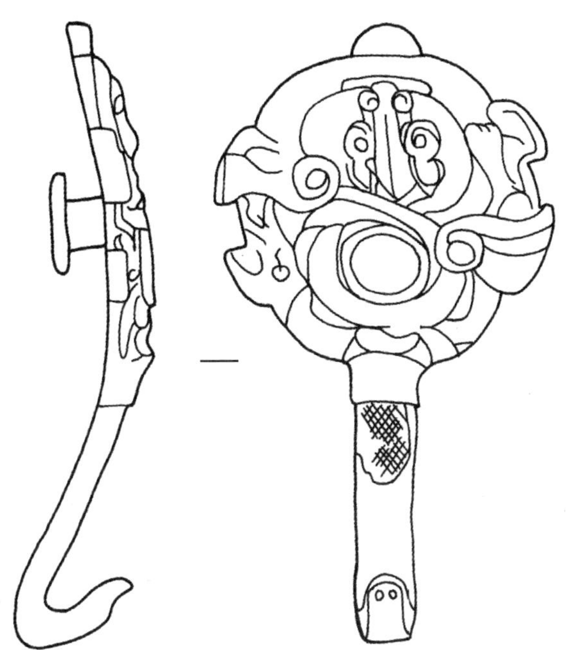

兽面铜带钩（C1M9564：13）【战国中期】

蛇首形钩，圆形兽面身，背中部有一圆纽。

洛阳市文物工作队：《洛阳市第一干部休养所综合楼发掘简报》，《洛阳考古发现》（2007）。

龙形铜构件（C1M7984：28）【战国中期】

腹部饰错金“S”形图案，嵌绿松石。

洛阳市文物工作队：《洛阳唐宫西路东周墓发掘报报》，《文物》2003 年第 12 期。

蟠螭纹铜兽（C1M7984：86）【战国中期】

面、腹、尾部主要饰圆珠纹。颈部纹饰雷纹，胸部饰鳞纹，肩胛部饰蟠螭纹，背腹间饰两道垂直绚纹，绚纹间有变形龙纹。

洛阳市文物工作队：《洛阳唐宫西路东周墓发掘报报》，《文物》2003 年第 12 期。

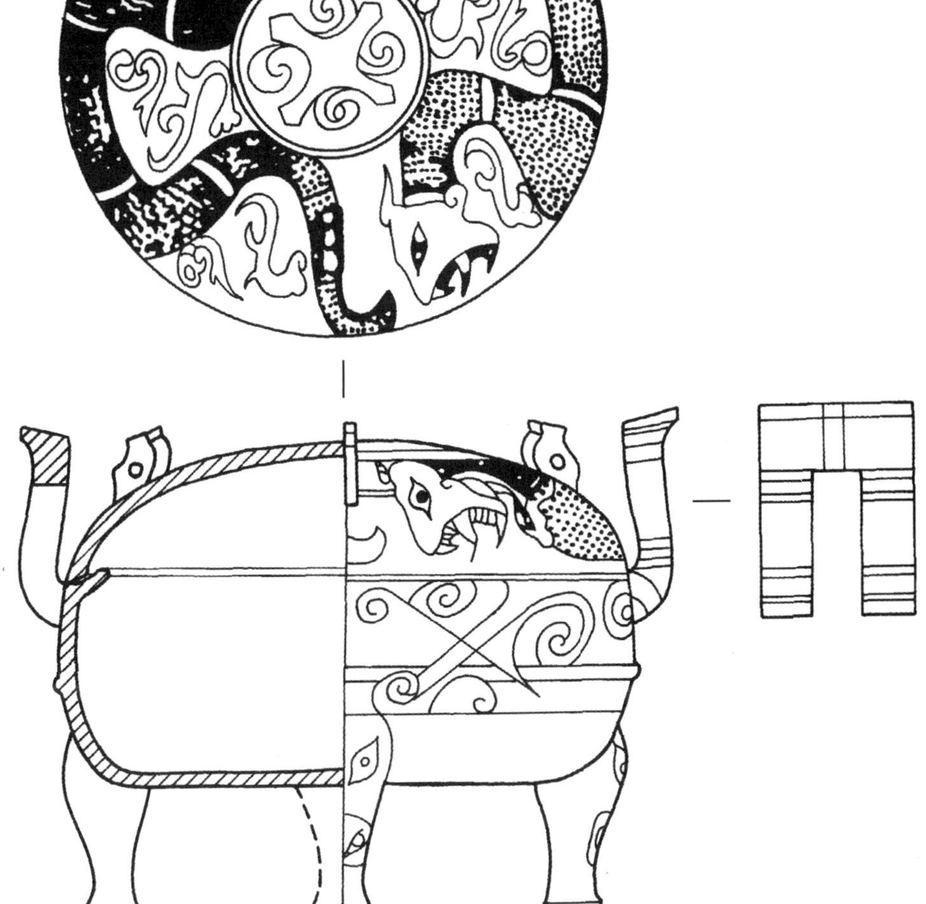

彩绘夔龙纹陶鼎（C1M4028：4）【战国中期】

通体白色底上施彩绘，盖上中部饰两周弦纹，内饰柿蒂纹及变形夔龙纹，其外饰两龙，首尾相对而上昂，张口露齿，尖角，身饰紫色圆点纹，龙身旁空隙处填以卷云纹。身饰变形卷云纹，足饰象首形纹。

洛阳市文物工作队：《洛阳市西工区东周墓》，《文物》1995 年第 8 期。

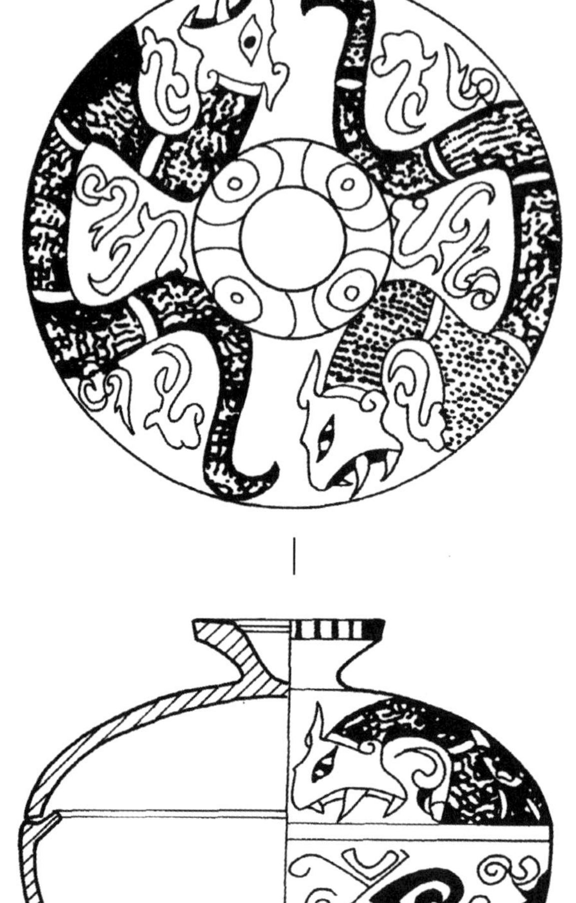

彩绘夔龙纹陶豆（C1M4028：6）【战国中期】

通体白色，底上施彩绘，盖捉手上饰四环形纹，盖面饰两龙及变形夔龙纹，形制与鼎盖彩绘相同；身腹部饰变形卷云纹和弦纹各一周，足部饰弦纹、“X”形纹、竖线纹各一周。

洛阳市文物工作队：《洛阳市西工区东周墓》，《文物》1995年第8期。

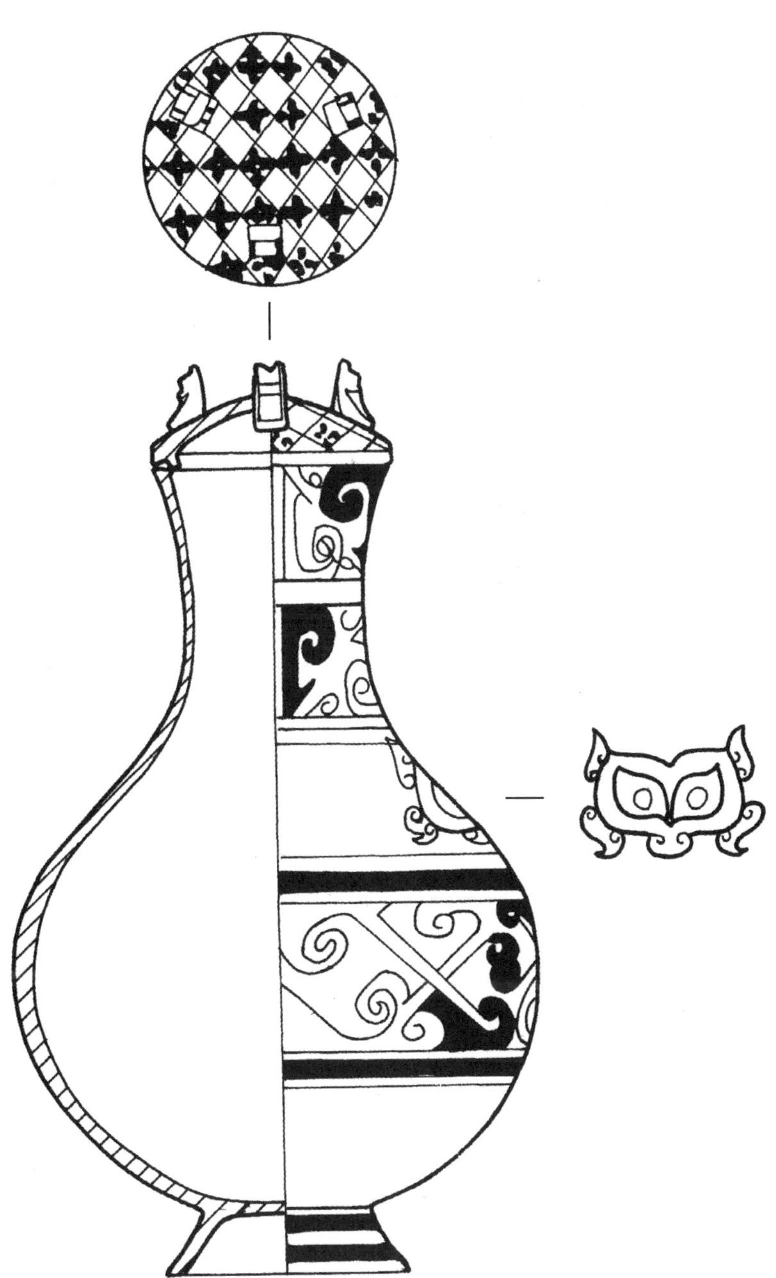

彩绘云气纹陶壶（C1M4028：1）【战国中期】

盖上置三兽形纽。施彩绘，盖上绘方格纹；颈部绘变形云气纹两周，肩部绘兽首形辅首一对，腹部饰弦纹两周，间以变形云纹，圈足饰弦纹两周。

洛阳市文物工作队：《洛阳市西工区东周墓》，《文物》1995年第8期。

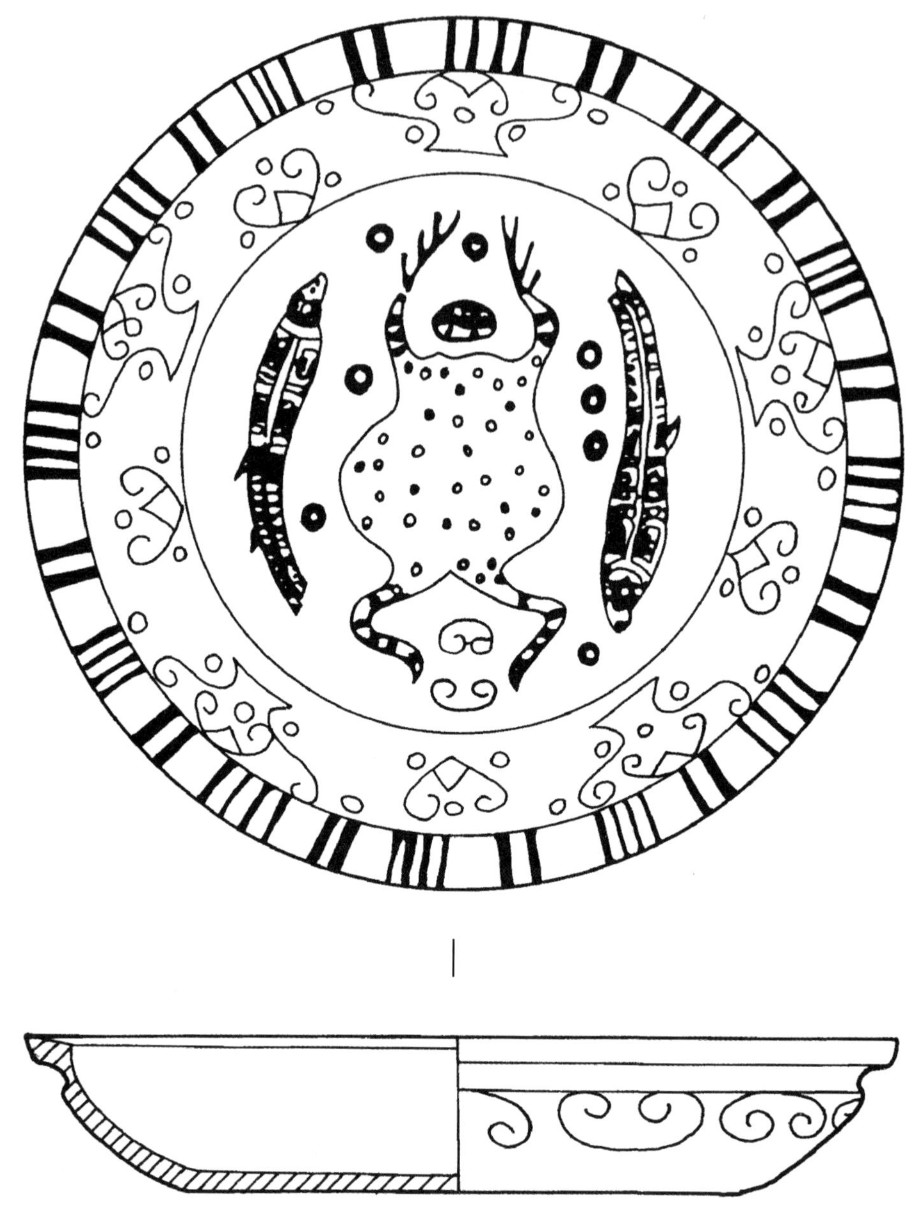

彩绘蟾蜍双鱼纹陶盘（C1M4028：12）【战国中期】

通体施彩绘，底色红。盘内底部中间绘一蟾蜍，身上饰圆点纹；两侧饰双鱼纹，首尾相对，身上饰云雷重环纹及圆圈；空隙处填以环形纹。内壁腹部绘卷草纹及圆圈，沿处有栉齿纹。

洛阳市文物工作队：《洛阳市西工区东周墓》，《文物》1995 年第 8 期。

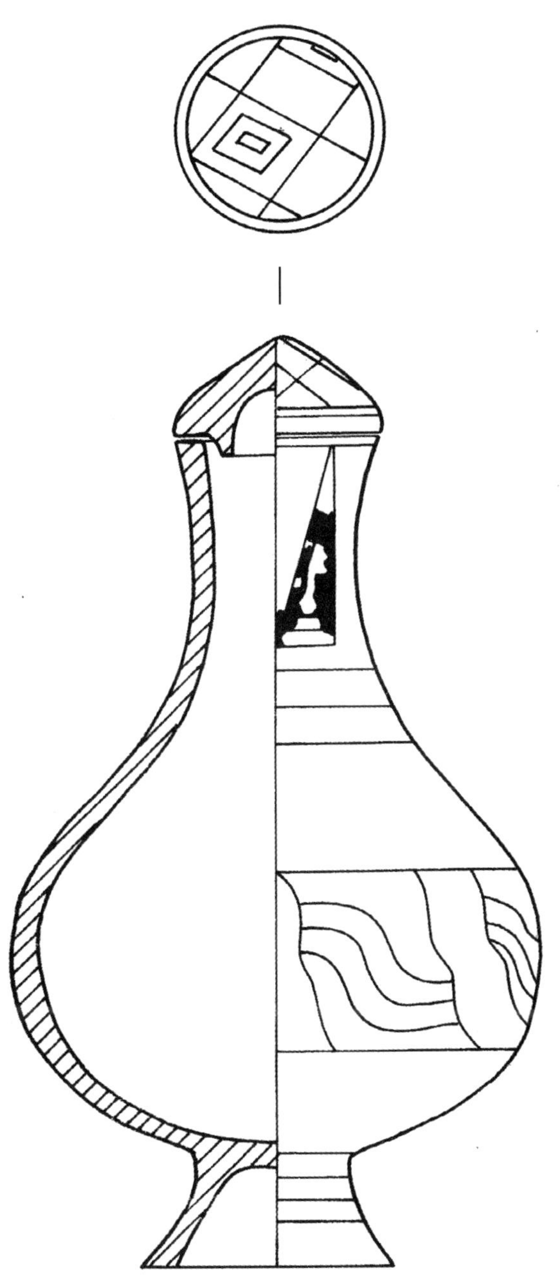

彩绘水波纹陶壶（C1M4028：7）【战国中期】

施彩绘，盖上绘网格纹；颈部绘三角纹，肩部绘弦纹两周，腹部绘水波纹，圈足弦纹三周。

洛阳市文物工作队：《洛阳市西工区东周墓》，《文物》1995年第8期。

彩绘卷草纹陶匜（C1M4028：3）【战国中期】

通体白色底，上施彩绘，匜内底部饰四卷云纹，内外壁饰卷草纹。

洛阳市文物工作队：《洛阳市西工区东周墓》，《文物》1995 年第 8 期。

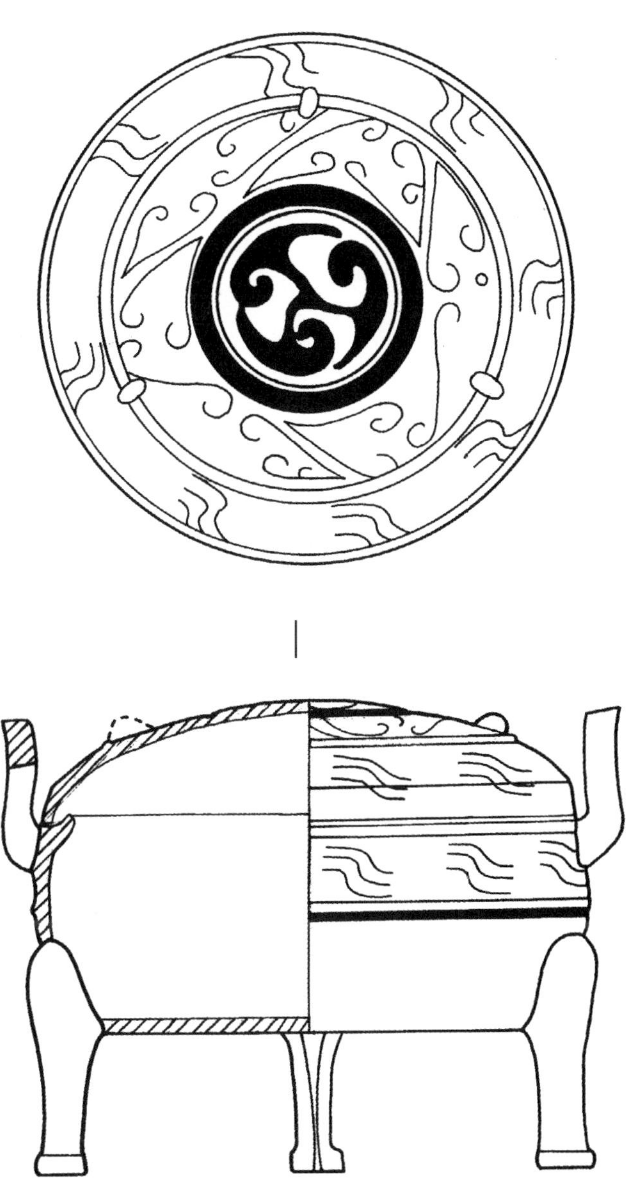

彩绘云气纹陶鼎（C1M6083：5）【战国中期】

器身与盖朱绘云气纹。

洛阳市文物工作队：《洛阳东周王城战国陶窑遗址发掘报告》，《考古学报》2003年第4期。

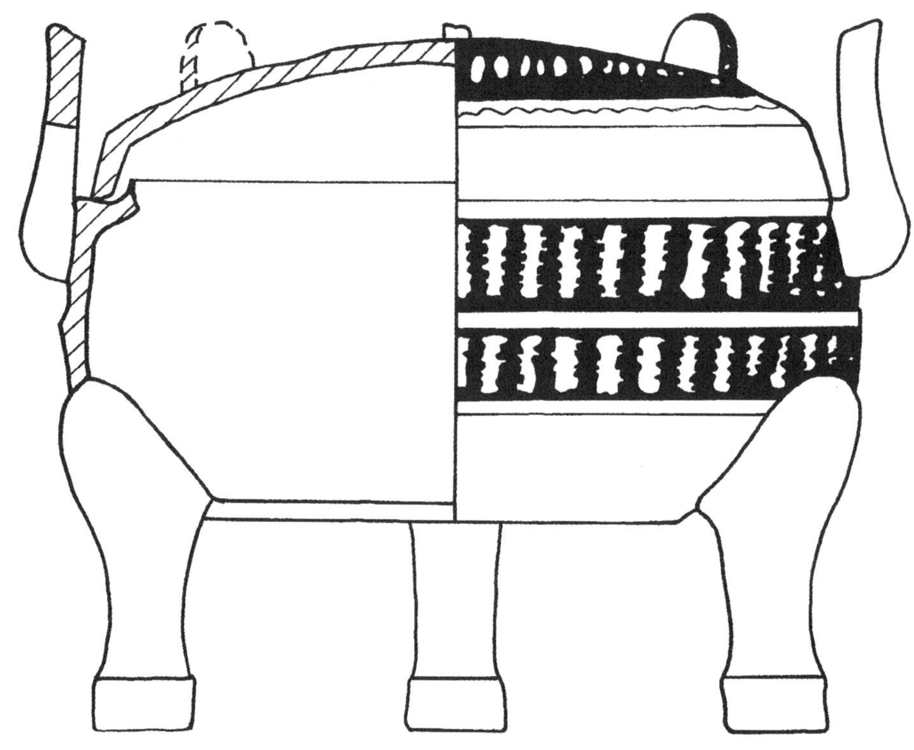

锯齿纹陶鼎（C1M6084：2）【战国中期】

器身与盖饰锯齿状暗纹。

洛阳市文物工作队：《洛阳东周王城战国陶窑遗址发掘报告》，《考古学报》2003 年第 4 期。

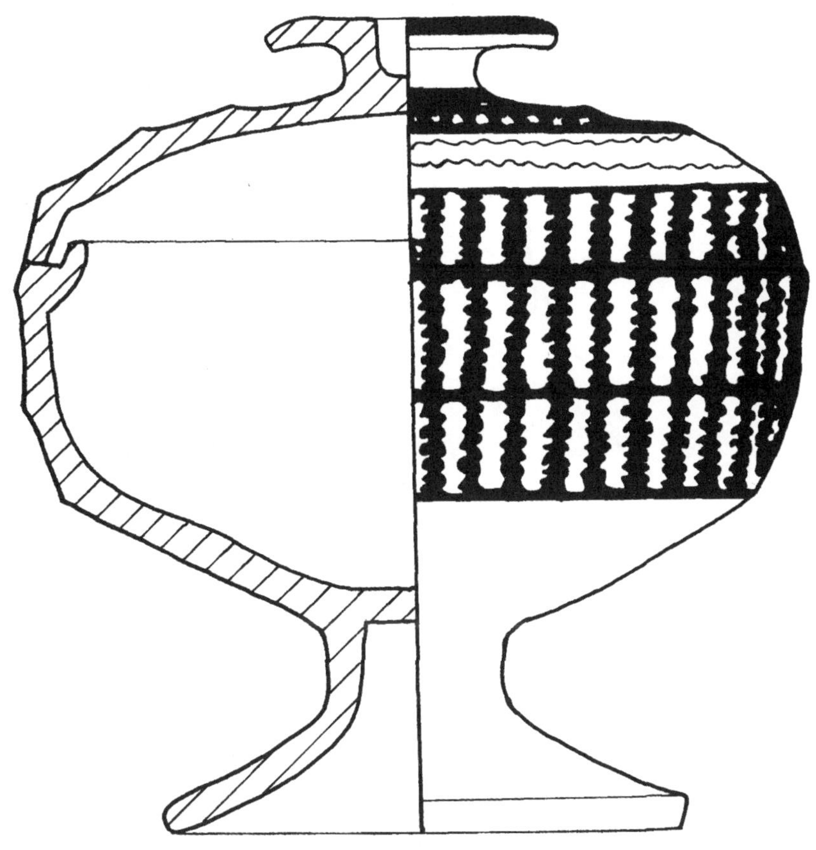

锯齿纹陶豆（C1M6084：3）【战国中期】

器腹与盖饰锯齿状暗纹。

洛阳市文物工作队：《洛阳东周王城战国陶窑遗址发掘报告》，《考古学报》2003年第4期。

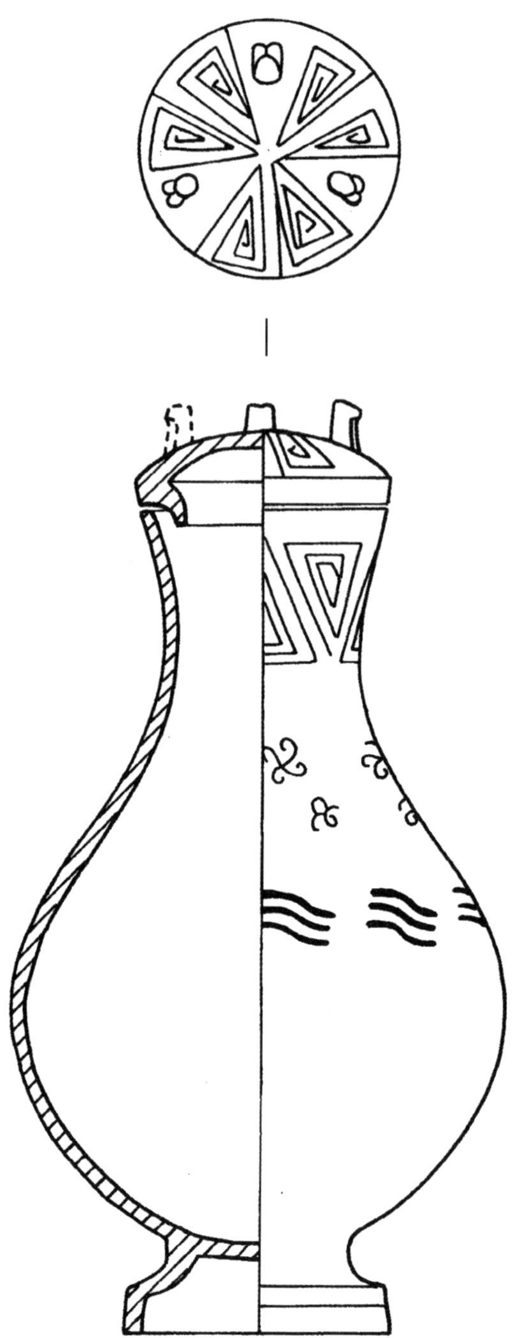

雷纹陶壶（C1M6084：1）【战国中期】

器身饰三角纹、卷丝纹等暗纹。

洛阳市文物工作队：《洛阳东周王城战国陶窑遗址发掘报告》，《考古学报》2003年第4期。

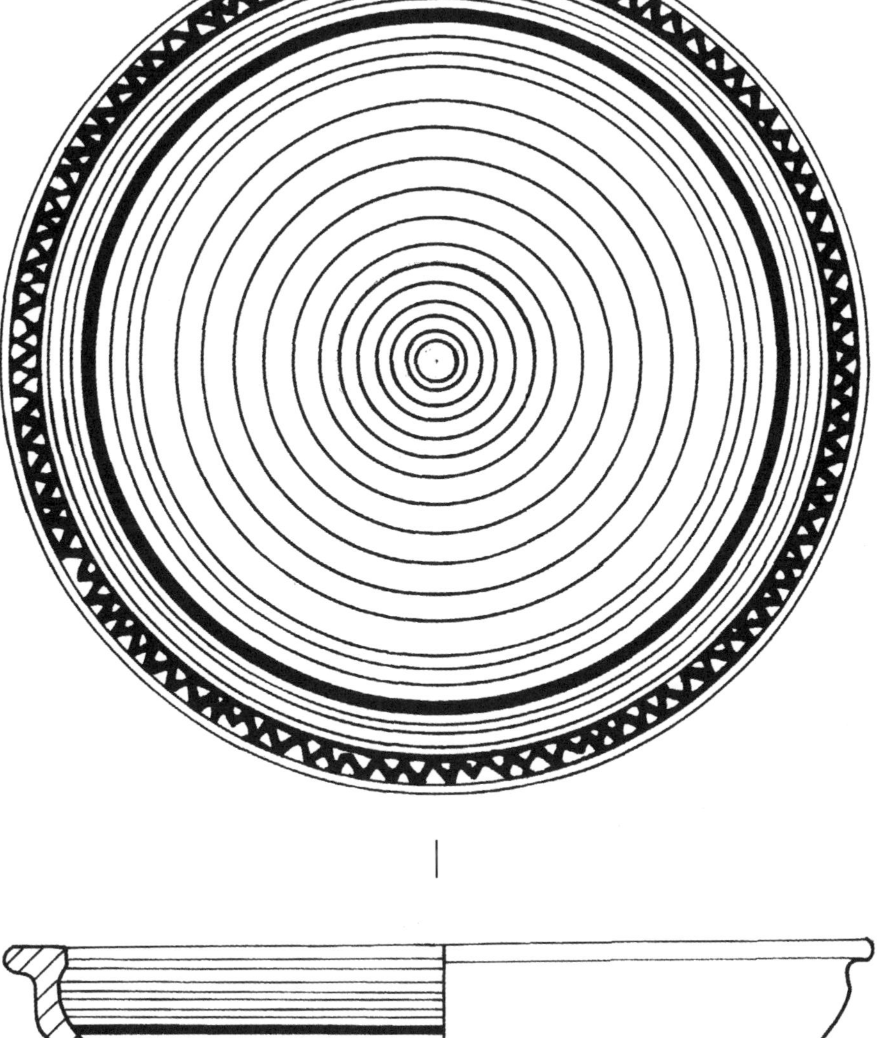

锯齿暗纹陶盘（C1M6084：6）【战国中期】

口沿饰暗弦纹与锯齿纹，内壁与底饰暗弦纹。

洛阳市文物工作队：《洛阳东周王城战国陶窑遗址发掘报告》，《考古学报》2003 年第 4 期。

彩绘涡纹陶鼎（C1M6083：9）【战国中期】

盖中部有两圈凸弦纹和涡纹，腹中部有一凸弦纹。

洛阳市文物工作队：《洛阳东周王城战国陶窑遗址发掘报告》，《考古学报》2003年第4期。

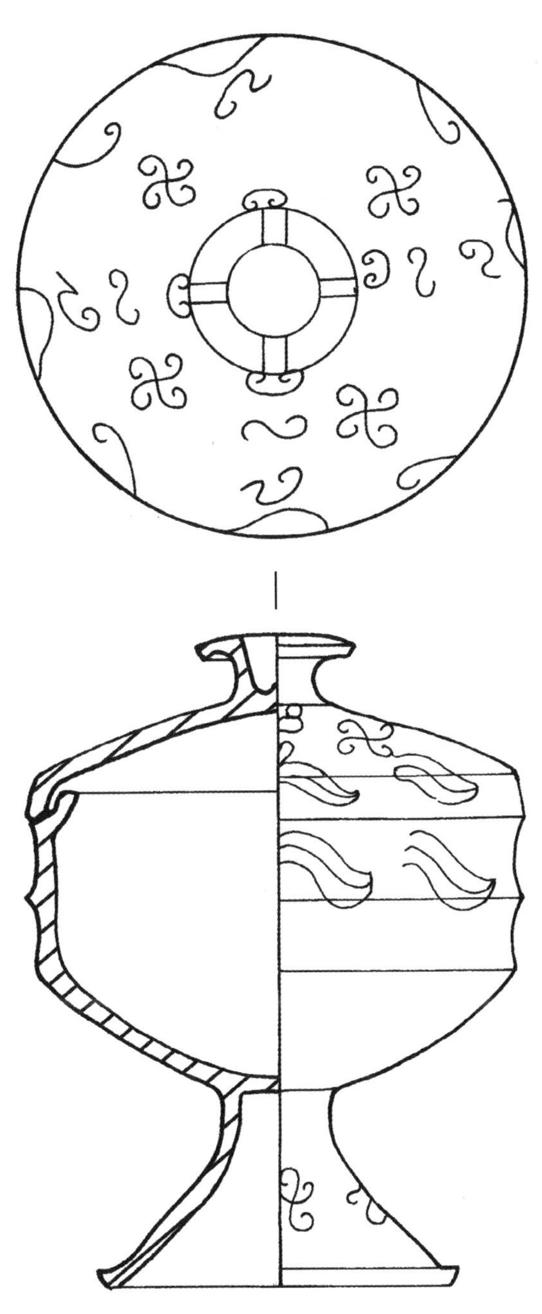

涡纹陶豆（C1M6083：8）【战国中期】

盖饰涡纹，腹作瓦棱状，上饰弧线纹。

洛阳市文物工作队：《洛阳东周王城战国陶窑遗址发掘报告》，《考古学报》2003 年第 4 期。

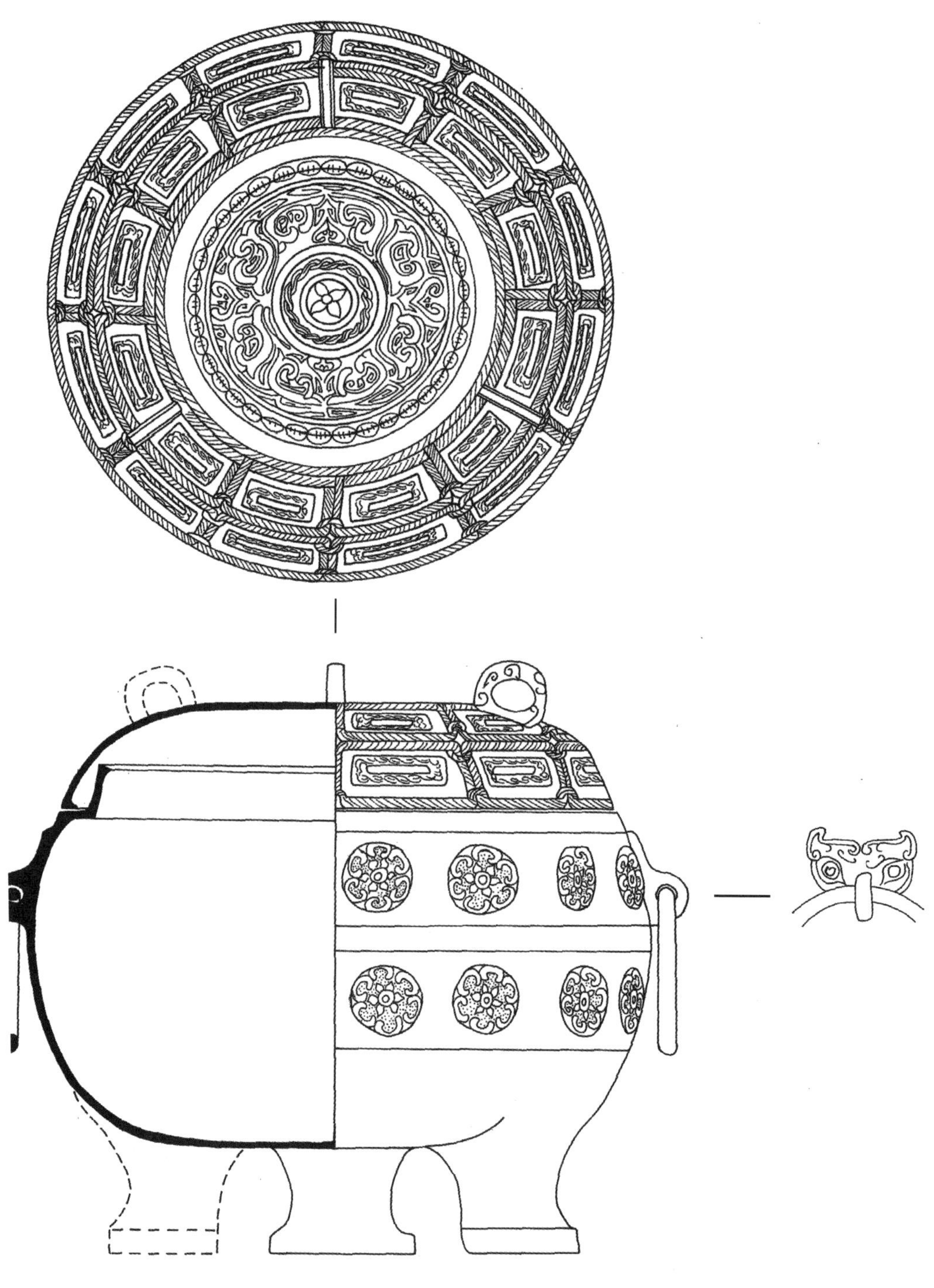

花朵纹铜簋【战国中期】

盖中部饰变形龙纹和贝纹，外侧饰两周方环纹，腹部饰两周花朵纹。

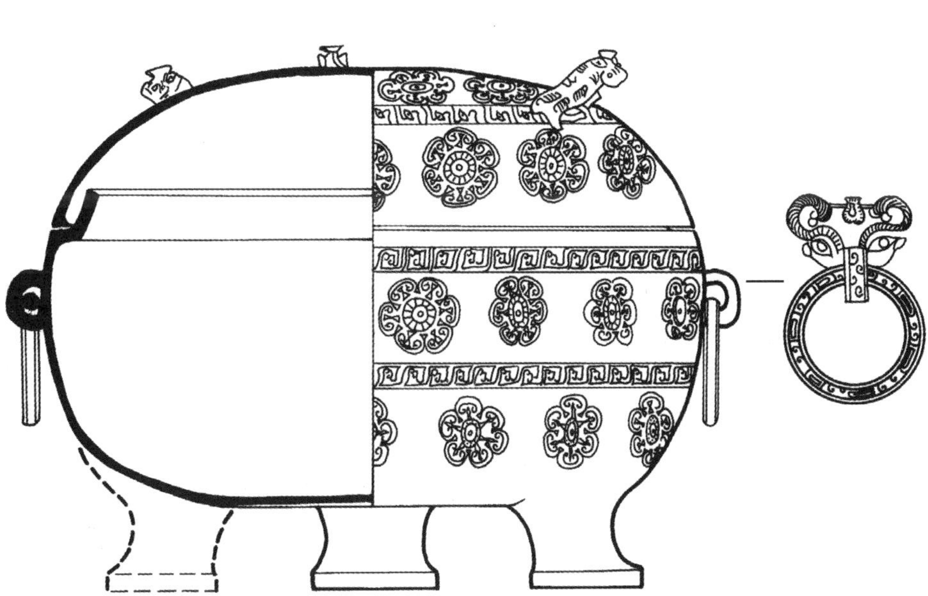

花朵纹铜簋【战国中晚期】

盖正中饰花瓣纹，外侧饰两周花朵纹。腹部饰两周花朵纹。

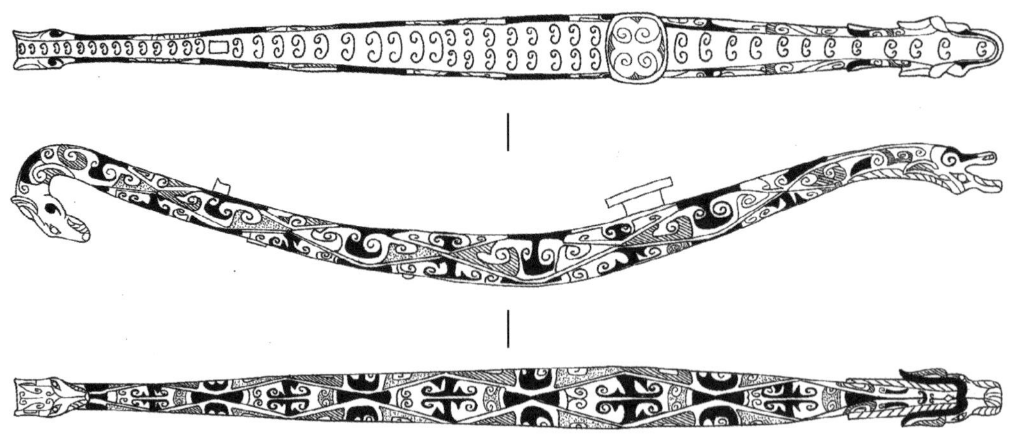

镶绿松石铜带钩（C1M3943：12）【战国晚期】

两端均作龙首形，龙眼用绿松石镶嵌，身圆，上嵌金银丝，镶绿松石，组变形云雷纹。背后有凸纽，腹嵌卷云纹，纽上饰四涡纹。

洛阳市文物工作队：《洛阳市西工区C1M3943战国墓》，《文物》1999年第8期。

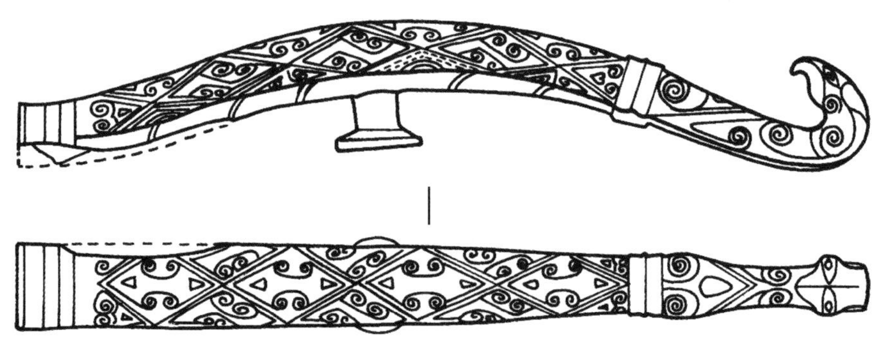

错金银铜带钩（C1M3943：13）【战国晚期】

钩为龙首形，龙首用金银丝嵌出眼、卷羽。脊部用金银嵌棱形纹和卷云纹，背后有凸纽，嵌节形纹。

洛阳市文物工作队：《洛阳市西工区C1M3943战国墓》，《文物》1999年第8期。

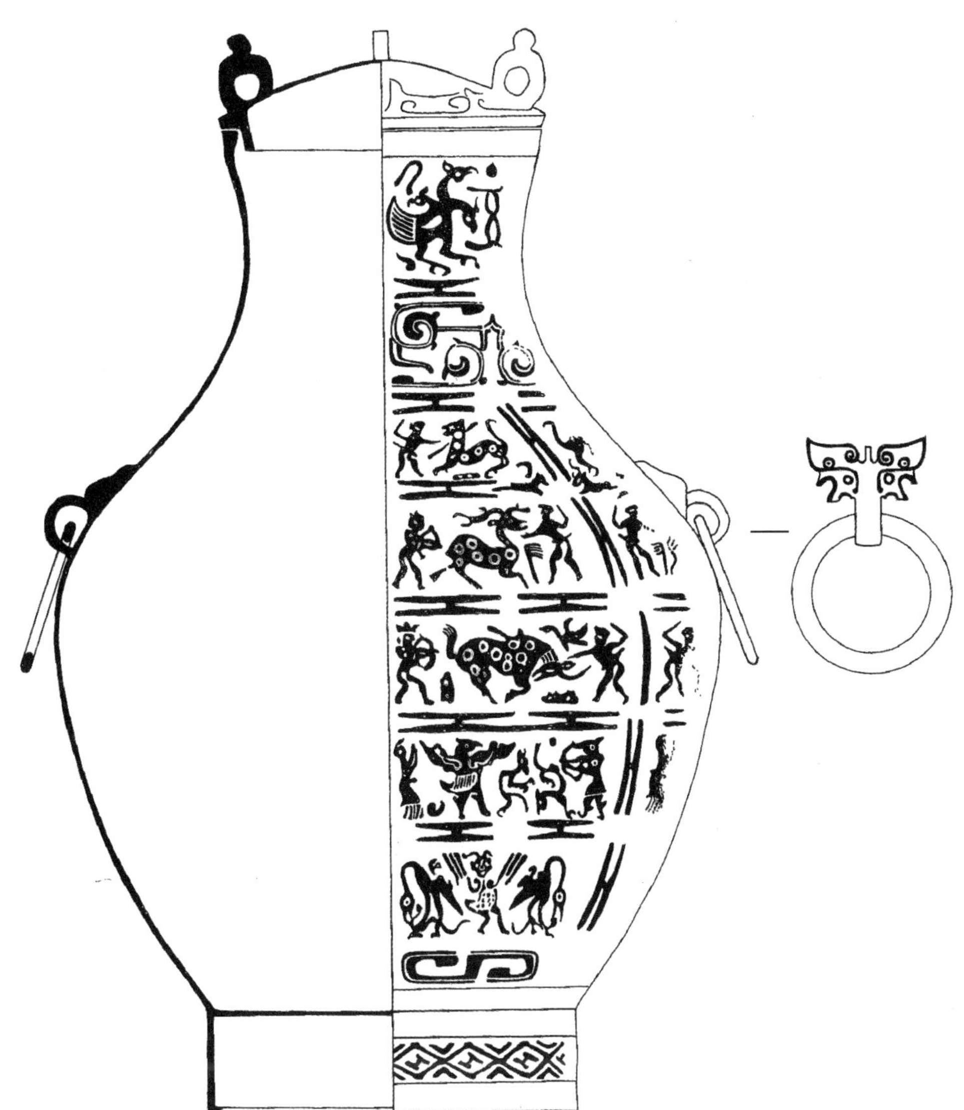

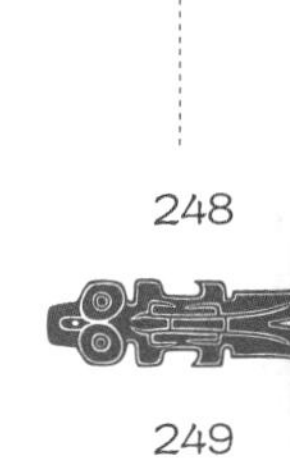

狩猎纹铜壶（M131：28）【战国晚期】

壶身纹饰分为三组，每组纹饰相同，由上而下分为三层，间以梭形纹。每层左右两组图案相同。第一层为两个对立展翅的三首鸟，间有两蛇相交，身后各有一小蛇。第二层装饰云纹。第三层为一人手持短剑，攻一猛兽，兽颈横穿一矛。在兽下方，有一惊走的小兽。第四层，一人张弓，一人持剑，攻杀一鹿，鹿与持剑人间有旌旗形物。第五层，一人张弓，一人持剑，攻杀一兽。兽的背部中剑，作奋力抵抗状。兽首上方有一惊飞的小鸟。第六层，一人挽弓，射向展翅欲飞的大鸟，人与大鸟间有两足虬一对，大鸟后站立一人，做祈祷状。第七层，中立一蛇形角，两翼、身作鸟形的神怪，旁有两鸟低头啄蛇。第八层饰窃曲纹。圈足饰斜方格纹。

蔡运章、梁晓景、张长森：《洛阳西工 131 号战国墓》，《文物》1994 年第 7 期。

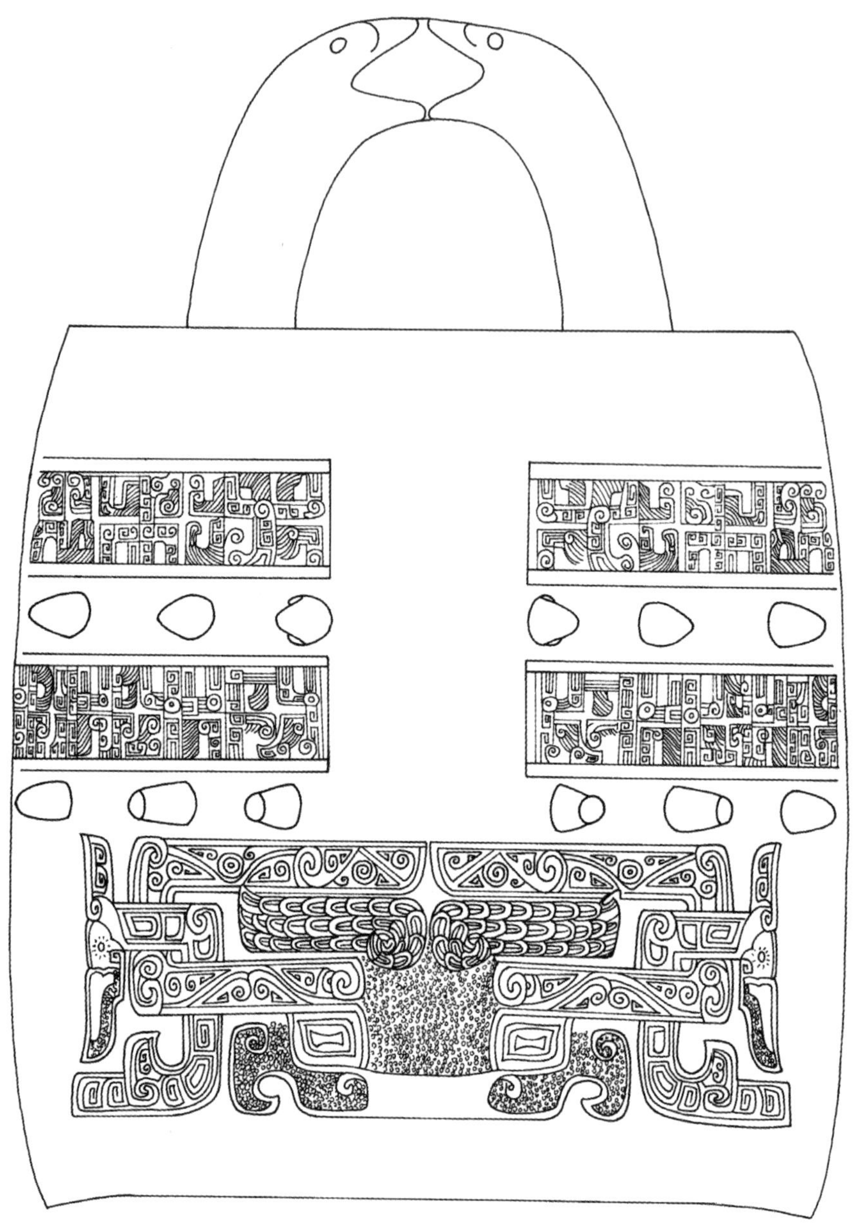

兽面纹铜镈（M395：94）【战国晚期】

兽面突目巨口，额饰点珠纹，双角横平，尖部上挑饰鳞纹。长眉回折贯耳围角，夔龙环曲以为耳。鼓部两边的兽面纹互相颠倒。

洛阳市文物工作队：《洛阳解放路战国陪葬坑发掘报告》，《考古学报》2002年第3期。

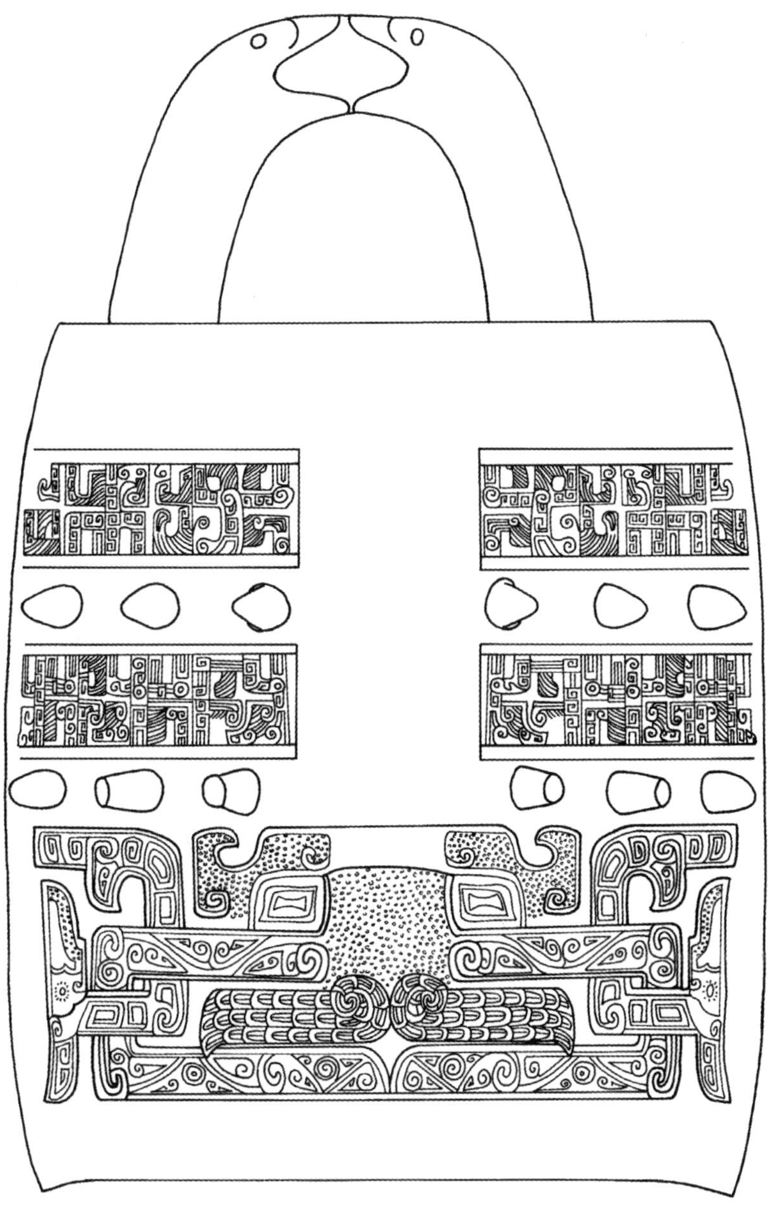

兽面纹铜镈（M395：96）【战国晚期】

兽面突目巨口，额饰点珠纹，双角横平，尖部上挑饰鳞纹。长眉回折贯耳围角，夔龙环曲以为耳。

洛阳市文物工作队：《洛阳解放路战国陪葬坑发掘报告》，《考古学报》2002 年第 3 期。

双凤纹铜镈（M395：97）【战国晚期】

双凤相对，顾首联冠，曲喙有勾，翘翅垂尾。

洛阳市文物工作队：《洛阳解放路战国陪葬坑发掘报告》，《考古学报》2002 年第 3 期。

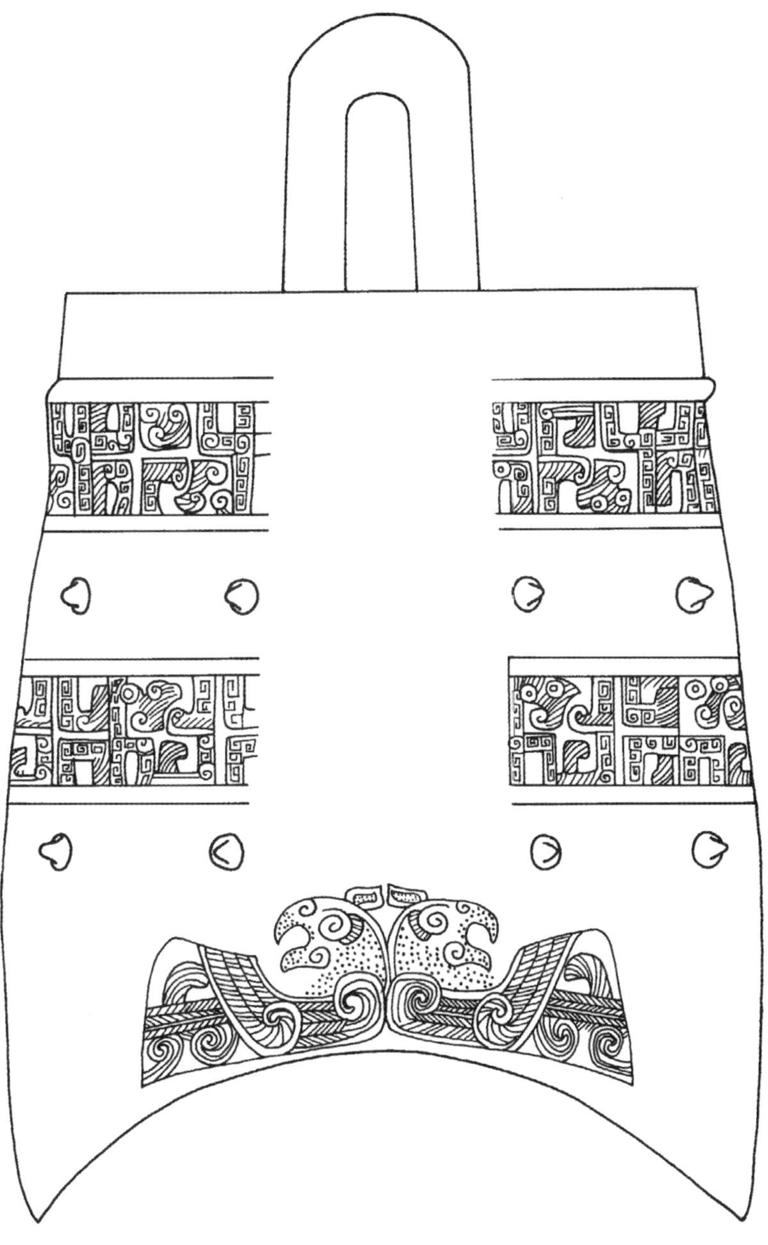

双凤纹铜组钟（M395：11）【战国晚期】

篆、鼓间纹饰皆为阳纹。篆上下有突棱，间饰蟠螭纹。鼓部饰双凤纹。

洛阳市文物工作队：《洛阳解放路战国陪葬坑发掘报告》，《考古学报》2002年第3期。

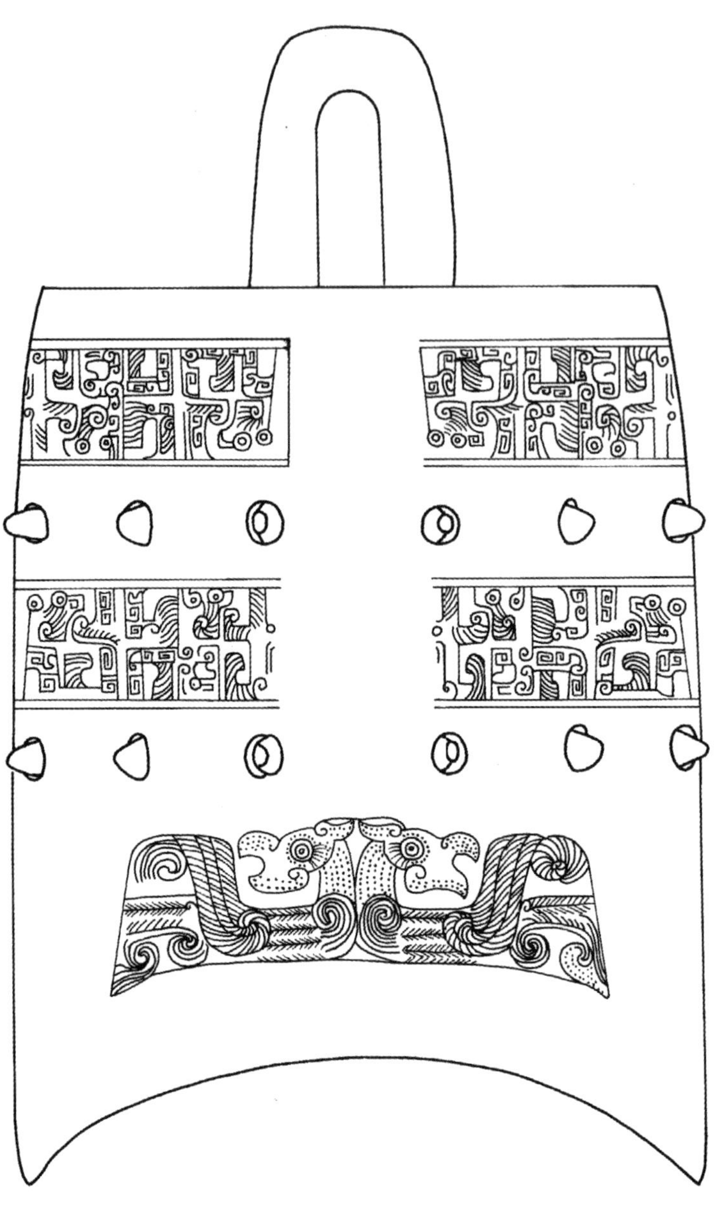

双凤纹铜纽钟（M395：10）【战国晚期】

鼓间纹饰双凤纹，特征与镈钟鼓部的双凤纹相同。

洛阳市文物工作队：《洛阳解放路战国陪葬坑发掘报告》，《考古学报》2002 年第 3 期。

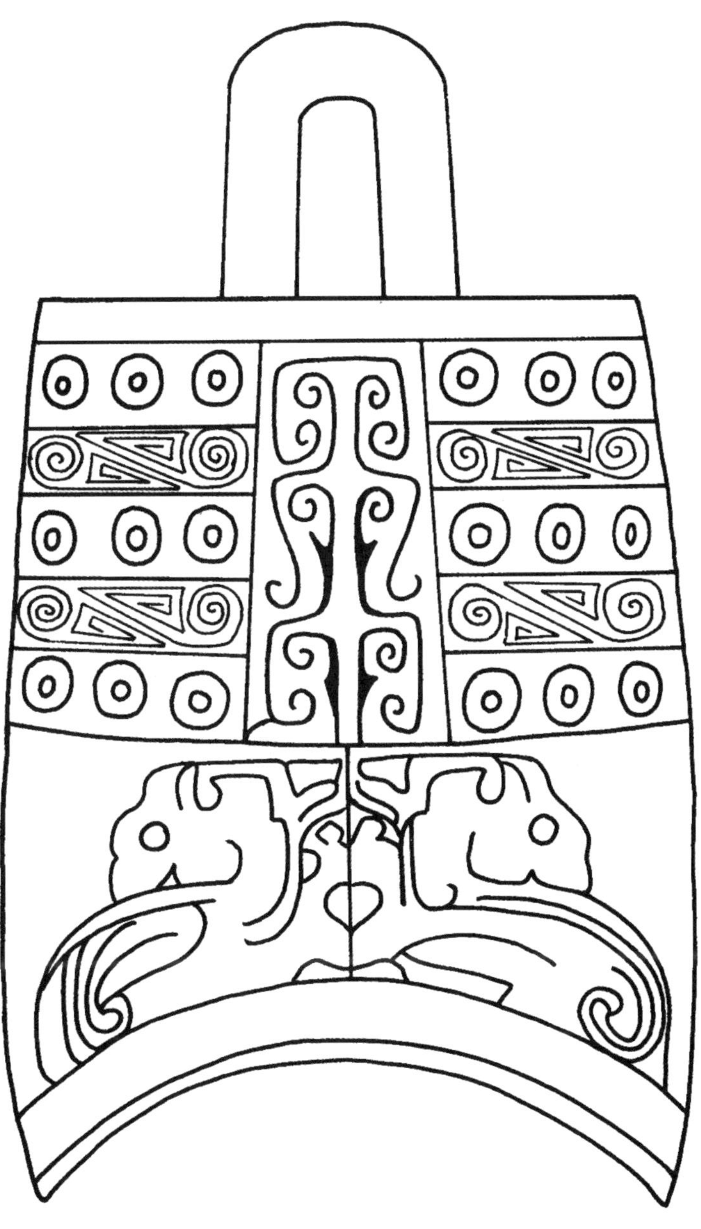

兽面纹铜组钟（M395：22）【战国晚期】

钲间饰简化兽面纹，篆间饰两条对角的三角形云雷纹，鼓部饰两只相对的简化凤鸟纹。

洛阳市文物工作队：《洛阳解放路战国陪葬坑发掘报告》，《考古学报》2002年第3期。

凤鸟纹铜组钟（M395：21）【战国晚期】

钲部饰雷纹，篆间饰三角形云雷纹，鼓部纹饰相对的凤鸟纹。

洛阳市文物工作队：《洛阳解放路战国陪葬坑发掘报告》，《考古学报》2002 年第 3 期。

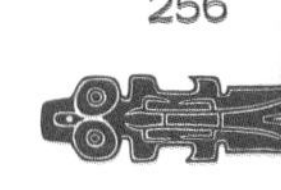

兽面纹铜组钟（M395：15）【战国晚期】

钲部饰简化兽面纹，两组篆枚，篆间饰卷云纹，鼓部饰凤鸟纹。

洛阳市文物工作队：《洛阳解放路战国陪葬坑发掘报告》，《考古学报》2002 年第 3 期。

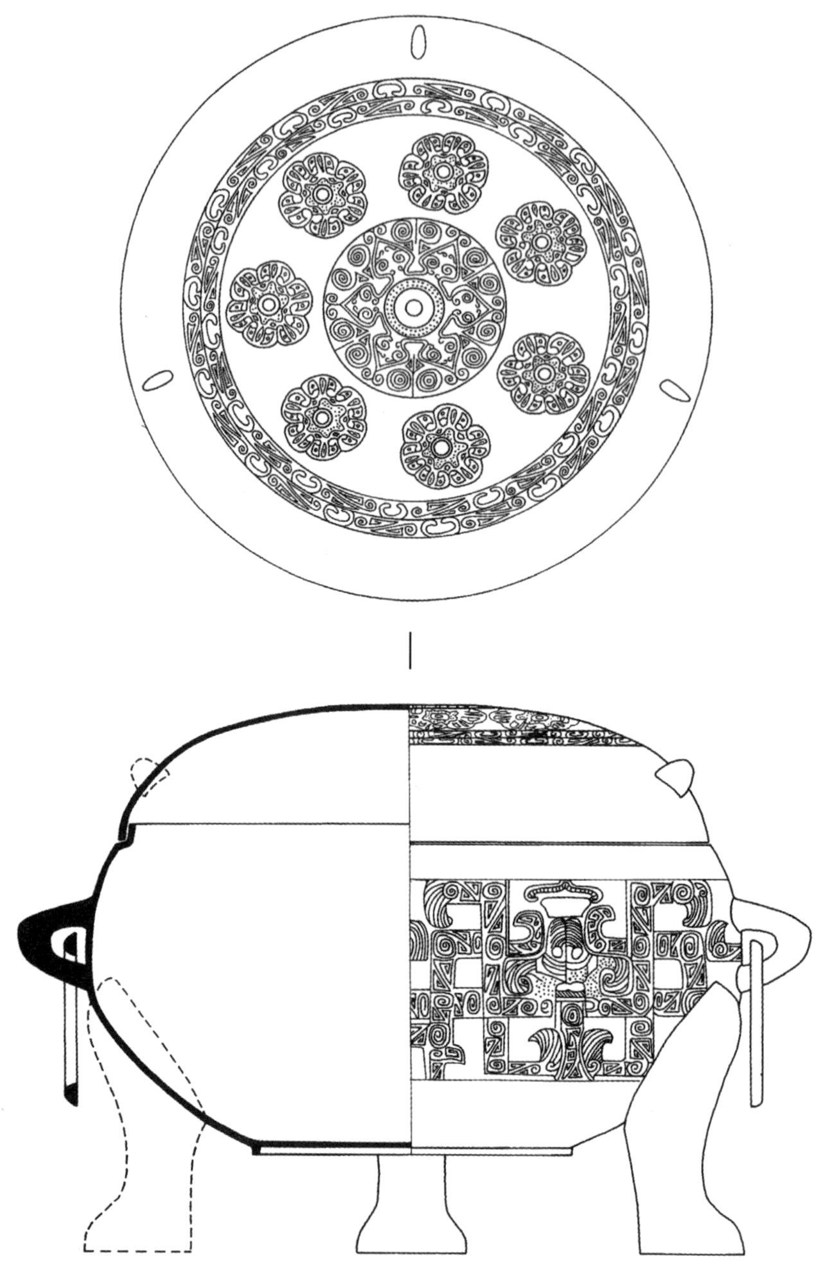

蟠螭纹铜簋（M395：11）【战国晚期】

盖顶正中为三个同心圆，外饰八朵六瓣花形纹和一周云雷纹带。鼎腹部花纹用印模拍印而成，饰四组双身兽首纹，长吻，双曲角，双身从头后向左右分歧并各自蟠绕成蟠螭纹。纹饰以双线勾勒内填以云雷纹或斜线纹。

洛阳市文物工作队：《洛阳解放路战国陪葬坑发掘报告》，《考古学报》2002年第3期。

兽面纹铜罍（M395：117）【战国晚期】

颈部饰简化的窃曲纹，肩部为正、倒三角形，内分别饰阴纹和阳纹的简化兽面纹。腹部饰三组弦纹夹二组相互倒置的三角形简化兽面纹。弧盖顶有三环纽，纽上饰凹弦纹，顶正中饰一涡纹，纽间各饰一变形的兽面纹。

洛阳市文物工作队：《洛阳解放路战国陪葬坑发掘报告》，《考古学报》2002年第3期。

兽首纹铜碗（M395：141）【战国晚期】

腹部饰四组双身兽首纹。

洛阳市文物工作队：《洛阳解放路战国陪葬坑发掘报告》，《考古学报》2002年第3期。

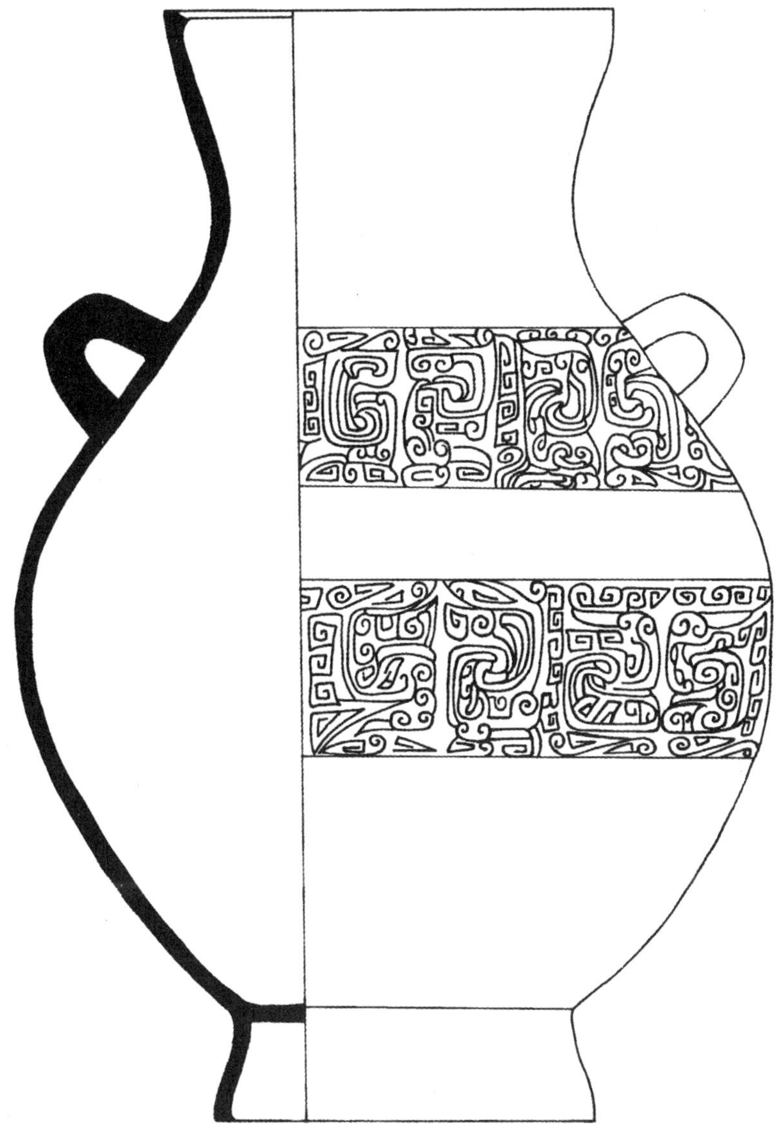

蟠螭纹铜壶（M395：124）【战国晚期】

肩、腹部各饰一周蟠螭纹。

洛阳市文物工作队：《洛阳解放路战国陪葬坑发掘报告》，《考古学报》2002 年第 3 期。

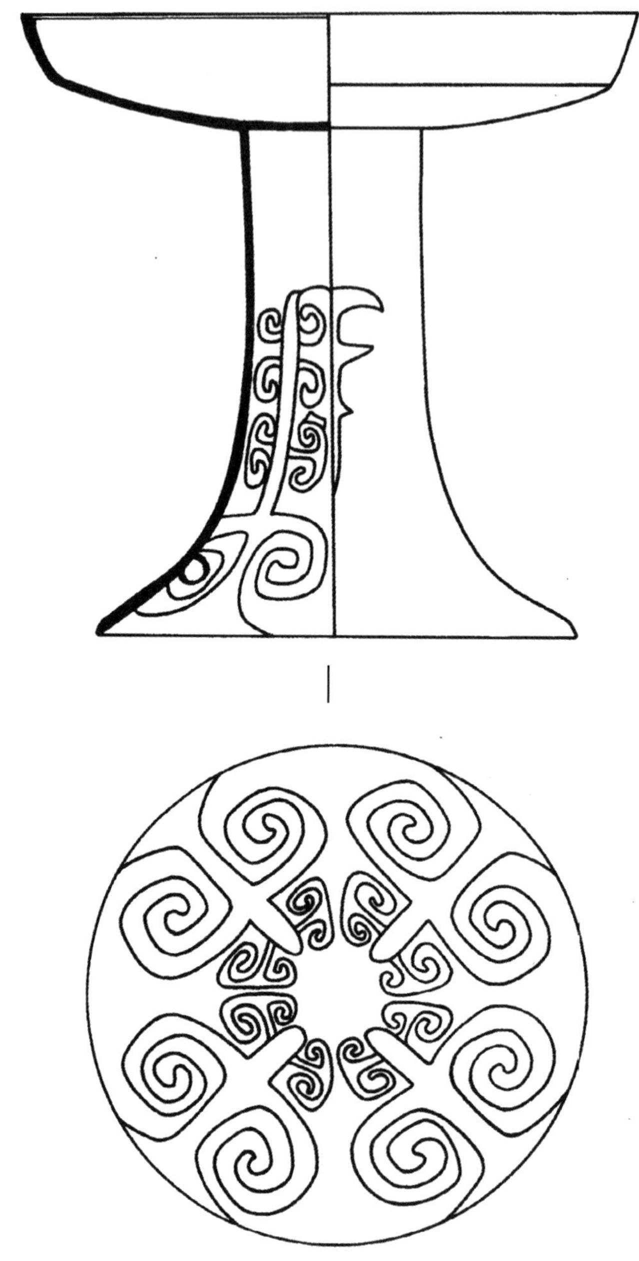

卷云纹铜豆（M395：83）【战国晚期】

柄、足内侧形成突起的卷云纹。

洛阳市文物工作队：《洛阳解放路战国陪葬坑发掘报告》，《考古学报》2002年第3期。

卷云纹铜豆（M395：84）【战国晚期】

柄下半部饰镂空卷云纹、足上饰六个镂空三角形纹。

洛阳市文物工作队：《洛阳解放路战国陪葬坑发掘报告》，《考古学报》2002 年第 3 期。

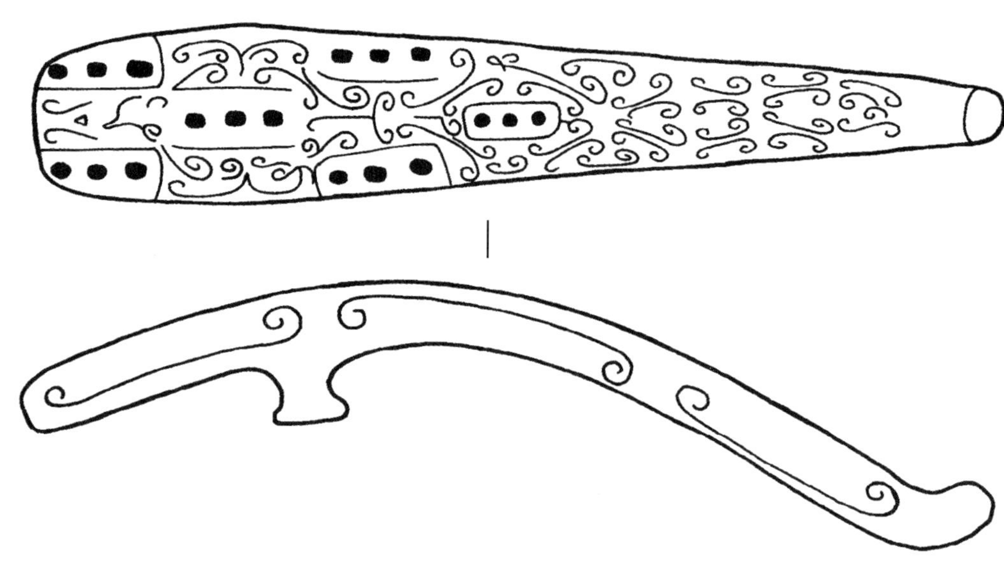

龙纹铜带钩（M78：3）【战国晚期】

钩首似鸭头形，细长而粗圆。纽位于腹后，钩身饰镂空变形龙纹，侧饰卷云纹。

洛阳市文物考古研究院:《洛阳涧西区辽宁路战国墓地发掘简报》,《洛阳考古》2013年第2期。

蟠螭纹铜鼎盖【战国晚期】

盖中部饰柿蒂形纹，外侧饰变形龙纹。

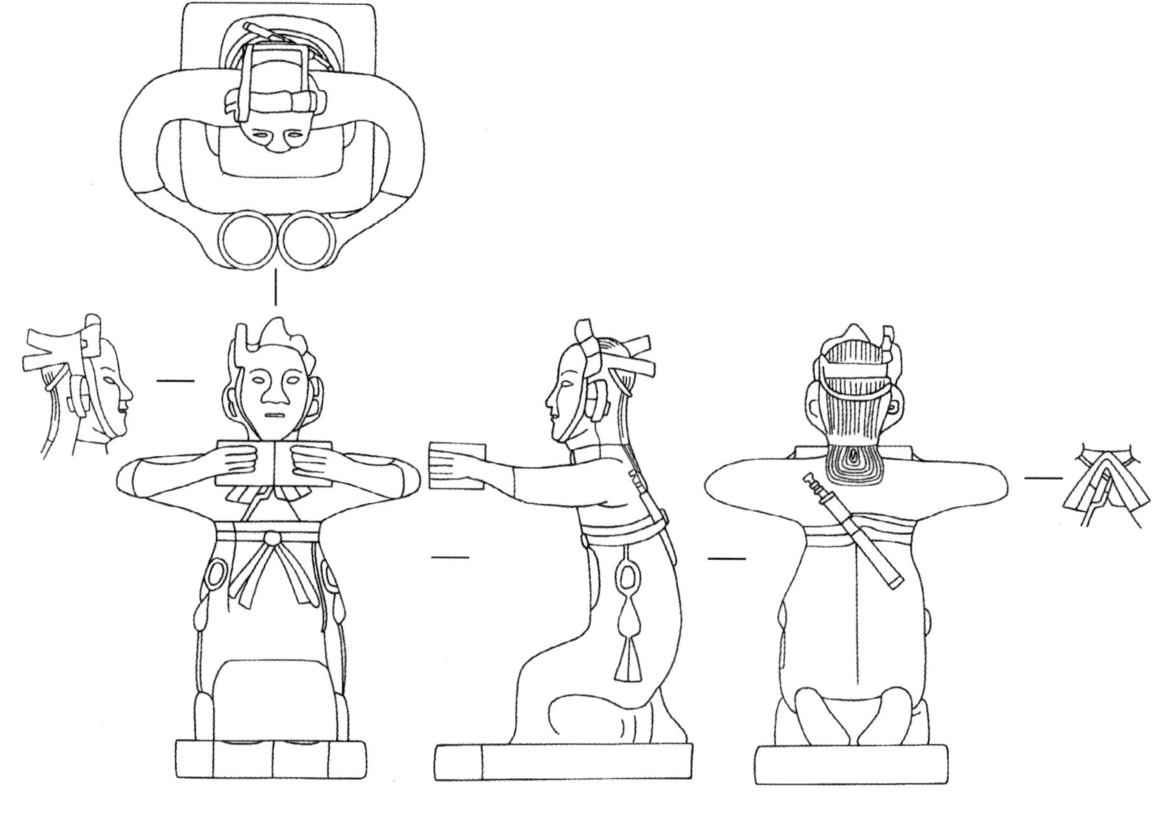

铜跪俑（M395：144）【战国晚期】

双手捧筒状物，赤脚跽坐于方台之上。

洛阳市文物工作队：《洛阳解放路战国陪葬坑发掘报告》，《考古学报》2002年第3期。